ŒUVRES COMPLETES

DE

EUGÈNE SCRIBE

DE L'ACADÉMIE FRANÇAISE

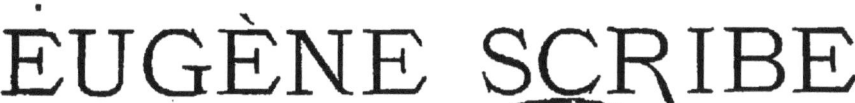

COMÉDIES VAUDEVILLES

JEAN DE VERT
UN TRAIT DE PAUL 1er
LA DUGAZON — LE LORGNON
LA CHANOINESSE — SALVOISY

E. REIBER invt

PARIS

E. DENTU, LIBRAIRE-ÉDITEUR
PALAIS-ROYAL, 15-17-19, GALERIE D'ORLÉANS

1883

Paris. — Soc. d'imp. PAUL DUPONT, 41, rue J.-J.-Rousseau. (Cl.) 502.3.83.

ŒUVRES COMPLÈTES

DE

EUGÈNE SCRIBE

DE L'ACADÉMIE FRANÇAISE

RÉSERVE DE TOUS DROITS

DE PROPRIÉTÉ LITTÉRAIRE

En France et à l'Etranger.

JEAN DE VERT

PIÈCE FÉERIE, EN CINQ TABLEAUX, MÊLÉE DE VAUDEVILLES

EN SOCIÉTÉ AVEC MM. MELESVILLE ET CARMOUCHE

Théatre du Vaudeville. — 19 Août 1833.

| PERSONNAGES. | ACTEURS. |

LE BARON DE GURMENTHAL.	MM. Bernard-Léon.
BALTHAZAR, vieil écuyer.	Derouvère.
TAYAUT, garde-chasse	Arnal.
ANDIOL, aide de cuisine.	Fontenay.
UN ÉCUYER.	Ballard.
JEAN DE VERT, page du baron	Mmes Willemin.
LA BARONNE.	Guillemin.
ISOLINE, sa fille	Atala.
UNE FÉE.	Saintys.

Vassaux, Officiers, Dames, Écuyers, Valets.

Dans la Baronnie de Gurmenthal.

JEAN DE VERT

Premier tableau.

L'entrée d'une forêt. — A droite une barrière élégante indiquant l'avenue du château du baron. — A gauche, un taillis.

SCÈNE PREMIÈRE.

JEAN DE VERT, BALTHAZAR, arrivant par la barrière à droite.

BALTHAZAR, suivant Jean.

Où allez-vous, mon cher maître... où courez-vous?

JEAN.

Me noyer ou me pendre...

BALTHAZAR.

A votre âge... et premier page du baron de Gurmenthal, le plus riche châtelain de toute la Souabe!

JEAN.

Ça m'est égal, je veux me pendre.

BALTHAZAR.

Lorsqu'on attend le fameux comte de Tokenbourg, qui vient pour épouser la belle Isoline, notre jeune maîtresse !

JEAN.

Et voilà justement ce qui me désespère... c'est de penser que demain elle sera la comtesse de Tokenbourg... un gros imbécile de chevalier qui ne sait que se battre, qui est fort comme un Turc, qui a chassé mon père de ses domaines, m'a enlevé mes biens et m'enlève maintenant la princesse!... Dieu, si je savais seulement manier une lance ou une épée... elle serait veuve dès aujourd'hui.

BALTHAZAR.

Qu'est-ce que j'entends là! la belle Isoline, une baronne du Saint-Empire, aimée par son page!...

JEAN.

Et quand ce serait l'impératrice elle-même!... crois-tu que l'impératrice n'a pas aussi ses pages... le difficile n'est pas d'aimer... c'est de le dire!... et ce n'est qu'hier que je me suis hasardé...

BALTHAZAR.

A faire votre déclaration?

JEAN.

Non, à l'écrire... un petit parchemin que j'avais roulé adroitement.

AIR de Lantara.

J'avais caché ma poésie
Au fond d'un odorant biscuit,
J'allais l'offrir à mon amie;
Son père voit...

BALTHAZAR.

Le billet?

JEAN.

Le biscuit!
Étend la main et soudain le saisit...
J'étais navré, comme tu peux le croire,
De voir passer si belle occasion,
Et des vers faits pour aller à la gloire
Dans l'estomac de monsieur le baron.

Alors je pâlis, ma main tremble; l'assiette s'échappe... une assiette de porcelaine de Saxe qui se brise en morceaux.

BALTHAZAR.

Quel malheur!

JEAN.

Le baron veut crier... mais il est suffoqué par ma déclaration qui le prend à la gorge et s'arrête au passage.

BALTHAZAR.

Le petit rouleau de parchemin?...

JEAN.

Justement... jamais billet doux n'a produit un pareil effet... il en a eu une quinte dont il a pensé mourir, et pour se calmer, il m'a fait fustiger par son premier écuyer... un grand gaillard qui est dans le genre du comte de Tokenbourg.

BALTHAZAR.

Mon cher maître, messire Jean de Vert, daignez m'écouter... vous savez que depuis votre enfance, je compose à moi seul toute votre maison... écuyer, majordome et coureur sexagénaire d'un page de dix-sept ans, je vous sers sans intérêt...

JEAN.

Et sans appointements... aussi dès que je me serai tué, ce qui arrivera ce soir... ou demain au plus tard... c'est toi qui seras mon seul héritier.

BALTHAZAR.

Et moi, je veux que vous viviez... Pourquoi songer à mourir, je vous le demande... quand il ne tient qu'à vous de faire votre chemin?... car tout le monde ici vous aime... toutes les dames sont folles de vous... les jouvencelles et les douairières... témoin cette pauvre vieille femme qu'hier encore vous avez empêchée d'être écrasée par les piqueurs du baron et qui vous a embrassé de si bon cœur.

JEAN, *d'un air distrait.*

M'a-t-elle embrassé?

BALTHAZAR.

Sur les deux joues, en vous disant : « Gentil damoisel, il y a souvent plus de profit qu'on ne croit à obliger la vieillesse... recevez de moi ce présent, le seul que je puisse vous faire. »

JEAN.

Oui... une aumônière, un vieux sac tout usé... que j'ai refusé.

BALTHAZAR.

Ce qui a eu l'air de la fâcher. « Ah! ah! a-t-elle dit, vous faites fi de mon cadeau... n'importe, il est toujours à votre service... vous n'aurez pour cela qu'à appeler la mère Bobi. »

JEAN.

Elle a dit cela?

BALTHAZAR.

Mot pour mot.

JEAN.

Je n'ai pas écouté... Isoline me regardait... et quand elle me regarde... Ah! mon Dieu! c'est elle-même... Ah! mon cher Balthazar... rends-moi un grand service... va-t'en.

BALTHAZAR.

Ce service-là... je m'en vais vous le rendre et le plus vite que je pourrai.

(Il s'en va lentement.)

SCÈNE II.

JEAN, ISOLINE et Dames de sa suite, UN ÉCUYER, Vassaux, deux Valets.

LE CHOEUR.

AIR : Enfin le voilà de retour. *(Malvina.)*

C'est le vouloir du châtelain
    Qu'ici chacun s'empresse,

Amis, d'exécuter soudain
L'ordre du châtelain.

(On plante en terre, à gauche du spectateur, un poteau sur lequel est affichée une pancarte.)

L'ÉCUYER.

Que vos cœurs dans ce jour d'hymen
Soient remplis d'allégresse,
Car c'est là l'ordre souverain
Du seigneur châtelain.

LE CHOEUR.

C'est le vouloir du châtelain, etc.

ISOLINE, apercevant Jean.

Vous voilà, messire Jean... j'avais à vous parler.

JEAN, avec joie.

A moi, madame ?

ISOLINE.

Oui. (A l'écuyer qui la suit.) Avant que nous ne partions, voyez si l'on a conduit ma haquenée au rendez-vous de chasse.

L'ÉCUYER.

Oui, madame.

(Il sort, ainsi que les vassaux. — Il ne reste en scène que Jean, Isoline, et les dames qui se tiennent au fond.)

ISOLINE.

Vous savez que, ce matin, mon père voulait vous chasser du château.

JEAN.

A cause de l'assiette que j'ai cassée hier.

ISOLINE.

Oui... il tient beaucoup à sa porcelaine... cependant, j'aurais, je crois, obtenu votre grâce sans une autre raison... Ma mère, madame la baronne, vous avait vu glisser dans le biscuit, un petit rouleau de parchemin, sur lequel elle a cru voir des caractères tracés.

JEAN.

O ciel!

ISOLINE.

Elle craint que ce ne soit quelque maléfice... car monsieur le baron qui digère très bien les biscuits, a cru que celui-là ne passerait jamais... il en a toussé toute la nuit... et on ne se soucie pas de garder au château quelqu'un qui pourrait ainsi jeter des sorts.

JEAN.

Ce n'en étaient pas, je vous le jure, car ce n'était pas à M. le baron que ce billet était destiné.

ISOLINE.

Et à qui donc?

JEAN.

Je n'oserai jamais vous le dire.

ISOLINE.

Vous voyez donc bien qu'il y avait du mal; et je ne peux pas demander votre grâce si je ne connais pas toute la vérité.

JEAN.

Vous allez la savoir... c'est par respect au moins, par soumission pour vos ordres.

ISOLINE.

Eh! bien, monsieur... ces caractères magiques?

JEAN.

AIR : L'artiste à pied voyage.

A vous, gentille dame,
Ils étaient adressés,
Et ces mots pleins de flamme
Par moi furent tracés...
Pour vous, pour votre grâce
D'amour me sens mourir...

ISOLINE.

Ah! grands dieux! quelle audace!

JEAN.

C'est pour vous obéir.
(Vivement.) Oui, madame, et...

ISOLINE, voyant son écuyer.

Chut!...

SCÈNE III.

Les mêmes ; L'ÉCUYER, Vassaux, BALTHAZAR.

L'ÉCUYER.

Madame, votre haquenée est prête... et l'on n'attend plus que vos ordres.

ISOLINE.

C'est bien. (Haut à Jean.) Je verrai, messire Jean, à parler pour vous, mais à condition que dans votre service près de mon père, vous redoublerez de zèle... n'oubliez pas qu'il doit déjeuner aujourd'hui dans la forêt, au rendez-vous de chasse... c'est à vous de donner les ordres...

JEAN.

Je vais prévenir les gens de la bouche et de la vénerie. (A demi-voix.) Mais déjà vous quitter!... ne plus vous revoir de la journée... et au milieu de tous ces seigneurs, ne pouvoir pas même approcher de votre personne.

ISOLINE, de même.

Peut-être... cela dépendra de vous.

JEAN.

Que voulez-vous dire ?

ISOLINE.

N'avez-vous pas lu la proclamation ?

JEAN.

Non, madame.

ISOLINE.

Eh bien, messire Jean, lisez-la et tâchez d'en remplir les conditions.

LE CHOEUR.

C'est le vouloir du châtelain, etc.

(Ils sortent tous excepté Jean et Balthazar.)

SCÈNE IV.

JEAN, BALTHAZAR.

JEAN.

La proclamation... qu'est-ce que cela veut dire?

BALTHAZAR.

Je vous le demande.

JEAN, montant sur un banc, et lisant ce qui est écrit sur la pancarte.

« Nous, haut et puissant baron seigneur de Gurmenthal, « Frianthal, etc., faisons savoir qu'à l'occasion des noces « de notre fille bien-aimée, un prix sera accordé par notre « munificence à celui de nos vassaux qui se distinguera « par quelque invention et découverte extraordinaire... »

BALTHAZAR.

Un prix!...

JEAN, continuant à lire.

« Voulons en outre que le vainqueur soit le chevalier « d'honneur de la mariée et lui donne la main pendant « toute cette journée. » (Sautant à terre.) Ah! mon Dieu! voilà ce qu'il me faudrait... je pourrais au moins la voir, lui parler... sous le nez même de son mari, mais une découverte... une invention... où diable en chercher? et que veut-on que je découvre?...

BALTHAZAR.

Vous qui êtes si rusé et si adroit...

JEAN.

Oui, autrefois... mais maintenant j'ai trop d'amour pour avoir de l'esprit.

BALTHAZAR.

Allons, allons, ne nous décourageons pas... en avant le sac à la malice.

JEAN.

Oui... oui, le sac à la malice... Ah! mon Dieu, si nous avions ici celui de la mère Bobi... il y a souvent des inventions et des secrets de bonne femme...

BALTHAZAR, poussant un cri.

Tenez, regardez donc... je le reconnais... le voilà accroché au poteau.

JEAN, se retournant et courant prendre le sac.

Il a ma foi raison.

BALTHAZAR.

Si par hasard la mère Bobi était une fée... un génie?

JEAN, cherchant à défaire le cordon.

Il n'y en a plus, par malheur...

BALTHAZAR.

Des génies, c'est vrai... mais les fées tiennent bon, à ce qu'on dit... et si nous allions trouver là-dedans...

JEAN, vivement.

Voyons, voyons... il y a quelque chose d'écrit de ce côté en lettres rouges. (Il lit sur le sac.) « Avec ce que je ren-« ferme, si tu sais en faire usage, ta fortune est assurée. »

BALTHAZAR.

Voyons vite...

JEAN, tirant une serviette.

Une serviette de toile!... pour faire fortune... qu'est-ce que cela veut dire?

BALTHAZAR.

Ça veut dire :

AIR : Le briquet frappe la pierre. (*Les deux chasseurs.*)

Qu' pour réussir, il faut être,
C'est un moyen bien commun,
Au service de chacun...

JEAN, tirant un gant.

Puis un gant... un seul! pour mettre
Rien qu'une main... oui vraiment.

BALTHAZAR.

Ça veut dire clairement
Qu' pour s'enrichir à présent,
Il faut mettre l'autr', je pense,
Dans la poche du voisin...

JEAN.

Beau secret...

BALTHAZAR.

Et l' reste enfin?

JEAN, retournant le sac.

Rien au fond... que l'espérance.

BALTHAZAR.

Et c'est, quand on a du tact,
Toujours là le fond du sac.

JEAN, remettant tout dans le sac.

Ah! décidément, la fée s'est moquée de moi... et je n'ai que faire de tous ces chiffons-là... Écoute... (On entend le bruit du cor.) C'est la chasse qui part... vois-tu Isoline sur ce beau genêt d'Espagne... comme elle se tient bien!... (On entend un coup de fusil.) Ah! la voilà par terre... vite à son secours... au diable le sac!

(Il jette le sac dans un buisson et court du côté où le coup est parti. — Balthazar le suit.)

SCÈNE V.

TAYAUT, puis ANDIOL.

(Tayaut en paysan avec un fusil. — Andiol a une petite veste blanche de cuisine.)

TAYAUT.

Le lièvre est-il tué ?

ANDIOL.

Ah ! bien oui... tu en as été à trente pas.

TAYAUT.

C'est ta faute... tu me dis : « Vois-tu d'ici un lièvre ?... » je ne voyais rien, mais, c'est égal... tu me dis : « Là, vis-à-vis toi... tire... » je tire en face et il part à gauche... tu ne me fais jamais faire que des bêtises.

ANDIOL.

Parce que tu vas comme un étourdi, et que tu ne m'écoutes jamais.

TAYAUT.

Si on peut dire ça !... je ne fais au contraire que t'écouter... et si tu savais comme c'est ennuyeux... enfin, nous étions chez le comte de Tokenbourg avec deux bonnes places...

AIR : Et voilà comme tout s'arrange.

Voilà que par ambition,
Toi marmiton, moi garde-chasse...
Sans attendre un' démission,
Tu veux qu' nous quittions notre place.

ANDIOL.

J'ai bien fait d' prendre ce parti.

TAYAUT.

Du tout... on attend, on demeure...
Tous les fonctionnair's font ainsi,

Et n' quittent leur place aujourd'hui
Que pour en prendre une meilleure!

Et j'ai été assez sot pour te suivre; parce que, quoi que tu en dises, c'est toi qui me mènes toujours... Élevé dans les cuisines, et au sein de la civilisation, tu as l'esprit fin et délié comme tes sauces... tandis que moi, élevé dans les forêts...

ANDIOL, d'un ton capable.

L'influence de la société... l'habitude de vivre avec les bêtes... ça se gagne.

TAYAUT.

Andiol... vous n'êtes qu'un mauvais marmiton.

ANDIOL.

Ne vas-tu pas te fâcher?... le malheur t'aigrit le caractère.

TAYAUT.

Oui, le malheur... si ce n'était que ça... si seulement j'avais dîné hier... ça me serait égal, mais deux jours de suite, c'est monotone.

ANDIOL.

Que diable! prends donc patience... une fortune ne se fait pas comme une douzaine de petits pâtés... Toi, tu n'as jamais d'idées... moi, j'en ai... j'ai celle qu'avec mes talents et ton audace, nous arriverons à quelque chose de grand, d'élevé.

TAYAUT.

Oui... à nous faire pendre.

ANDIOL.

Attends... j'ai cru voir dans ce buisson... je crois qu'en effet tu as tué quelque chose.

TAYAUT.

Ce serait donc sans le vouloir... est-ce mon lièvre?

ANDIOL, qui s'est dirigé vers le buisson, saisit le sac que Jean a jeté.

C'est un sac.

TAYAUT.

Un sac d'argent... nous sommes de moitié!... ne vas pas, comme à l'ordinaire, mettre tout dans ta poche.

ANDIOL.

Sois tranquille, nous ne nous battrons pas. D'abord, pour moi... (Tirant du sac.) une serviette!... belle trouvaille, (Y fouillant encore.) pour toi...

TAYAUT.

Un vieux gant... et l'autre?

ANDIOL.

C'est tout.

TAYAUT.

Si encore la paire y était!

ANDIOL.

Rien autre chose... eh! mais...

(Il tourne et retourne le sac en le regardant attentivement.)

TAYAUT.

Qu'as-tu donc?

ANDIOL.

C'est de l'écriture... ou je ne suis qu'un imbécile.

TAYAUT.

C'est possible.

ANDIOL.

A l'encre rouge... (Il épèle.) « Avec ce que je renferme, si « tu sais en faire usage, ta fortune est assurée. »

TAYAUT.

Qu'est-ce que ça veut dire?

ANDIOL.

Que nous avons là des talismans.

TAYAUT.

Des talismans!

ANDIOL.

J'en mettrais ma main au feu... mais le tout est de découvrir leurs vertus secrètes.

TAYAUT.

C'est là le diable... en avant les idées... en as-tu?

ANDIOL, secouant la serviette.

J'ai beau secouer, il n'en tombe rien.

TAYAUT.

Et moi mon gant !

AIR : Voulant par ses œuvres complètes. (*Voltaire chez Ninon.*)

Que je l'ôte ou que je le mette...
Rien du tout !... le sort me poursuit !
Toi, du moins, avec ta serviette
Tu peux t' faire un bonnet de nuit.
(Avec dépit.)
Mais moi... quell' trouvaill' précieuse!...
Faut que j' tombe sur un seul gant...
Ça prouve bien évidemment
Que je n'ai pas la main heureuse.

ANDIOL.

Qu'est-ce qu'on peut faire d'une serviette?

TAYAUT.

Au moins, c'est complet dans son genre!...

ANDIOL.

La mettre à sa boutonnière ?

TAYAUT.

Oui, quand on se met à table... mais comme nous n'y sommes pas...

ANDIOL.

Tu as raison... (La mettant sous son bras.) Monsieur est servi.

TAYAUT.

Laisse-moi donc tranquille, et ne me fais pas des plaisanteries pareilles, à moi, qui tombe d'inanition!

ANDIOL.

C'est vrai... ce n'est pas ça... (Il jette la serviette en l'air, la secoue, la fait claquer.) Rien ne paraît... essaie plutôt toi-même.

TAYAUT, la prenant en tampon et la jetant à terre.

Que le diable t'emporte et elle aussi !

ANDIOL.

De la colère ! ce n'est pas bien... les gens qui, comme nous, sont habitués à porter la serviette, doivent avoir plus de patience. (La ramassant.) La voilà toute chiffonnée... (Il l'étend sur la table de pierre pour la repasser avec la main.) Quelle belle nappe cela fait !... s'il y avait seulement là-dessus un jambon... (Un jambon paraît.) Qu'est-ce que je vois là ?

TAYAUT.

Est-il possible ?

AIR : Ils sont les mieux placés.

Un jambon !... ô merveille !

ANDIOL.

Un lièvre... c'est divin,
Serviette sans pareille !

TAYAUT.

Et du pain et du vin !

ANDIOL.

Il paraît, ô surprise !
Qu'avec ce trésor-ci
Dès que la nappe est mise
Le dîner est servi.

Il n'y a qu'à demander... le lièvre que tu as manqué de tuer... le voilà... et tout piqué !

TAYAUT.

Piqué... piqué... pas tant que moi... un talisman pareil... tandis que le mien...

ANDIOL.

A table !... nous voilà toujours sûrs de ne pas mourir de faim... et dès demain notre fortune est faite... je me mets marchand de comestibles... tu deviens mon premier garçon.

TAYAUT, fièrement.

Eh bien ! par exemple.

ANDIOL.

Allons, ne fais pas le fier, et ne boude pas contre ton ventre.

TAYAUT.

Obligé d'avaler un pareil affront!... Dieu! si ce n'était l'appétit...

SCÈNE VI.

LES MÊMES, à table; JEAN, entrant par la gauche.

JEAN.

Que je suis malheureux!... au moment où je venais de sauver Isoline... et de lui remettre un duplicata de ma déclaration... être exposé de nouveau à être chassé... j'étais si occupé de la fille, que j'ai oublié le déjeuner du père... et dans cinq minutes, l'heure va sonner!... Monseigneur l'a déjà demandé... il a un estomac qui avance toujours... Ah! mon Dieu! mon Dieu!...

ANDIOL.

Qu'est-ce qu'il a donc, ce petit bonhomme?... je crois qu'il pleure.

TAYAUT, la bouche pleine.

Pourquoi donc que vous pleurez, mon petit?

JEAN.

Pourquoi?... En voilà qui mangent, ils sont bien heureux... Vous ne pourriez pas, par hasard, me prêter votre jambon?

TAYAUT.

Eh bien! par exemple...

JEAN.

Et encore, ça ne suffirait pas... il faut au moins deux ou trois services.

ANDIOL.

Qu'est-ce que vous me dites là ?

JEAN.

Un déjeuner complet, pour monseigneur le baron de Gurmenthal, notre seigneur suzerain, qui, sur ce chapitre-là, ne badine pas.

TAYAUT.

Eh bien ! et ses officiers ?

JEAN.

Toute sa bouche est à trois lieues d'ici... dans son palais !... et je ne peux pas la faire revenir en cinq minutes... j'en perdrai ma place et peut-être plus encore... je le disais bien ce matin... je n'ai qu'à me tuer.

ANDIOL.

Gardez-vous-en bien... s'il ne faut qu'un déjeuner, je suis là.

JEAN.

Vous ?...

ANDIOL, bas à Tayaut.

Excellente occasion de nous pousser à la cour...

JEAN.

Ah çà ! vous avez donc une cantine ?

ANDIOL.

Assez bien garnie, et dont voici un échantillon.

JEAN.

C'est qu'il n'aime pas à attendre.

ANDIOL.

Le temps de dresser.

JEAN.

Et un beau déjeuner ?

ANDIOL.

Un repas de cardinal.

AIR : Quatuor de ma Tante Aurore.

JEAN.

Et vous pourrez servir bientôt?

ANDIOL.

Oui, je n'ai qu'à dire un seul mot.

JEAN.

Comment? sans buffet, sans cuisine...

ANDIOL et TAYAUT.

Oui, sans marmiton, sans cuisine.

JEAN.

Sans feu, sans broche et sans réchaud!

ANDIOL et TAYAUT.

Sans feu, sans broche et sans réchaud.

JEAN.

Vraiment, la rencontre est divine.

TOUS.

Divine!... (*Bis.*)

JEAN.

Ah! que c'est beau... ah! que c'est beau!
Bravo! bravo!

ANDIOL, TAYAUT et JEAN.

Voyez-vous d'ici le tableau!
Chaque service se dessine,
Huîtres, pâtés, faisans, perdreau,
Truffes, poisson, volaille fine.

JEAN.

Et des primeurs, du fruit nouveau.

ANDIOL, TAYAUT et JEAN.

Ah! que c'est beau,
Bravo! bravo!
Mais partons à l'instant,
Car monseigneur attend;

Servez tôt,
Servez chaud
Et partons à l'instant!
(Andiol reprend sa serviette, le déjeuner disparaît, ils sortent en tenant Jean bras dessus, bras dessous.)

Deuxième tableau.

L'intérieur du château. — Un cabinet de travail.

SCÈNE PREMIÈRE.

LE BARON, puis LA BARONNE.

LE BARON, étendu dans un fauteuil, un cure-dent à la bouche.

Quel déjeuner! pour un impromptu... il me semble que je n'ai point quitté la table... j'y suis encore de souvenir.

LA BARONNE, s'approchant de lui.

Monsieur le baron!...

LE BARON, avec impatience.

Chère amie... je suis occupé.

LA BARONNE.

Occupé... et à quoi?

LE BARON.

Je digère... et dans ce moment-là je n'aime pas qu'on me dérange.

LA BARONNE.

J'aurais cependant à vous parler d'affaires importantes.

LE BARON.

Du repas de noces?

LA BARONNE.

Eh! non vraiment.

LE BARON, sans l'écouter.

Je crains bien qu'il ne soit pas de la force de ce déjeuner...

Quelle hardiesse dans la composition de ce salmis de bécasses ! quelle finesse de touche dans cette crême d'ortolans !

LA BARONNE.

Monsieur !...

LE BARON.

Moi, ça me passe ! Je ne conçois pas que l'esprit humain puisse aller jusque-là.

LA BARONNE.

Baron, voulez-vous m'écouter ?... il y va de l'honneur de notre maison.

LE BARON.

Qu'est-ce que vous me dites là, baronne ?

LA BARONNE.

En revenant de la chasse... j'avais pris, par mégarde, l'aumônière de votre fille, et j'y ai trouvé une déclaration qui ne pouvait s'adresser qu'à elle ou à moi.

LE BARON.

A vous ?

LA BARONNE.

Il y avait en toutes lettres : « Belle Baronne »... et il s'agit ici de trouver et de punir l'audacieux... cela vous regarde.

LE BARON.

Du tout.

LA BARONNE.

Je vous dis que cela vous regarde.

LE BARON.

Et moi je vous dis que non... et s'il y a des coups à recevoir, j'ai pris un gendre pour cela, ce comte de Tokenbourg que vous attendez, et qui est, dit-on, la première lame d'Allemagne.

LA BARONNE.

Oui, certes... celui-là ne laissera pas outrager sa belle-mère.

LE BARON.

Aussi c'est pour vous, c'est pour avoir la paix que j'ai pris un gendre ferrailleur.

AIR de Marianne. (DALAYRAC.)

Car vos chevaliers intrépides
Et vos tournois et vos combats
Me paraissent des jeux stupides...

LA BARONNE.

Les tournois ne vous charment pas!

LE BARON.

Quelle démence !
A coups de lance
Voir de grands sots
Qui se rompent les os!
Et par douzaine
Dans une arène
Vont trébucher
Et se faire embrocher!...
Pas de danger que j'en approche!
Bien loin d'admirer vos héros,
Moi j'aime autant voir des perdreaux
Que l'on met à la broche.

LA BARONNE.

Mânes de mes ancêtres!... si vous l'entendiez!...

LE BARON.

S'ils m'entendaient, ils diraient que j'ai raison... j'estime peu l'art de tuer les hommes... j'estime beaucoup l'art de les faire vivre; et je serais le plus heureux des hommes si je pouvais fixer à ma cour cet artiste étranger... ce cuisinier modèle qui m'a improvisé le repas le plus succulent... Qui vient là ?...

SCÈNE II.

Les mêmes; JEAN, deux Valets.

LE BARON.

Ah! c'est toi, maître Jean... qui m'as présenté cet homme prodigieux.

JEAN.

Oui, monseigneur, et je viens de la part du seigneur Andiol... qui, avant de prendre congé de vous... demande à vous présenter...

LE BARON.

La carte du déjeuner... elle doit être chère... mais c'est de l'argent qu'on ne regrette pas... Combien?

JEAN.

Rien.

LE BARON.

Rien... par tête?

JEAN.

Oui, monseigneur.

LE BARON.

Eh bien! madame, que vous disais-je? il n'y a que chez les véritables artistes qu'on peut trouver une pareille générosité... un tel désintéressement.

JEAN.

Il vous prie seulement d'accepter ce dernier plat de son métier...

(Montrant deux hommes qui portent une soupière couverte.)

LE BARON.

Sais-tu ce que c'est?

JEAN.

Non, monseigneur, je ne me suis pas permis de regarder...

LE BARON.

Quelque nouvelle invention qu'il soumet à mon palais dégustateur... malheureusement je n'ai rien de ce qu'il faut... je devrais toujours avoir dans mon cabinet une cuillère et une fourchette d'étude.

LA BARONNE ôtant le couvercle, on voit un dindon en galantine, dont le cou et la tête sont encore en nature.

AIR du vaudeville de *l'Écu de six francs.*

Que vois-je?...

LE BARON.

Un dindon, c'est unique,
Dans son bec il tient un billet.

(La baronne le prend.)

LE BARON, riant.

Pour un courrier diplomatique
A son air grave on le prendrait.

JEAN.

Répondez-lui...

LA BARONNE.

Quoi!

LE BARON, à la baronne.

S'il vous plaît,
Voyez un peu ce qu'il m'annonce.
J'écrirai vite et de grand cœur,
Dans l'espoir qu'un pareil facteur
Viendra m'apporter sa réponse.

(Les valets sortent.)

LA BARONNE, lisant.

O ciel!... il réclame le prix proposé.

LE BARON.

Il y a des droits!

LA BARONNE.

Et de plus... quelle audace! il vous promet tous les jours des dîners pareils...

LE BARON.

Cette audace ne me déplaît point.

LA BARONNE, avec dépit.

Si vous voulez lui accorder la main de votre fille.

LE BARON.

La main de ma fille !

JEAN, à part.

Allons ! encore un rival... et c'est moi qui apporte le message !

LA BARONNE, indignée.

Et vous souffrez, sans vous émouvoir...

LE BARON.

Permettez... il faut le voir et l'entendre... cet homme n'est peut-être pas ce qu'il paraît... à la magnificence de ses dons, c'est peut-être quelque prince déguisé en cuisinier... Qu'il entre... (A la baronne.) Vous, chère amie, laissez-nous, ce sont des affaires qui ne regardent que les hommes... (A part.) Je ne serai pas fâché de causer cuisine avec lui.

(La baronne sort.)

SCÈNE III.

LE BARON, ANDIOL richement habillé, JEAN l'introduisant et se tenant à l'écart.

ANDIOL.

Oserai-je d'abord demander à monseigneur si le petit ambigu...

LE BARON.

AIR : Ce que j'éprouve en vous voyant. (ROMAGNÉSI.)

Très bien, mon cher, c'était au mieux.

ANDIOL.

Combien ce suffrage m'honore !...
Ainsi, le lièvre en météore ?

LE BARON.

Il était vraiment lumineux.

ANDIOL.

Et mon salmis?

LE BARON.
Prodigieux!

(Hésitant.)

Peut-être, (excusez mon audace),
Un potage eût pu commencer...

ANDIOL, dédaigneusement.

Vieil abus qu'il faut renverser...
Un potage est une préface,
Un bon livre peut s'en passer.

LE BARON.

Et qui êtes-vous donc, homme étonnant, qui avez des conceptions si neuves?

ANDIOL, après avoir regardé si on ne l'entend pas, et baissant la voix.

Issu de l'illustre famille des comtes de Frigousse.

LE BARON, à part.

J'en étais sûr.

ANDIOL.

Le malheur m'a forcé de cacher ma noblesse... je voyageais incognito, lorsqu' épris des attraits de votre fille... un déjeuner m'a servi de prétexte... car vous sentez bien que ce n'était qu'un détour adroit.

JEAN, à part.

Et c'est moi qui l'ai introduit... si je l'avais su!...

LE BARON.

Et malgré votre illustre origine; vous ne dédaignez donc pas quelquefois de mettre, comme on dit, la main à la pâte?

ANDIOL.

En amateur, et pour mon plaisir.

LE BARON.

C'en est un si pur!

ANDIOL.

Aussi, j'ai fait des découvertes dont l'estomac ne se doute pas... et auxquelles je voudrais vous initier, si j'avais l'honneur d'être votre gendre.

LE BARON.

Il serait possible !

ANDIOL.

Dès aujourd'hui, si nous en étions au repas de noces, je voudrais vous faire manger un mets unique, délicieux, divin... dont personne ne soupçonne l'existence.

LE BARON.

Du nouveau en cuisine ! vous me prenez par mon faible... j'adore les arts... et malgré les répugnances de ma noble épouse, qui est un peu éteignoir... je ne serais pas éloigné de me décider en votre faveur.

JEAN, à part.

Je suis perdu...

LE BARON.

Et quel est le nom de ce mets inconnu ?... vous avez piqué mon amour-propre... j'en connais beaucoup.

ANDIOL.

Nous appelons cela : des beignets d'ananas à la glace.

LE BARON, ouvrant de grands yeux.

Des beignets à la glace !... permettez... mon cher comte... il me semble que c'est un barbarisme... il y a là une contradiction qui choque les principes... pour la glace, il faut du froid... pour les beignets il faut de la friture, et un degré de chaleur qui doit nécessairement faire fondre...

ANDIOL, vivement.

Du tout... c'est là le comble de l'art... de combiner le degré exact de cuisson et de froid, qui coagule au même instant et retient le calorique... c'est la zone torride qui se marie à la zone glacée... c'est l'hiver... c'est l'été... vous avez à la fois toutes les saisons dans la bouche...

LE BARON, enchanté.

Toutes les saisons dans la bouche!... ça me paraît un problème impossible à résoudre... c'est la quadrature du cercle... Je vous dirais sur-le-champ : touchez là, mon gendre, si ce n'était cette promesse imprudente que nous avons faite au comte de Tokenbourg... un chevalier brutal...

ANDIOL.

Que je connais... et dont je vous débarrasserai facilement, je lui donnerai une indigestion...

LE BARON.

Il serait possible!... j'avais déjà une tendre affection pour vous, et si aujourd'hui vous me débarrassez du comte, et me faites manger des beignets à la glace, ma fille est à vous.

JEAN, à part.

J'en étais sûr!... suis-je malheureux!

LE BARON.

Que vous faut-il pour cela, mon cher comte?

ANDIOL.

Je n'ai besoin que d'être seul dans un cabinet de travail.

LE BARON.

Le mien est à votre disposition...

JEAN, à part.

Des beignets à la glace... il faut absolument que je sache comment il fait...

LE BARON, à Jean.

Petit page, faites préparer un appartement pour mon gendre. (Jean s'incline, feint de sortir et se cache sous la table. — A Andiol.) Je vous laisse, mon cher... vous pourrez sonner... mes gens seront à vos ordres.

ANDIOL.

Inutile... cela ne sera pas long... en cinq minutes...

LE BARON.

Mon ami, mettez-y le temps... ne vous pressez pas, je

vous en supplie... je serais désolé maintenant, si vous manquiez... la main de ma fille. (Lui serrant la main avec sentiment.) Adieu! homme incompréhensible... homme du siècle! Adieu! grand homme. (En s'en allant.) Toutes les saisons dans la bouche!...

SCÈNE IV.

ANDIOL, JEAN, sous la table.

ANDIOL, se croyant seul.

A merveille! me voilà en pied... la petite princesse et la baronnie ne peuvent plus m'échapper.

JEAN, à part.

C'est ce que nous verrons...

ANDIOL, fermant les portes.

Enfermons-nous bien, pour que personne ne surprenne mon secret, et ne connaisse la vertu de mon talisman.

JEAN, à part.

Il a un talisman !

ANDIOL, revenant.

Le pays est bon!... et je leur ai déjà vendu en comestibles de quoi me mettre comme un prince... j'avais même acheté une livrée pour cet imbécile de Tayaut... il n'en a pas voulu... il s'est aussi donné un habit de seigneur... et il ne veut plus m'obéir, il veut être mon égal. (Déployant sa serviette.) Ça n'est pas possible... car j'ai de l'esprit... et il est si bête qu'il n'a pas encore pu découvrir la vertu de son talisman.

JEAN, à part.

L'autre aussi a un talisman!

ANDIOL.

Et vouloir prendre un ton!... me traiter de camarade!... je l'ai mis à la porte, l'ingrat... Ayez donc des amis!... heureusement me voilà à la cour... et je ne serai plus exposé à ça.

(Pendant ce temps, il a tiré la serviette de sa poche, l'a déployée et étendue sur la table.)

JEAN, à part.

Que diable veut-il faire de cette serviette?

ANDIOL.

Ah çà! nous disons : des beignets d'ananas à la glace... il en faut un bon plat...!e baron m'a l'air d'un fort mangeur... heureusement, je les ferai encore plus vite qu'il ne les expédiera. (Il prend un vase d'argent qui est sur un meuble.) Ce bassin d'argent... il y a justement un double fond, pour entretenir la glace dessous, et un couvercle pour tenir chaud en dessus. (Il place le double fond sur la serviette.) A nous deux, ma chère serviette!

AIR : Le cordon s'il vous plaît.

Ici, de grâce,
Entends mes vœux!
Par toi je veux
Un beau plat de beignets merveilleux;
Qu'ils soient chauds, surtout à la glace;
Ma belle, aussi n'oublions pas
Qu'ils doivent être à l'ananas.
Ciel! les voilà!...

JEAN, à demi-voix.

Quelle aventure!

ANDIOL.

Bravo! quelle blonde friture!

(Il va chercher le couvercle.)

Couvrons-la vite...

JEAN.

Ah! si j'osais... c'est si tentant!

(Il en prend un et le mange.)

Dieux! quel goût! que c'est bon! le joli (*bis*) talisman!

ANDIOL, revenant avec le couvercle.

Quel parfum! que c'est beau! le joli (*bis*) talisman!

JEAN et ANDIOL.
Le joli talisman!

ANDIOL, en posant le couvercle, plie sa serviette et la met dans sa poche.

Le beau-père va-t-il s'en donner!... Holà! quelqu'un... (Des valets paraissent.) Portez cela à l'office... qu'on le place dans un lieu bien sûr... ni trop chaud ni trop froid... une température neutre, et que six gardes veillent dessus. (A part.) Vivat! Andiol! la princesse est à toi.

(Il sort précédé des valets.)

SCÈNE V.

JEAN, sortant de sa cachette.

Il est parti!... Ah! le misérable! cette serviette magique... ce talisman précieux... et celui que son camarade possède... ce sont les miens qu'ils auront trouvés dans la forêt... et moi qui ai méprisé les cadeaux de cette pauvre vieille... peut-on être plus maladroit! (Élevant la voix d'un ton suppliant.) Ah! bonne vieille... bonne fée, ne m'abandonnez pas et rendez-moi mes talismans, vous serez bien gentille... je vous embrasserai dix fois s'il le faut. (Il écoute.) Rien... elle est piquée; et quand une vieille femme est piquée... c'est fini. (Avec résolution.) Eh bien! tant mieux!... je suis seul, sans appui... sans protection... j'en aurai plus de gloire... j'ai de l'amour, du courage... et c'est à moi de reprendre par mon esprit ces talismans que j'ai perdus par mon imprudence... je vais d'abord... (Deux heures sonnent.) Ciel! l'heure de la toilette du baron... et je suis de service... Courons vite... du sang-froid... de la présence d'esprit, et tâchons de détourner le coup qui me menace.

(Il sort en courant.)

Troisième tableau

Le cabinet de toilette du baron. — Portes latérales et porte au fond; à gauche une table sur laquelle on voit une cuvette d'argent, une aiguière, et tout ce qu'il faut pour faire la barbe.

SCÈNE PREMIÈRE.

JEAN, TAYAUT, entrant d'un air animé.

JEAN.

Comme vous dites, c'est une indignité!

TAYAUT.

N'est-ce pas? on est camarade ou on ne l'est pas... et parce qu'il m'a donné une vingtaine de pièces d'or, ce qui me rend plus riche que je ne l'ai jamais été... il croit que je suis content, il me prend donc pour une bête?

JEAN.

Ça en a l'air.

TAYAUT.

Lui qui est en faveur, qui va dîner tout à l'heure avec le baron, et qui ce soir épouse sa fille...

JEAN, à part.

Ce n'est que trop vrai!

TAYAUT.

D'après nos conventions...

AIR : Peste soit aussi d'une arme. (*Le vieux chasseur*.)

Il est sans délicatesse,
Nous devions tout partager!

JEAN.

Tout... excepté la princesse?

TAYAUT.

Ça pouvait bien s'arranger,
Les partag's sont légitimes,

Et plus d'un homme marié
Avec ses amis intimes
Est bien souvent de moitié.

Mais, au fait, il a raison, autant qu'elle soit à moi tout seul.

JEAN, indigné.

La princesse?...

TAYAUT.

Elle me plaît... elle me plaît beaucoup... et s'il y a quelque moyen... on verra...

JEAN.

Vous avez donc des moyens?

TAYAUT, se regardant avec complaisance.

Dame! tout le monde en a... de plus ou moins avantageux.

JEAN, à part.

Au fait, j'oubliais... il a aussi un talisman!... il faut que je me défasse de l'un par l'autre. (Haut.) Hum! vous faites le modeste, et si vous vouliez vous servir de votre gant magique...

TAYAUT.

Comment? qui vous a dit?

JEAN.

Je sais tout... et si vous le voulez, nous serons de moitié.

TAYAUT.

Oui, de moitié... ça me réussit joliment... vous ferez comme l'autre, vous prendrez tout pour vous.

JEAN.

Quelle idée! moi, ce que j'en fais, c'est par amitié pure... et pour vous rendre service.

TAYAUT.

Vous savez donc à quoi sert ce talisman, dont je n'ai jamais pu découvrir le secret?

JEAN.

Sans doute.

TAYAUT.

Alors dites-le-moi.

JEAN, tendant la main.

Donnez.

TAYAUT.

Du tout... dites-moi auparavant...

JEAN.

Donnez-le-moi d'abord.

TAYAUT.

Je vous le donnerai après.

JEAN, avec impatience.

Est-il bête!... Il n'a pas confiance.

SCÈNE II.

LES MÊMES ; BALTHAZAR.

BALTHAZAR.

Eh vite!... eh vite!... seigneur page... dépêchez-vous !...
C'est le jour de barbe de monsieur le baron.

JEAN, brusquement.

Nous avons le temps... Il ne vient pas encore.

BALTHAZAR.

Le voilà qui monte avec le seigneur Andiol.

TAYAUT.

Je ne veux pas le rencontrer.

AIR du vaudeville des *Chemins de fer.*

Mettez-moi dans quelque cachette,
Qu'ils ne me voient pas.

JEAN, lui montrant le cabinet de toilette.

Oui, c'est mieux ;

Entre nous l'alliance est faite,
De moitié nous serons tous deux.

TAYAUT.

Oui, mais du secret qui m'occupe...

JEAN, le poussant.

Je m'en vais tout faire, entre nous,
Pour que votre ami soit ma dupe,
Puis je m'occuperai de vous.

Ensemble.

JEAN.

Dans ce cabinet de toilette
Cachez-vous vite à tous les yeux ;
Entre nous l'alliance est faite,
De moitié nous serons tous deux.

TAYAUT.

J'entre vite dans ma cachette,
Pour me dérober à ses yeux.
C'est convenu, l'affaire est faite,
De moitié nous serons tous deux.

JEAN, le poussant dans le cabinet à droite.

Allez vite.

(Tayaut entre dans le cabinet.)

BALTHAZAR.

Qu'est-ce que ça signifie ?

JEAN.

Que j'ai fait, ce matin, une bêtise... qu'il faut ravoir mon bien... et, si tu veux m'aider...

BALTHAZAR.

Si ça n'est pas difficile...

JEAN.

Le barbier de monseigneur est-il arrivé ?

BALTHAZAR.

Il attend depuis une heure... Je vais le faire entrer.

JEAN.

Au contraire... renvoie-le.

BALTHAZAR.

Puisqu'il est là.

JEAN.

C'est égal... dis que tu ne l'as pas vu... qu'il n'a point de rasoirs, et ne vas pas te couper!... C'est monseigneur... pars vite.

(Balthazar sort par la gauche.)

SCÈNE III.

JEAN, LE BARON, ANDIOL; puis BALTHAZAR.

LE BARON, à la cantonade.

N'aie donc pas peur, m'amour... le dîner n'est que pour trois heures, et je serai prêt avant toi... parce que les femmes... (A Andiol.) N'est-ce pas, mon gendre ?

ANDIOL.

Ah! certainement... les femmes...

LE BARON.

C'est ce que je voulais dire... je suis en train de plaisanter... Mais il ne s'agit pas ici de s'amuser... parce qu'il me tarde de juger ce plat merveilleux... Est-il à point, a-t-il réussi?

ANDIOL.

Certainement.

LE BARON.

C'est ce que nous verrons bientôt... Allons donc... Allons donc... mes gens !... mon barbier!

(Balthazar entre avec deux valets.)

JEAN.

Le barbier?... Pardon, monseigneur... il fait dire à l'instant qu'il ne viendra pas.

LE BARON.

Ce n'est pas possible !

JEAN, voyant Balthazar.

Demandez plutôt à Balthazar.

BALTHAZAR.

Oui, monseigneur... il dit qu'il est malade.

LE BARON.

Se permettre d'être malade quand j'ai besoin de lui... c'est un peu leste, mon cher... Et qu'est-ce qu'il a ?

BALTHAZAR.

Il a... il a... que...

JEAN, vivement.

Il s'est coupé le doigt, le pauvre garçon.

LE BARON.

Il est bien à plaindre... Quand je pense que ça pouvait tomber sur moi, ça me fait frémir .. Mais comment faire ?... Le dîner va sonner, et moi, je ne mange bien que quand je suis rasé. (Remuant la mâchoire.) Cela donne de la facilité.

JEAN.

Si monseigneur voulait se fier à moi, j'essaierais.

BALTHAZAR, à demi-voix.

Vous auriez l'audace !...

JEAN, bas.

Tais-toi donc... ce n'est pas à moi de trembler.

LE BARON.

Toi ! un blanc-bec...

AIR du vaudeville du *Petit courrier.*

Il n'a point de barbe au menton !...

JEAN.

Ce n'est que la vôtre qui presse !

LE BARON.

C'est vrai... va donc, mais de l'adresse!
Ou bien, fustigé tout de bon!

JEAN.

Le fouet pour une égratignure!...
Mais mes sentiments sont connus;
Monseigneur, pour votre figure
Un page peut risquer... bien plus.

LE BARON, s'asseyant.

Allons, allons, dépêchons.

JEAN, se donnant beaucoup de mouvement.

Vite, la savonnette... l'eau chaude... le bassin d'argent. (Il prend le linge sans qu'on le voie, et le jette de côté, pendant que Balthazar et les deux valets s'empressent autour du baron qui s'est assis dans son fauteuil.)

BALTHAZAR, cherchant.

Une serviette!

LE BARON.

Une serviette... où est-elle?

JEAN.

La serviette à monseigneur?... Ah! mon Dieu! je ne la vois pas.

LE BARON.

Allons donc, petit page, est-ce ainsi que l'on fait son service? Voilà une heure que je tends le cou!

JEAN.

Il faut que quelqu'un l'ait prise. (Pendant qu'Andiol cause avec le baron, Jean s'approche, voit la serviette qui sort un peu de sa poche et la saisit.) Qu'est-ce que je disais? M. le comte qui s'amuse à me jouer de ces tours-là...

(Il la déploie.)

ANDIOL, étourdi.

Comment! du tout... permettez... Ça a l'air... mais ce n'est pas.

JEAN, tout en la passant au cou du baron.

Exposer un pauvre petit page à perdre sa place ! c'est bien mal à vous !

ANDIOL, à part.

Maudit page ! Dieux ! ma serviette au menton du beau-père !... Si elle allait faire des siennes !

(Il avance la main pour la reprendre.)

JEAN.

Tenez-vous donc !... Vous allez causer quelque malheur qui ne sera pas de ma faute, car je fais de mon mieux.

LE BARON.

Aussi, ce n'est pas mal... pas mal du tout... la main est très légère.

ANDIOL, à Jean, qui essuie le rasoir.

Prenez donc garde, vous allez couper cette serviette.

LE BARON, faisant un saut.

Oh ! prenez donc garde vous-même, morbleu !... vous m'avez fait couper.

JEAN, froidement.

Du tout, monseigneur.

LE BARON, s'essuyant.

Comment, du tout ?... Mais je sens bien...

JEAN, de même.

Ça y était, je vous assure...

LE BARON.

Ça y était... ça y était... C'est votre faute, mon gendre.

ANDIOL.

Mille pardons, beau-père... mais aussi pourquoi ne vous rasez-vous pas vous-même ?... Aujourd'hui tous les gens comme il faut...

LE BARON.

Je le pourrais, mon cher, parce que rien ne m'est étranger... mais ça m'empêcherait de penser, et, tel que vous me voyez, j'ai toujours la tête occupée... Tenez, dans ce moment-ci, tout en causant avec vous, vous croyez peut-être que je ne pense à rien?... c'est ce qui vous trompe... Je me disais, en voyant ces flocons de neige voltiger au-dessus de ma serviette : Parbleu! si j'avais là une douzaine de meringues à la vanille!... (Les meringues paraissent sur la serviette.) Qu'est-ce que c'est que ça?

AIR : Chœur final des *Bouillons*.

LE BARON.

Ah! grands dieux! quel prodige!
Quel magique pouvoir!
Peut-être est-ce un prestige?
Goûtons-y pour le voir.

LE CHŒUR.

Ah! grands dieux! quel prodige!
Quel magique pouvoir!
Peut-être est-ce un prestige?
Goûtez-y pour le voir.

ANDIOL, à part.

J'étais sûr qu'elle ferait quelques brioches...

LE BARON, se levant, et les rattrapant à la volée.

Mais c'est donc vous, mon gendre?... Une galanterie, une surprise... Vous les aviez cachées... vous aviez donc deviné?...

ANDIOL.

Non, je vous jure... j'ignore... (A part.) Je suis sur les épines.

LE BARON, la bouche pleine.

Excellentes, ma foi... Il fait le petit-four comme un ange... Qu'on me les garde pour mon dessert! (Appelant.) De l'eau!

JEAN.

L'aiguière... la cuvette... (Le baron ôte sa serviette qu'il jette à Jean, Andiol avance la main pour la reprendre.) Ne vous donnez pas la peine, c'est à moi.

ANDIOL.

Comment, c'est à vous?

JEAN.

Ce sont les profits des pages... chez monsieur le baron, jamais une serviette ne sert deux fois.

LE BARON, se lavant la figure.

C'est vrai... C'est un peu cher, mais c'est plus propre.

ANDIOL.

Par exemple... je ne souffrirai pas...

SCÈNE IV.

Les mêmes; LA BARONNE, ISOLINE, Dames, Pages, Gardes.

LA BARONNE.

Eh bien! qu'est-ce que je disais?... Vous n'êtes pas prêt... et le dîner est servi.

LE BARON.

Et je le fais attendre!... c'est la première fois... Vite, mon cher comte, la main à ma fille.

ANDIOL.

Mais, monsieur le baron.

LE BARON.

C'est juste... à ma femme, c'est dans les convenances.

ANDIOL.

Ce n'est pas ça.

LE BARON.

Si vraiment... c'est moi qui donnerai la main à ma fille.

ANDIOL.

Mais écoutez-moi.

LE BARON.

Dans un pareil moment, je n'écoute rien.

AIR : Venez, venez, venez, jeunes garçons.

Allons, allons, on vient de nous servir,
Venez au banquet de famille.
Les mets fument, le vin pétille,
Livrons-nous au plaisir.

JEAN, à part.

Ah! je la tiens, je croi.

ANDIOL, inquiet, à part, et tenant la main de la baronne, mais suivant tous les mouvements du page.

Grand Dieu! je meurs d'effroi!

LE BARON, le poussant.

D'être à table je grille,
Nous mangerons tout froid.

LE CHOEUR.

Allons, allons, il faut partir,
Venez au banquet de famille.
Les mets fument, le vin pétille,
Livrons-nous au plaisir!

(Andiol, obligé de donner la main à la baronne, sort en regardant toujours Jean qui se moque de lui; le baron le pousse dehors en donnant la main à Isoline, qui fait à Jean un signe d'intelligence.)

SCÈNE V.

JEAN, puis TAYAUT.

JEAN.

A merveille!... et d'un! maintenant à l'autre. (Courant au cabinet; à Tayaut qui sort.) Venez, mon associé; la victoire est à nous.

TAYAUT.

Je le sais... j'ai tout entendu... et vous êtes joliment malin.

JEAN.

Il faut que je le sois pour nous deux... (Regardant Tayaut.) Mais d'où vient cet air abattu ?

TAYAUT.

Il y a de quoi... j'ai trouvé enfin le secret de mon talisman... que vous ne vouliez pas me dire.

JEAN.

Vraiment !

TAYAUT.

Une belle trouvaille!... j'ai cru que cela allait me donner des perles et des diamants.

JEAN.

Je ne vous ai pas dit ça... mais comment avez-vous découvert de vous-même ?...

TAYAUT.

Par hasard... et sans le vouloir... J'étais dans ce cabinet, retournant ce gant de toutes les façons... et après l'avoir mis à l'envers, je venais de le passer dans ma main droite.

JEAN.

Eh bien ?

TAYAUT.

Eh bien!... il y avait une glace où je me regardais... ça me faisait plaisir... et dans le moment où j'ai mis le gant... crac ! je ne me suis plus vu... ça m'a fait de la peine.

JEAN.

Est-il possible !

TAYAUT.

J'ôtais le gant... je me voyais... je le remis... je ne me revis plus.

JEAN.

Si bien que cela rend invisible.

TAYAUT.

Justement... la belle avance... surtout à la cour... où pour faire son chemin, il faut toujours se montrer.

JEAN.

Bah! et l'avantage d'être partout... de tout voir, de tout entendre!

TAYAUT.

Je n'y pensais pas.

JEAN.

Grâce à ce talisman, nous pouvons enlever ici tout ce qui nous plaira... à commencer par le dîner de monsieur le baron.

TAYAUT.

C'est, ma foi, vrai.

JEAN.

Et ce fameux plat de beignets d'ananas... sur lequel reposent toutes les espérances d'Andiol... car c'est cela qui devait lui faire épouser Isoline.

TAYAUT.

Voyez-vous cela... Soyez tranquille... j'enlève les beignets, j'enlève la princesse.

JEAN.

Du tout... nous devons partager...

TAYAUT.

C'est juste... un page c'est toujours friand... (A part.) A lui les beignets.

JEAN.

Où allez-vous donc?

TAYAUT.

Je vais tout prendre.

JEAN.

Et vous ne savez pas où c'est... après avoir traversé la salle à manger... l'office est à droite... c'est là que le plat est déposé sous la surveillance de six gardes de la bouche, l'arquebuse chargée et la mèche allumée.

TAYAUT.

Je n'aime pas les arquebuses.

JEAN.

Il faudra donc vous glisser bien adroitement sans toucher aucun d'eux... et sans rien renverser... ou plutôt, tenez...

AIR du *Pauvre Diable*, ou : Que le feu brille et que le punch s'allume.

Confiez-moi votre gant...

TAYAUT.

Non, pour cause.

JEAN.

Moi je suis leste, et je sais le chemin...

TAYAUT, qui a son idée et regardant la poche de Jean.
Ne craignez rien, j'essairai quelque chose...
Pour bien m'apprendre et me former la main.
(Il montre son gant.)
Puis avec ça si l'on fait quelqu' bêtise,
On est bien sûr que personn' ne vous voit,
Pour réussir dans tout's les entreprises
Un pareil gant, c'est une bague au doigt.

Ensemble.

TAYAUT.

Moi vous prêter ce gant-là? non, pour cause.
De réussir, allez, je suis certain ;
D'ailleurs, avant j'essairai quelque chose
Pour bien m'apprendre et me former la main.

JEAN, à part.

A mon désir l'imbécile s'oppose ;
Son gant, je crois, l'a rendu plus malin,
Ah! je voudrais le tenir et pour cause,
Tout mon bonheur alors serait certain.

(Tayaut prend son gant et tout en marchant avec précaution, il s'occupe à le mettre, et sort par la porte à gauche.)

TAYAUT, en disparaissant.

Soyez tranquille, vous allez voir!

SCÈNE VI.

JEAN, seul, le regardant sortir.

Je vais voir... je vais voir... Ah! mon Dieu! je ne le vois plus!... c'est unique... il a mis son gant... et puis disparu... évanoui comme une vapeur. (Il redescend la scène.) C'est charmant!... et c'est bien le plus précieux des deux talismans... c'est celui-là qu'il serait agréable d'avoir!... quel trésor pour un page.

AIR nouveau.

Ah! si c'était possible!
Je serais trop heureux
De me rendre invisible
Pendant une heure ou deux!

Je prendrais d'aventure,
Sans qu'on pût m'accuser,
Des bouquets, des ceintures,
Joli petit baiser;
Ravir aux plus cruelles
Cent larcins amoureux,
Prendre à toutes les belles
Des tresses de cheveux;
Dans plus d'un oratoire
Faire entendre un doux vœu,
Et dévotes de croire
Que c'est la voix d'un Dieu.

Ah! si c'était possible! etc.

Tromper la surveillance,
Et malgré les geôliers,
Parler de délivrance
Aux pauvres prisonniers...
Et chez sa belle même

Pouvoir venir veiller,
Murmurer: je vous aime
Près de son oreiller.
La nuit, troublant les âmes
Des époux au logis,
Être ange pour les femmes,
Diable pour les maris!

Ah! si c'était possible! etc.

Ah! oui, ce gant, ah! il me le faut... je l'aurai... et je crois qu'il ne me coûtera pas cher... car, malgré son obstination à ne pas s'en dessaisir, mon nouvel allié me paraît encore plus bête que l'autre... (En ce moment, on voit la serviette qui sort de sa poche, et qui traverse le théâtre. Jean, se retournant et mettant la main sur ses poches.) Hein! qu'est-ce que c'est?... il m'a semblé qu'on s'approchait de moi et qu'on me touchait... ce que c'est que l'idée... partout maintenant, je vois des invisibles... (Regardant du côté de la salle à manger.) Ah! mon Dieu! quel bruit dans la salle à manger... ils en sont au second service, et les beignets ont manqué... Andiol est à genoux... le baron est furieux... à moi, maintenant, à lui servir un plat de mon métier... rappelons-nous comment il faisait des beignets, en étendant la serviette. (Fouillant dans l'une et dans l'autre de ses poches.) Eh! bien... où est-elle donc?... je l'avais mise là... je l'avais tout à l'heure encore... (Cherchant partout.) Mon Dieu, mon Dieu!... qu'est-ce qu'elle est devenue?... et comment cela se fait-il?

SCÈNE VII.

JEAN, TAYAUT.

TAYAUT, tenant son gant à la main.

Eh! bien, tout a réussi... mon talisman a fait des merveilles.

JEAN.

Et j'ai perdu le mien.

TAYAUT.

Je le sais bien... c'est moi...

JEAN.

Qu'est-ce que ça signifie?

TAYAUT.

Que tout à l'heure, en revenant, je vous ai entendu qui disiez : Ah! le joli talisman! si je l'avais, j'irais la nuit faire peur aux dames de la cour.

JEAN.

Comment, vous étiez là ?

TAYAUT.

A côté de vous... et quand vous avez dit : Il est encore plus bête que l'autre... je ne sais pas de qui vous parliez... j'ai mis ma main dans votre poche, et crac...

JEAN, à part.

L'imbécile !

TAYAUT.

Ça m'a donné du cœur, parce que j'ai pensé que si vous qui avez de l'esprit, vous n'y voyiez pas plus que ça, à coup sûr les autres n'y verront rien... et la preuve, c'est que j'avais enlevé les beignets au moment où on allait les servir.

JEAN.

Où sont-ils?

TAYAUT.

Dans votre chambre.

JEAN.

Et qu'allez-vous faire?

TAYAUT.

AIR : Dans la vigne à Claudine.

D'mander en mariage
La princesse..

JEAN.

Allons donc!

TAYAUT.

Pour qu'mon rival enrage.

JEAN.

Hum! il est beau garçon.

TAYAUT.

J'escamot' ma figure,
Par ce moyen parfait,
J' défie bien ma future
De dir' que je suis laid.

JEAN.

Mais...

TAYAUT.

Mon camarade l'avait bien obtenue... il n'avait qu'un talisman... ainsi moi qui en ai deux...

JEAN.

C'est-à-dire, le mien à moi.

TAYAUT.

Oui... vous l'avez repris à Andiol, pour mon compte, parce que nous sommes de moitié... vous êtes avec moi, comme j'étais avec l'autre, un associé en second...

JEAN, à part, s'impatientant.

Dieux!... et impossible de discuter avec un butor comme celui-là...

TAYAUT.

Mais, je ne serai pas comme lui, je ne vous oublierai pas.

AIR du vaudeville du *Premier Prix*.

J' vous donne, une fois en ménage,
Près d' ma femme un' place d'honneur.

JEAN, à part.

Sa femme!... ah! j'étouffe de rage,
Et pas moyen d'avoir du cœur!...
Faut-il, hélas! qu'il me l'enlève!...

Tout autre homme, on l'assommerait,
Mais sur lui, si ma main se lève,
A l'instant même il disparait.

TAYAUT.

Vous allez voir... voilà le baron et sa femme... je vais faire la demande.

JEAN, à part.

Si ce n'est pas jouer de malheur... dès que je me débarrasse d'un rival, il m'en revient un autre.

SCÈNE VIII.

Les mêmes; LE BARON, LA BARONNE, ISOLINE, Dames, Pages et Valets.

LA BARONNE.

Oui, monsieur, c'est comme je vous le dis... il arrive à l'instant pour épouser Isoline.

JEAN.

Et qui donc ?

LA BARONNE.

Le comte de Tokenbourg.

TAYAUT, qui s'avançait pour saluer, recule un pas vers Jean.

Ouf! mon ancien maître...

JEAN, à part, se désolant.

Et de deux maintenant !

LA BARONNE.

Il est entré dans la salle du festin, au moment où vous veniez d'en sortir, et en apercevant à côté de moi cet étranger qui avait eu l'audace de s'y asseoir... il s'est écrié : « Que vois-je ! un de mes marmitons à cette noble table ? »

LE BARON.

Un marmiton!... en êtes-vous bien sûre ?

LA BARONNE.

Tellement, que comme son seigneur et maître, il l'a fait saisir par ses gens.

LE BARON.

Ça ne suffit pas... qu'on lui inflige les châtiments les plus terribles... qu'il soit mis au pain et à l'eau.

TAYAUT, bas à Jean.

Ah! là là!... Je n'ose plus faire ma demande... mais c'est égal..., je me vengerai de mon maître qui vient sur mes brisées, et qui m'a mis à la porte sans me payer mes gages.

JEAN, de même.

Comment cela?

TAYAUT.

Comme vous le disiez... en me glissant cette nuit dans la chambre de sa future.

JEAN, avec colère.

Une pareille idée!...

TAYAUT.

N'est pas mauvaise, n'est-ce pas? c'est vous qui me l'avez donnée.

JEAN, à part.

Malédiction!

LA BARONNE.

Allons, petit page, préparez l'appartement du comte de Tokenbourg... de celui qui demain sera l'époux de ma fille.

ISOLINE, à part.

Ah! mon Dieu!

TAYAUT, bas à Jean.

C'est ce que nous verrons, n'est-il pas vrai?

LA BARONNE.

Et nous, monsieur le baron, allons le recevoir à la salle d'armes, où tous nos vassaux vous attendent.

AIR : Fragment du deuxième acte de *la Neige*.

Ensemble.

LE BARON et LA BARONNE.

Quel bonheur ! j'espère
Qu'à ma fille il va plaire,
Il obtiendra sa foi !

ISOLINE.

Quel destin contraire!
D'un autre époux mon père
Veut m'imposer la loi !

JEAN.

Je tremble, que faire?
Eh! quoi, ce téméraire
L'emporterait sur moi!

TAYAUT.

Oui, bientôt j'espère
Que ce maître sévère
Sera puni par moi !

(Les pages apportent des flambeaux.)

JEAN, à part, pendant que le baron, la baronne et Tayaut se font des compliments.

Grands dieux! que devenir, que faire?
Et quel sort, hélas! me poursuit!...
(Comme frappé d'une idée subite.)
Ah! j'y songe...
(Bas et s'approchant d'Isoline.)
Avec votre mère
Sans bruit, quand sonnera minuit,
Changez de chambre cette nuit.

ISOLINE.

Cette nuit?

JEAN, bas.

Cette nuit!

ISOLINE.

Cette nuit?
Expliquez-vous?...

JEAN, bas et vivement.

Changez vite... ou c'est fait de nous.

Ensemble.

LE BARON et LA BARONNE.

Quel bonheur! j'espère,
Qu'à ma fille il va plaire,
Il obtiendra sa foi.

ISOLINE, à part.

Je tremble... j'espère...
Mais quel est ce mystère
Qui me glace d'effroi?

JEAN, à part.

Je tremble... j'espère...
Son projet téméraire
Vient me glacer d'effroi.

TAYAUT, à part.

Je tremble... j'espère...
Cette beauté si fière
Va bientôt être à moi.

LE CHOEUR.

Quel destin prospère!
A sa fille il va plaire
Et mériter sa foi.

(Ils sortent précédés des pages.)

Quatrième tableau.

Une chambre à coucher élégante. — Au fond, une alcôve avec de riches draperies gothiques; à droite une toilette chargée de fleurs, de bonnets, de papillotes. Deux portes latérales.

SCÈNE PREMIÈRE.

(Au moment où la toile se lève, Tayaut est seul au milieu de la chambre, et vient d'ôter son gant qu'il tient à la main.)

TAYAUT.

Personne... je peux paraître... ça me repose un peu... (Il

pose son gant dans son chapeau, sur la chaise près de la porte à gauche.) Je suis arrivé jusqu'ici en traversant la salle d'armes, le grand salon, les escaliers... tout ça était plein de monde, et pas un ne m'a vu... c'est amusant !... à l'un, je tirais la moustache... à l'autre je donnais une chiquenaude sur le nez... et au comte de Tokenbourg mon maître, qui était à boire, je lui ai trois fois renversé son gobelet qu'il venait de remplir... ça me faisait rire... et quand il s'est écrié : « Chien de gobelet qui ne peut pas tenir ferme! »... et qu'il l'a jeté contre le mur... ça c'était moins drôle... parce qu'il n'a pas vu que j'étais entre lui et la muraille... ce qui m'a fait une bosse au front!... heureusement que quand j'ai mon gant, ça ne se voit pas... chien de brutal, qui ne pouvait pas dire : Gare!... aussi, je viens de m'en venger... Je sors de son appartement où, d'après le conseil du petit page, je lui ai fait une peur...

AIR : Fille à qui l'on dit un secret.

 Ma grosse voix a poursuivi ses pas
 En l'accablant d'vérités les plus dures ;
 C'est amusant, quand les gens n'vous voient pas,
  D'leur dire en face des injures !
 Par la fenêtre il vient de faire un saut !
 Il court encor... c'est ainsi qu'ça se passe :
 Quand les petits peuvent parler tout haut,
  Il faut qu'les grands cèdent la place.

Mais, ça ne suffit pas à ma vengeance... la princesse va venir... me voilà dans sa chambre... et dès qu'elle sera endormie... Ah! mon Dieu! on vient... c'est elle et ses femmes... (Courant à son chapeau et à son gant qu'il reprend.) Cachons-nous là... (Montrant le cabinet.) jusqu'à ce qu'elle soit seule... et puis, pour ne pas l'effaroucher, je reviendrai en invisible.

(Il entre dans le cabinet à gauche.)

SCÈNE II.

LA BARONNE, en deshabillé de nuit, et un bougeoir à la main. — Elle entre par la porte à droite et parle à la cantonade.

Allons, monsieur le baron, il est tard; j'ai renvoyé mes femmes... faites vite votre toilette de nuit et venez vous coucher... (Elle pose le bougeoir sur la toilette, s'assied et se met des papillotes.) Je vous demande quelle idée ma fille a-t-elle eue, de vouloir absolument changer de chambre avec moi! Je ne peux attribuer ce caprice qu'à un sentiment de pudeur... pauvre petite!... Ce comte de Tokenbourg habite le même pavillon... et une jeune tête s'effarouche si facilement! (Regardant autour d'elle.) eh bien!... ça me fait plaisir de me retrouver dans ma chambre de demoiselle... il y a vingt-sept ans que cela ne m'est arrivé...

AIR de *Julie*, ou *le Pot de fleurs*.

Dans cette chambre eut lieu mon mariage;
Près du baron quand maman me laissa
Je voulais fuir, mais malgré mon courage...
Doux souvenir!... Cher époux... le voilà...
Ah! que d'amour!... Comment ne pas le croire?
Mais le baron n'est plus comme autrefois,
(Soupirant.)
Ce soir, je suis bien heureuse, je crois,
D'avoir aussi bonne mémoire.

(Avec un soupir.) Il était si tendre, si impétueux... ah! (Elle fait un geste de regret et renverse le bougeoir qui s'éteint. — Nuit complète.) Maladroite! me voilà sans lumière!... je ne sais où est la sonnette.

SCÈNE III.

LA BARONNE, cherchant le long de la muraille le cordon de la sonnette, TAYAUT, invisible.

(La porte à gauche s'ouvre d'elle-même, et sans voir Tayaut, on entend sa voix.)

LA VOIX DE TAYAUT, à part.

Ouvrons doucement cette porte, et avançons... car je n'entends plus de bruit. (On voit remuer une chaise qui est au milieu du théâtre.) Diable de chaise que je n'avais pas aperçue... quand on est invisible et qu'on n'y voit pas... il est si difficile de se reconnaître. Ce vêtement blanc... c'est elle... (Haut et d'une voix douce.) Charmante personne...

LA BARONNE, effrayée.

Oh! mon Dieu! on a parlé près de moi...

AIR : Ce que je fais ici. (Douvres et Calais.)

C'est le baron, je le soupçonne,
Qui veut me surprendre aujourd'hui...
On a dit: « Charmante personne. »
(Haut.)
Est-ce bien vous, mon cher ami?

LA VOIX DE TAYAUT, à part.

Son cher ami, quelle voix tendre!...
Je ne puis résister ici...

(Bruit d'un gros baiser.)

LA BARONNE, à part.

Ciel! on vient de me prendre
Un baiser!... qu'est ceci?
Oh! c'est sans doute mon mari,
Je ne connais que lui
Qui pourrait être aussi hardi!

(Haut et d'une voix émue.) En vérité, baron... voilà des folies qui ne ressemblent à rien.... Finissez, je vous en prie... et allez chercher de la lumière sur-le-champ.

SCÈNE IV.

Les mêmes; LE BARON, en robe de chambre et sans lumière, il referme la porte en entrant.

LE BARON.

Me voici, ma bonne... ne t'impatiente pas...

LA BARONNE.

Comment... vous revenez sans lumière?

LE BARON.

Mais, m'amour... je croyais que tu en avais.

LA BARONNE.

Vous savez bien que non... puisque vous venez de m'embrasser sans y voir.

LE BARON, vivement.

Qu'est-ce que c'est? Comment, madame, on vous a embrassée?

LA BARONNE.

Je ne m'en plains pas, puisque c'est vous.

LE BARON, en colère.

Du tout... c'est que ce n'est pas moi.

LA BARONNE.

Ce n'est pas vous !

LE BARON, élevant la voix.

Non, morbleu ! et je voudrais bien savoir quel est l'insolent... (On entend le bruit d'un soufflet. — Le baron se tenant la joue.) Oh ! il y a quelqu'un ici.

LA BARONNE, effrayée.

Qu'est-ce que c'est que ça, baron?

LE BARON.
Un soufflet que j'ai reçu, baronne.
LA BARONNE.
O ciel! oser lever la main sur vous!
LE BARON.
Parbleu!... s'il n'avait fait que la lever...
LA BARONNE.
Et qui donc aurait osé!
LE BARON, tremblant.
Je n'en sais rien... mais nous ne sommes pas en sûreté.
LA BARONNE.
Appelez votre maison... tous vos gens.
LE BARON.
Vous avez raison...

(Courant à la porte.)

AIR : C'est charmant, c'est divin... Buvons. (*Le comte Ory.*)

Au secours!... mes vassaux!
Mes valets, mes hérauts!
Avec de la lumière
Venez, accourez tous,
Peut-être ce mystère
S'éclaircira pour nous.

SCÈNE V.

LES MÊMES ; JEAN, PAGES, GARDES, VALETS, portant des flambeaux.

LE CHOEUR.

Courons (*4 fois*) soudain ;
Dans ce castel enfin
Qui fait donc un tel train?
Au seigneur châtelain
Courons prêter la main.

LE BARON.

Des coquins... je frissonne,
Des brigands... quel effroi!
Saisissez, je l'ordonne,
Tous ceux qui sont chez moi.

LES GARDES.

Nous ne voyons personne...
Que vous en ce moment...

JEAN.

Madame la baronne
N'a pas l'air d'un brigand.

LA BARONNE.

Je ne vois plus personne...
Ah! quel événement!

LE BARON.

Je ne vois plus personne...
Et la peur me reprend.

(Il cherche des yeux et du doigt, et s'arrête stupéfait en ne voyant personne.)

Eh! bien, où est-il donc?

LA BARONNE, de même.

Personne.

JEAN.

Qu'est-il donc arrivé, monseigneur?

LA BARONNE.

Ah! mes amis... une aventure!

LE BARON.

Épouvantable.

LA BARONNE.

Un insolent...

LE BARON.

Qui a osé embrasser la baronne.

LA BARONNE.

Et qui s'est permis de donner à monsieur le baron...

LE BARON, l'interrompant.

C'est inutile de parler de ce qui me touche, m'amour... mais le drôle ne peut s'être échappé... qu'on me le trouve mort ou vif.

JEAN, aux gardes.

Cherchez partout... sous ces meubles, dans l'alcôve... par ici... sous cette toilette.

LE CHŒUR.

AIR : En bons militaires. (Fra Diavolo.)

Faisons-en justice,
Et qu'on le saisisse...
Mais nous cherchons bien
Et ne trouvons rien.

(Pendant ce chœur, les gardes parcourent le théâtre ; on dérange tous les meubles, on lève les draperies de la toilette qui se trouve alors au milieu du théâtre.)

JEAN.

Rien !

LE BARON.

Rien !

(Ils se regardent d'un air étonné.)

LA BARONNE.

Eh ! bien, baron ?

LE BARON.

Le château est ensorcelé !

JEAN.

J'en ai peur.

LE BARON, reculant.

Qu'est-ce que vous dites, petit page ?

JEAN.

AIR : Il y avait un' fois cinq, six gendarmes.

Je dis qu'il faut pourtant qu'on sache...

LE BARON, regardant partout.

Chut !... on ne voit rien remuer !...

(Quelqu'un éternue.)

JEAN, vivement.

On l'entend du moins, s'il se cache !...

LE BARON, vivement.

Oui, quelqu'un vient d'éternuer !

JEAN.

Mais qui cela ?...

LA BARONNE, effrayée.

Quelles alarmes !

LE BARON, gravement.

Ce n'est pas quelqu'un du château !
Car pas un seul de mes gens d'armes
N'avait de rhume de cerveau !

JEAN, d'un air résolu.

Monsieur le baron... un trait de lumière... je le tiens.

LE BARON, troublé.

Ne le lâche pas.

JEAN, les réunissant près de lui.

Quelque bien caché qu'il soit, il n'est pas à l'épreuve de la balle... et j'ai idée qu'en plaçant vos gardes de ce côté, et en établissant un feu croisé dans tous les sens, bien soutenu... bien nourri...

LE BARON, émerveillé.

Bien nourri... il a raison... le petit drôle entend l'art de la guerre. (Musique en sourdine.) En avant, mes arquebusiers... mettez-vous devant nous et... feu d'enfer.

(Mouvement. Les gardes se rangent sur une ligne, d'un côté du théâtre et devant le baron et la baronne.)

JEAN, commandant.

C'est cela... front... en joue !...

LA VOIX DE TAYAUT, criant.

Un moment... un moment... ne tirez pas. (On aperçoit tout à coup Tayaut près de la toilette, avec son gant qu'il a ôté, qu'il tient à la main gauche, et faisant signe aux gardes de ne pas tirer.) Ne tirez pas... ce serait pire que le gobelet.

SCÈNE VI.

LES MÊMES; TAYAUT.

TOUS.

Que vois-je !

LE BARON.

Au milieu de la nuit... un homme dans la chambre de ma femme... qu'on l'arrête !

JEAN, bas à l'oreille du baron et s'éloignant de lui.

Et qu'on le fouille.

LE BARON.

Qui est-ce qui a dit cela ? il a raison... qu'on le fouille à l'instant.

JEAN, qui est passé de l'autre côté.

Je m'en charge.

LE BARON.

A-t-il des armes ?

JEAN, le fouillant, pendant que les gardes le tiennent.

Non... rien qu'une serviette... (Bas à Tayaut.) N'ayez pas peur... c'est moi qui la garde.

TAYAUT, de même.

Et vous me faites arrêter ?

JEAN, de même.

Soyez donc tranquille, puisque nous sommes de moitié... d'ailleurs, je vous crois dans la chambre de la fille, et vous êtes dans celle de la mère.

LE BARON.

Maintenant qu'on l'emmène et qu'on le pende!

TAYAUT.

Me pendre! (Bas à Jean.) Tirez-moi de là... nous sommes de moitié.

JEAN.

Un moment... on ne peut pas le pendre... c'est impossible.

LE BARON.

Et pourquoi ça?

JEAN.

Parce qu'il est chevalier.

LE BARON.

Ce n'est pas vrai.

JEAN, à Tayaut.

Dites que si.

TAYAUT.

Je le jure.

LE BARON.

Qu'il le prouve!

JEAN, bas à Tayaut.

Défiez-le au combat... comme les chevaliers, et je vous réponds qu'il aura peur.

TAYAUT, bas.

Vous en êtes sûr?... (Haut.) Et si monsieur le baron en doute, je le défie au combat.

LE BARON, reculant.

Qu'est-ce que c'est?

JEAN, bas.

Voyez-vous, il recule.

TAYAUT, haut, lui jetant son gant.

Et voici le gage du combat que je jette devant lui.

JEAN, le saisissant, avant qu'il ne tombe à terre.

Et que je ramasse... à moi la victoire !

(Il élève en l'air le gant et la serviette. — Et le théâtre change.)

Cinquième tableau.

Les jardins du château éclairés par des globes lumineux. — Au fond une estrade richement drapée, sur laquelle on voit la fée Hortensia environnée de fées secondaires.

SCÈNE UNIQUE.

Les mêmes ; LA FÉE, ISOLINE, JEAN, BALTHAZAR, Seigneurs, Dames, Suite.

LE CHOEUR.

AIR : De fleurs et de festons. (*La Neige.*)

Pour nous quel jour nouveau !
Quel magique tableau !
(A Jean et à Isoline.)
Du plus lâche artifice
Une main protectrice
Vous sauve tous les deux,
Et vient combler nos vœux !

LE BARON, regardant la fée.

Que vois-je !... au portrait que mon aïeul m'en a fait, c'est la jeune fée Hortensia, la protectrice des Gurmenthal.

LA FÉE, souriant.

C'est moi-même, mon cher baron... c'est votre meilleure amie qui vient assister aux noces de votre charmante fille avec le petit Jean de Vert.

LE BARON.

Le petit Jean !

LA BARONNE.

Un page !

4.

LA FÉE.

Qui vient de recouvrer par son adresse, les deux talismans que je lui avais donnés, et desquels dépendaient et sa fortune et son bonheur... il m'a embrassée quand j'étais vieille et laide, et suivant nos lois... il m'a ôté cinquante ans... une femme ne peut pas oublier cela.

LA BARONNE, à part.

Cinquante ans ! (Haut et ouvrant ses bras à Jean.) Embrassez-moi, mon gendre.

ISOLINE, avec joie.

Quel bonheur ! nous voilà donc mariés.

JEAN, à la fée.

Ah! ma généreuse amie... (En souriant.) Quand vous aurez besoin de rajeunir, ne m'oubliez pas.

LE CHŒUR.

AIR : Charles-Quint, ce monarque sage. (*Mazaniello.*)

Célébrons l'heureux mariage
Qui couronne enfin leurs amours,
Et chantons de ce petit page
Et la malice et les bons tours !

JEAN, à la fée.

AIR : Ces postillons sont d'une maladresse.

Pour Jean de Vert, ma chère protectrice,
   Vous n'avez pas tout fait ce soir ;
Pour qu'il conjure un fâcheux maléfice
   Donnez-lui donc votre pouvoir.
  (Au public.)
Et vous, messieurs, laissez-lui quelqu'espoir...
De cet ouvrage excusez la folie,
Acceptez-le comme il vous est offert...

Et n'allez pas dire : je m'en soucie
Comme de Jean de Vert!

LE CHŒUR.

Célébrons l'heureux mariage, etc.

UN TRAIT DE PAUL IER

OU

LE CZAR ET LA VIVANDIÈRE

COMÉDIE-VAUDEVILLE, ANECDOTE EN UN ACTE

EN SOCIÉTÉ AVEC M. PAUL DUPORT

Théatre du Gymnase. — 12 Septembre 1833.

PERSONNAGES.	ACTEURS.

PAUL 1er. . . . . MM. FERVILLE.
WARINSKI, colonel des gardes de l'empereur.   DAVESNE.
KOUTAIKOF, chambellan de l'empereur. . .   KLEIN.
ROGER, ancien garçon restaurateur, prisonnier
   de guerre. . . . . BOUFFÉ.
UN HUISSIER . . . . BORDIER.

OLGA, femme de Warinski . . . . Mmes HABENECK.
NADÈJE, sœur d'Olga. . . . . JENNY VERTPRÉ.

OFFICIERS. — GARDES.

A une lieue de Saint-Pétersbourg, dans un château appartenant
Warinski.

UN TRAIT DE PAUL IER
OU
LE CZAR ET LA VIVANDIÈRE

La salle de réception du château. — Porte de fond, ouvrant à double battant sur une riche galerie. Deux portes latérales, une à gauche de l'acteur, conduisant aux appartements intérieurs ; une autre à droite, communiquant avec les cuisines et pièces de service. Sur le devant, à droite, une table.

SCÈNE PREMIÈRE.

OLGA, WARINSKI, entrant par le fond.

OLGA.

Comment, mon ami, nous ne continuons pas notre route ?

WARINSKI.

Pas encore, ma chère Olga.

OLGA.

Quoi ! t'arrêter à deux verstes de Saint-Pétersbourg, toi qui paraissais si pressé d'y arriver, pour les affaires de ton commerce !... Eh ! où m'as-tu fait descendre ?... Cette belle avenue, ce péristyle que j'entrevoyais, quoique à moitié endormie... ça ne ressemble pas à une auberge. (Regardant autour d'elle.) Eh! mais... suis-je, en effet, bien éveillée? tant de luxe, de magnificence... quels somptueux appartements!

WARINSKI.

Ils te plairaient donc bien?

OLGA.

Peux-tu le demander!... Si je n'étais pas ta femme, je crois que je voudrais être la maîtresse de ce château... Mon ami, chez qui suis-je donc?

WARINSKI.

Tu es chez toi.

OLGA.

Que dis-tu?... un marchand posséder tant de richesses!

WARINSKI.

Un marchand!... plût au ciel! mais par malheur, ma chère Olga, tu es comtesse... tu es la femme du comte Warinski, colonel des gardes de Paul Ier.

OLGA, effrayée et reculant.

O ciel! vous, monseigneur... et pourquoi ce déguisement? pourquoi m'avoir trompée?

WARINSKI.

Par excès d'amour!... lorsque je te rencontrai dans ce petit village de Lithuanie...

OLGA.

Où j'habitais avec ma tante et ma sœur... moi, fille d'un simple soldat, obscure et pauvre fermière!

WARINSKI.

Oh! ce n'est pas à toi... c'est à moi seul de rougir d'un tel souvenir... Car alors mes assiduités... ce déguisement que j'avais pris, n'avaient pour but que de me faire aimer... que de te séduire... Oui, oui, je dois l'avouer... j'étais bien coupable!... mais bientôt, admirant tant de vertus, d'amour, de candeur... ma seule pensée fut de réparer mes torts, et ceux de la fortune.

AIR du vaudeville du *Baiser au Porteur*.

Tu m'aurais refusé peut-être
Après l'aveu de mon nom, de mon rang,
Et des périls qu'à la cour de mon maître
Je courais en te les offrant.

OLGA.

Quoi! des périls! Dieu! qu'est-ce que j'entends?
Ah! ton silence alors fut un outrage;
J'aurais bien pu, tu devais le juger,
De ta grandeur refuser le partage,
Mais non celui de ton danger.

Et explique-moi, de grâce...

WARINSKI.

Paul Ier, notre empereur, qui aime mon zèle et mon dévouement, me destinait la plus riche dame de toute la cour, la sœur du grand chambellan Koutaïkof... mais qu'avais-je besoin de richesses? (La regardant avec tendresse.) C'est du bonheur que je voulais... et cependant, résister en face aux ordres d'un maître impérieux, c'eût été changer sa bienveillance en fureur, m'exposer, et toi aussi peut-être, à la persécution, à un exil en Sibérie.

OLGA.

O ciel! lui qu'on dit si bon, si généreux!

WARINSKI.

Oui, sans doute; c'est ce qu'il eût dû être, livré de bonne heure à lui-même, à ses penchants naturels... mais le souvenir de l'assassinat de Pierre III, son père... les rigueurs, la méfiance de sa mère Catherine qui le livrait au despotisme des plus vils favoris... tant d'humiliations et de craintes ont aigri son âme, altéré sa raison... et maintenant, capable tour à tour ou des plus ridicules fureurs ou d'une puérile affectation d'héroïsme... le bien, le mal se pressent en lui, comme autant de vertiges... en un mot, c'est la démence sur le trône.

OLGA.

Je frémis...

WARINSKI.

L'unique salut est de savoir saisir un heureux caprice... c'est ce que j'ai fait.

OLGA.

Comment?

WARINSKI.

. En lui avouant mon amour : je t'ai fait passer pour la fille d'un ancien partisan de Pierre III, du comte Woronzof, victime autrefois de la vengeance de Catherine... j'ai dit que tu avais échappé seule à la proscription de ta famille... j'ai parlé de déguisement, de fuite jusque dans nos steppes sauvages... que sais-je?... Ce récit romanesque a séduit son imagination, et toujours prompt à honorer la mémoire de son père, dans ceux qui furent ses défenseurs, c'est lui-même qui m'a ordonné de partir pour t'épouser sur-le-champ. (Avec un sourire d'amour.) Je n'avais garde de lui désobéir.

OLGA.

Ah! mon ami!... mais alors, pour lui cacher ton stratagème, il fallait me laisser dans ma solitude.

WARINSKI.

Tel était mon dessein, au moins pour quelque temps; mais il me rappelle... une expédition qu'il médite contre la France, contre le premier consul, dont les triomphes lui inspirent une jalousie fantasque comme tous ses sentiments.

AIR Je l'aimerai. (BLANGINI.)

Il n'en dort plus,
Une gloire pareille
S'offre sans cesse à ses yeux éperdus;
De Bonaparte enfin chaque merveille,
Chaque victoire en sursaut le réveille,
Il ne dort plus!

Enfin, j'ai reçu de lui l'ordre formel de revenir; et, en

même temps, il m'enjoint de te ramener avec moi pour te présenter à la cour.

OLGA.

O ciel! s'il venait à découvrir...

WARINSKI.

Comment?... nul ne te connaît... tu n'as plus de famille.

OLGA.

Et ma tante, et ma sœur?

WARINSKI.

Bien loin de nous, en Lithuanie, dont elles n'ont pas envie de sortir... D'ailleurs, ta sœur, absente lors de notre mariage, n'est-elle pas persuadée, comme tu l'étais toi-même, que tu as épousé un négociant allemand, qui voyage pour son commerce?... et sois sûre que, sans trahir notre secret, je trouverai moyen de faire partager à tous les tiens notre fortune et notre bonheur.

OLGA, avec reconnaissance.

Ah! que tu es bon!

WARINSKI.

Toi, du courage! surtout devant le czar.

OLGA.

Il me semble que je vais porter écrit sur le front, dans tous mes gestes, dans ma démarche, le secret de mon humble naissance.

WARINSKI.

Bien habile qui le devinerait; car, depuis un an que nous sommes mariés, je trouve, et sans me vanter, que tu as fait des progrès.

OLGA, lui tendant la main.

J'avais un si bon maître.

(On ouvre les deux battants de la porte du fond. De chaque côté, un officier paraît; puis entre un huissier décoré d'une chaîne d'or.)

L'HUISSIER.

De la part de l'empereur!

OLGA, effrayée.

Ah! mon Dieu!

WARINSKI.

De l'assurance... il y va de ton bonheur.

OLGA.

Je n'ose pas.

WARINSKI.

De mes jours.

OLGA.

J'oserai.

SCÈNE II.

ROGER, WARINSKI, OLGA, L'HUISSIER.

ROGER, avant de paraître, à la cantonade.

Attention au commandement! qu'on dresse les batteries, qu'on dispose les munitions, et au premier signal... feu partout.

OLGA.

Est-ce qu'on assiège le château?

(Warinski lui fait signe de se taire.)

ROGER, entrant et saluant Warinski.

Monsieur le comte!

WARINSKI.

Eh! c'est Roger, le premier maître-d'hôtel du palais.

ROGER.

Moi-même, qui ai sans doute l'honneur de voir madame la comtesse, et suis charmé d'être le premier de la cour à lui présenter mes hommages.

WARINSKI, après avoir empêché Olga de lui faire la révérence.

Et à lui faire une belle peur... elle nous croyait en état de siège avec vos expressions.

(Il passe entre Roger et Olga.)

ROGER.

Ah! oui : mon ordre du jour... je veux dire mon menu à mes marmitons... parce qu'ancien soldat, je les mène militairement... mais rassurez-vous... il n'est question que d'un dîner.

WARINSKI.

Et comment cela ?

ROGER, sans lui répondre, se tournant vers la porte.

Huissier!... est-ce que tu n'as pas fait ton devoir ?

L'HUISSIER, s'approchant.

J'ai dit : « de la part de l'empereur! »

ROGER.

C'est bon... par le flanc gauche, et retourne.

(L'huissier se retourne rapidement et tout d'une pièce.)

ROGER, faisant le geste de retourner une omelette.

C'est ça.

(L'Huissier sort.)

WARINSKI.

Et qu'est-ce que cela veut dire ?

ROGER.

Que l'empereur, pressé de voir une descendante des Woronzof, veut venir, aujourd'hui même, dîner chez madame la comtesse.

OLGA, à voix basse.

Ciel!

WARINSKI, de même.

Silence!... (Haut.) Je cours donner des ordres.

ROGER, l'arrêtant.

C'est inutile... monsieur le comte sait bien que depuis les

deux ou trois tentatives d'empoisonnement qui ont eu lieu contre **Sa Majesté**, c'est moi seul qui ai l'inspection de tous ses repas... quelque part qu'il aille dîner, je forme l'avant-garde... là-dessus, il ne se fie qu'à moi seul ; malgré la haine qu'il affecte contre mon pays... parce que, comme il dit lui-même, « les Français sont capables de tout, excepté d'une trahison »...

OLGA.

Ah ! vous êtes Français ?

ROGER.

Oui, madame... soldat et cuisinier français.

WARINSKI.

J'ai, en effet, entendu parler de ta haute fortune, dont on dit l'origine fort singulière... mais j'ignore, ainsi que ma femme... (Bas à Olga.) Allons, remets-toi donc... (Haut à Roger.) Comment te trouves-tu en notre pays ?

ROGER.

Parce qu'il s'est trouvé dans le nôtre un moment où tout le monde a été obligé de prendre le fusil, moi, tout le premier... moi restaurateur, élève de *Legacque* et de *Véry*...

AIR de *Marianne*. (DALAYRAC.)

Nous courions tous à la frontière ;
Et du feu d'l'honneur embrasés,
Il fallait voir l'allur' guerrière
De ces soldats improvisés...
 Pour la défense
 De notre France,
 Arts et métiers
Quittaient leurs ateliers.
J'ai vu JOUBERT, j'ai vu MOREAU,
Pour les combats déserter le barreau.
J'ai vu plus d'un chef qu'on renomme,
Méd'cin, publiciste, avocat,
Forcé de perdre son état
 Pour dev'nir un grand homme,
 Pour devenir grand homme ! (*Bis.*)

Moi, tandis qu'ils faisaient leur chemin, je leur faisais la soupe... je restais volontiers à la cantine !... c'était mon poste... lorsqu'en Suisse, fait prisonnier...

WARINSKI.

Prisonnier de guerre ?

ROGER.

Oui ; à la bataille de Zurich, un jour de victoire, et traîné à pied à la suite de vos baskirs... des ignorants, qui, en fait de ragoût, ne connaissent que les beefsteaks de cheval au naturel... Nous ne pouvions pas nous entendre, et je crois bien qu'en Pologne je serais resté sur la place... sans une petite vivandière, dont les soins et le rogomme m'ont rappelé à la vie... Brave fille ! envers qui je ne mourrai pas sans m'acquitter, ou le diable m'emporte !... (Mouvement de la comtesse.) Pardon, madame la comtesse, c'est une tournure de phrase française ! Enfin j'arrivai à Saint-Pétersbourg, où, me rappelant mon premier état, je me fis une certaine réputation, et surtout de puissants protecteurs.

WARINSKI.

Je crois bien... nos boyards aiment la bonne chère.

ROGER.

Par leur crédit, j'esquivai la Sibérie, j'obtins de rester ici prisonnier sur parole... j'obtins même l'autorisation d'établir, sur la place de l'Amirauté, un restaurant qui eut bientôt la vogue ; et il n'était question dans toute la haute société que de mes sauces parisiennes et de mes poulets à la marengo, dont je suis l'inventeur... mets national dont je me vante en pays ennemi... ragoût audacieux et piquant, dont le fumet monta jusqu'au trône... L'empereur voulut en juger par lui-même, et vint un jour, chez moi, incognito ; je le régalai comme un simple particulier... Après le dîner, nous causâmes... il se mit à dire du mal de lui... une récréation qu'il se donnait... Moi, trop poli pour le contredire, je lui répondis : « Vous avez raison... votre Paul Ier est bourru, quinteux, bizarre... pas le sens commun... mais bon cœur au fond et brave homme. »

OLGA.

Ah! mon Dieu!

WARINSKI.

Tu faisais là un beau coup!

ROGER.

Il y avait de quoi me faire envoyer au Kamtchatka... Pas du tout, ma franchise lui plut... ça le changeait... et il me proposa la place de maître-d'hôtel en chef, pâtissier impérial.

OLGA.

Que vous avez acceptée bien vite?

ROGER.

J'ai eu cette faiblesse-là.

WARINSKI.

Tu n'es pas content?

ROGER.

Non, c'est un esclavage.

AIR du vaudeville de *l'Écu de six francs.*

La position est des plus fausses,
　Car depuis que Sa Majesté
　A voulu tâter de mes sauces,
　Ainsi que d'ma fidélité,
C'est par moi seul qu'il veut être traité.
　Et comm' son estomac, qu' j'admire,
　Chaque jour fait quatre repas,
　Je suis le fonctionnaire, hélas!
　Le plus occupé de l'empire.

WARINSKI.

C'est vrai.

ROGER.

Jamais de congé... même quand il dîne en ville... vous le

voyez aujourd'hui... et puis un maître bizarre, changeant, à qui il arrive en une heure vingt idées plus extravagantes les unes que les autres... (Passant entre Warinski et Olga. A demi-voix.) Aussi on a fait sur lui une caricature.

WARINSKI.

Et laquelle?

ROGER.

On l'a dessiné en pied... et l'on a écrit sur sa main droite : *ordre*... sur sa main gauche : *contre-ordre*, et sur le front : *désordre*.

WARINSKI, riant.

Cela le peint à merveille.

ROGER.

Oui... mais gardez-vous de le dire, où d'en plaisanter devant quelques envieux que vous avez au palais; et surtout devant le grand chambellan Koutaïkof, votre ennemi intime.

WARINSKI.

Celui dont j'ai refusé la sœur !

ROGER.

Il faut les entendre aux dîners de l'*Ermitage*... il faut voir comme, sans avoir l'air d'y toucher, ils vous déchirent à belles dents ; nous en rions quelquefois avec l'empereur.

WARINSKI.

Quoi! les attaques de mes ennemis ne me font pas de tort auprès de lui?

ROGER.

Au contraire... grâce à l'esprit de contradiction... qu'il possède au suprême degré, encore une de ses qualités, et c'est là ce qui vous met en faveur... Par exemple, si le chambellan et les autres trouvaient quelque bonne occasion de mordre... quelques circonstances où vous fussiez réellement en faute... oh ! alors je ne dis pas.

5.

OLGA, à part.

O ciel!

ROGER.

Quoi donc?

WARINSKI.

Rien, rien... je te laisse ici le maître... dispose de mes gens...
(Il entre avec Olga dans l'appartement à gauche; on entend dans le fond un mélange confus de voix.)

ROGER.

Dieu! quel bruit!... est-ce que ce serait déjà l'empereur?

SCÈNE III.

KOUTAIKOF, PAUL Ier, ROGER, Gardes.

PAUL, entrant, à la cantonade.

Bien, bien... assez de cris... et d'enthousiasme... vous m'étourdissez... (Voyant Roger.) Ah! te voilà, toi?

ROGER.

Fidèle au poste... Mais vous, Sire, comment venez-vous si tôt?... Je ne comptais sur vous qu'à cinq heures.

PAUL.

C'est vrai, je l'avais dit.

ROGER, à part.

Ordre.

PAUL.

Mais j'ai changé d'idée.

ROGER, de même.

Contre-ordre.

PAUL.

Des troupes à passer en revue... et je me sens en appétit.

ROGER, à demi-voix.

Désordre.

PAUL.

Qu'est-ce que c'est?

ROGER.

Je dis : *désordre* dans l'estomac... Vous ne pouvez pas avoir faim à cette heure-ci... et quand ce serait, tant pis pour vous... mes ordres sont donnés... je n'y puis rien changer... les arts sont indépendants.

PAUL.

Eh bien! ne te fâche pas... ne fais pas l'empereur, j'attendrai... Koutaïkof, qu'est-ce que vous me bourdonniez donc tout à l'heure aux oreilles?

KOUTAIKOF.

Je disais à Votre Majesté qu'il était bien étrange que le comte et la comtesse ne se trouvassent pas là, lorsque le plus grand des souverains...

ROGER.

Ce n'est pas étrange du tout... ils ne font que d'arriver... et le temps de se reconnaître...

PAUL.

Il a raison... vous êtes méchant, Koutaïkof.

KOUTAIKOF.

Moi, Sire!

PAUL.

Oui... une rancune contre Warinski... le désir de le perdre, pour avoir sa place.

KOUTAIKOF.

Votre Majesté pourrait croire...

PAUL.

Je ne suis dupe de rien... je vous devine tous... je vous sais par cœur... aussi, sous mes yeux, il faudra que les courtisans marchent droit.

ROGER, à part.

Si c'est possible!

PAUL.

Et pour vous apprendre, c'est vous qui allez faire ma commission auprès de Warinski.

KOUTAIKOF.

Moi! un grand de l'empire!

PAUL.

Monsieur, il n'y a ici de grand que celui à qui je parle, et pendant que je lui parle.

(Koutaïkof se prosterne.)

ROGER, à part.

Et pourtant ça vous les rapetisse!

PAUL.

Allez dire au comte... non, à sa femme, à la comtesse, qu'elle ne se gêne pas, qu'elle ne se presse pas pour moi... que la fille du comte de Woronzof, d'un défenseur de mon père, a droit à tous mes égards... que je suis bien aise de l'attendre... que ça me fera plaisir... allez...

KOUTAIKOF.

J'obéis, Sire... (A part.) Quel souverain brutal!... avec lui pas moyen de flatter... mais patience! on peut faire mieux...
(Il sort. Tous les gardes qui étaient entrés avec l'empereur sortent aussi.)

SCÈNE IV.

PAUL Ier, ROGER; puis L'HUISSIER.

PAUL.

Voilà comme on leur impose... comme on se fait respecter d'eux...

ROGER, qui a observé Koutaïkof, et entre ses dents.

Oui, oui... ils vous respecteront tant... que si un jour ils peuvent vous étrangler, ce sera avec un cordon de soie.

PAUL.

Qu'est-ce que tu dis?

ROGER.

Je dis que vous feriez bien d'avoir plus d'empire sur vous, sur vos colères... par intérêt pour votre existence.

PAUL.

Mon existence!... qu'est-ce que ça te fait?

ROGER.

C'est juste... ça ne devrait rien me faire... je l'oublie toujours en vous voyant.

PAUL, flatté.

Drôle!... (Affectant de l'humeur.) C'est-à-dire qu'il faudra que je lui demande des leçons de politique.

ROGER.

Pourquoi pas? la diplomatie et la cuisine ont plus de rapports qu'on ne croit... que de ministres et ambassadeurs qui ne seraient rien sans leur cuisinier!

PAUL.

C'est possible... j'en connais... tu es un brave garçon, franc, loyal; et de plus, tu as du bon sens... de l'esprit.

ROGER.

Oui... j'en mets à toutes sauces.

PAUL.

Et ce que tu viens de me dire... ces complots, ces assassinats... crois-tu que je n'y aie pas déjà pensé? l'influence anglaise!...

ROGER.

Alors, déclarez-leur la guerre.

PAUL, avec vivacité.

Je ne veux pas... ça ferait plaisir au premier consul... il voudrait bien traiter avec moi... jamais!... un homme de rien...

ROGER.

Un grand homme.

PAUL.

Le beau mérite, avec des soldats comme les siens...

ROGER.

Oui... mais pour arriver à leur tête, quand on débute par être petit sous-lieutenant...

PAUL.

Voilà justement pourquoi cela lui était plus facile... Tout à acquérir, rien à perdre, rien à ménager... Si jamais il était comme moi... ce qui est impossible... s'il devenait prince, empereur... retenu par des considérations étrangères, par l'attirail d'une cour, par les entraves de toute espèce, il verrait si l'on va comme on veut, et s'il marcherait aussi lestement. Moi qui te parle, si on m'avait laissé faire, j'aurais voulu à trente ans être à la tête du monde.

ROGER, à part.

Je crois qu'il perd la sienne.

PAUL.

Mais j'ai mon plan; (Il s'assied auprès de la table.) ils ont gagné l'impératrice... et qui sait?... peut-être qu'un jour elle oserait me préparer le sort de Pierre III, de mon malheureux père... je la préviendrai... (Il se lève avec vivacité.) Je ne veux plus de princesse pour partager mon trône... je veux une femme qui me fasse des czars, et non de la politique... et bientôt un divorce...

ROGER, effrayé.

Un divorce! comment, Sire, vous me dites cela à moi... un secret d'État?

PAUL.

Pourquoi pas?... si tu as ma confiance.

ROGER.

Mais, je ne suis pas ministre.

PAUL.

C'est pour cela.

ROGER.

Devant votre cuisinier... c'est imprudent.

PAUL.

Si je veux l'être... d'ailleurs, Pierre-le-Grand, mon illustre aïeul, dont j'aime à suivre en tout les exemples, avait bien pour confident Menzikoff, un pâtissier!

ROGER.

Homme de génie.

PAUL.

Celui-là ne l'a pas trahi.

ROGER.

Les artistes sont tous comme ça.

PAUL.

Je suis sûr que tu m'aimes?

ROGER.

Et bien! en supposant...

PAUL.

Eh bien... moi, je t'aime aussi... je puis faire tout pour toi. Mets-moi à l'épreuve, je ne te refuserai rien...

(Il s'assied auprès de la table.)

ROGER, à part.

Et n'avoir rien à lui demander!... Ah! comme ça se rencontre! Je ne l'ai jamais vu de si bonne humeur... quelle occasion pour retourner dans mon pays!

PAUL.

Eh bien?

ROGER.

Eh bien! je vous adresserai une demande qui me regarde.

PAUL.

Voyons, qu'est-ce que tu désires?

UN HUISSIER, entrant par le fond.

Sire, il y a là une petite vivandière, qui demande à se présenter devant Votre Majesté...

PAUL.

Plus tard... je n'ai pas le temps de donner audience.

ROGER à l'huissier.

Plus tard... on n'a pas le temps.

L'HUISSIER.

Elle dit que c'est elle qui a eu l'honneur d'offrir à Votre Majesté...

PAUL, se levant.

Ah! oui, c'est vrai... tout à l'heure, à la revue, où je m'enrouais, à force de crier : « Stupides Russes, manœuvrez donc à la française »...

ROGER, à part.

Il n'est pas dégoûté.

PAUL.

La sueur me ruisselait du front... je n'en pouvais plus... une femme est sortie des rangs... jolie, très-jolie... je la regardais... Elle m'a tendu un petit verre... je l'ai pris... je l'ai bu... elle vient pour qu'on la paie... c'est dommage ; à son air, je la croyais désintéressée... n'importe... payez-la, et largement... Tous ces gens-là se ressemblent... ce n'est que l'argent qu'ils aiment.

L'HUISSIER.

Sire, on lui en a déjà offert... elle l'a refusé, en disant... (Il hésite.) Mais je n'oserai jamais.

PAUL.

Achève... je le veux... qu'est-ce qu'elle a dit ?

L'HUISSIER.

« C'est le czar qu'il me faut. »

PAUL.

Insolente !

ROGER.

Eh bien!... elle n'est pas dégoûtée non plus.

PAUL, se rasseyant.

Ah! je lui apprendrai!... son régiment?

L'HUISSIER.

Deuxième de baskirs.

ROGER.

Hein!... pas possible.

PAUL.

Eh bien!... j'ordonne...

ROGER.

Pardon! Sire... vous avez promis de m'accorder tout ce que je demanderais... je vous demande de la recevoir...

PAUL.

Et pourquoi?

ROGER.

Pourquoi?... c'est que, si c'est toujours la même... une petite luronne... le meilleur cœur... et vous n'êtes pas le premier à qui elle ait versé son eau-de-vie gratis.

PAUL.

Qu'est-ce que ça signifie?

ROGER.

Vous le saurez... (A l'huissier.) Qu'elle entre!

L'HUISSIER, à Paul.

Sire...

PAUL.

Va donc... puisqu'il t'a dit : « qu'elle entre. »

(L'huissier fait un geste, Nadéje paraît.)

SCÈNE V.

PAUL, ROGER, NADÉJE, entrant par le fond.

ROGER, allant à elle.

Juste!... c'est elle!... ma petite Nadéje.

NADÉJE, courant dans ses bras, sans voir l'empereur.

Roger...

ROGER.

Lui-même, et qui est heureux de te revoir, et de s'acquitter... tu m'as sauvé la vie... je t'ai recommandée... (Lui montrant l'empereur.) Voilà l'empereur.

NADÉJE, faisant le salut militaire.

Ah! Sire!

PAUL, à part.

Mon premier coup d'œil ne m'a pas trompé... elle est très-bien... (Haut.) Approche... tu lui as sauvé la vie?

ROGER.

Rien que ça... excusez du peu.

PAUL.

AIR : J'en guette un petit de mon âge. (*Les Scythes et les Amazones.*)

 Au service de la Russie
Toi, vivandière, avec lui te lier,
 Lui l'ennemi de ta patrie!

NADÉJE.

Il n' l'était plus, il était prisonnier.
 Tant qu' la victoire est disputée,
On est enn'mi, soit!... mais le lendemain,
C'est sans rancune, et l'on s' donne la main...
 Quand l' canon n' la pas emportée!

(Paul, qui la regarde, fait un signe de satisfaction.)

ROGER.

Voilà... nous nous étions juré que le premier qui ferait fortune protégerait l'autre.

PAUL.

Ah! ah!... tu tranches du protecteur, à ma cour!... et auprès de qui?

ROGER.

Cette question!... je serais bien bête de m'adresser à d'autres, quand je vous ai là... vous lui donnerez bien, à ma considération, une petite gratification, une petite pension de deux cents roubles.

PAUL, avec ironie.

Des places de deux cents roubles!... (Brusquement.) Je n'en ai pas... je n'en ai qu'une de cinq cents... prenez-la... voyez si ça vous convient.

ROGER.

Soit : nous n'aurons pas de discussion là-dessus... j'accepte pour elle.

NADÉJE.

Et moi, je n'accepte pas.

PAUL.

Plaît-il?

NADÉJE.

Ce n'est pas ce qu'il me faut, Sire.

ROGER.

Ah! si tu es ambitieuse...

PAUL.

Qu'est-ce que tu demandes?

NADÉJE.

Mon congé!... voilà ma pétition.

PAUL.

Tu veux quitter mon service?

NADÉJE.

J'ai un devoir à remplir... une sœur qu'il faut que je retrouve, pour lui porter la bénédiction de notre tante, massacrée par vos soldats.

PAUL, se levant.

Par mes soldats!

NADÉJE.

Oui, en Lithuanie... notre chaumière pillée par eux!... et moi-même, ils me menaçaient.

PAUL.

De la mort?

NADÉJE.

Pire...

ROGER.

Ah! ces Russes!...

PAUL, à Roger.

Tais-toi... (A Nadéje.) Et comment leur as-tu échappé?

NADÉJE.

Pas d'autre moyen que de me faire vivandière... sitôt qu'ils virent une barrique d'eau-de-vie à mon côté, ils me respectèrent tout de suite.

PAUL.

C'est vrai; l'eau-de-vie et le knout, ils ne connaissent que ça... Et ta sœur, qu'est-ce qu'elle est devenue?

NADÉJE.

Je l'ignore... et c'est pour cela... il faut que je la cherche, que je la retrouve... que je la protége, si elle est malheureuse.

PAUL.

Ça suffit... cette pétition... (Il la prend avec colère.) Tu demandes à partir seule?

NADÉJE.

Cette idée!... avec quelqu'un qui m'accompagnerait.

PAUL.

Et qui donc?

NADÉJE.

Un prisonnier de guerre, un Français dont je demande aussi la grâce.

PAUL.

Ah! tu t'y intéresses?

NADÉJE.

Oui, Sire... beaucoup... Mon petit Julien!

ROGER, bas.

Quelqu'un qui nous tient au cœur?

NADÉJE, de même.

Tais-toi donc... Mon petit sous-lieutenant!

ROGER, à part.

Je comprends... pour être vivandière, on n'est pas insensible.

PAUL.

Eh bien! je verrai... je ferai examiner... si ce que tu dis est vrai... tu auras ta liberté..

(Il s'assied.)

ROGER, passant auprès de l'empereur.

Bien, Sire... et puisque vous voilà en train d'être généreux, j'ai aussi, vous le savez, ma pétition à vous présenter.

PAUL.

Et laquelle?

ROGER.

C'est bien agréable d'être ici, dans les cuisines de Votre Majesté!... mais il y a ce soleil de France, qui est si beau à voir... et si vous voulicz, comme à elle, me donner un congé, nous partirions ensemble tous les deux... (Bas à Nadéje.) Tous les trois, avec Julien.

PAUL.

Ta liberté... à toi ?... jamais.

ROGER.

Comment, jamais !

PAUL.

Tout à l'heure encore, c'était possible... maintenant que je t'ai confié mes secrets, il faut que tu restes toute ta vie auprès de moi... dans ma faveur.

ROGER.

Par exemple!... est-ce que je vous les ai demandés vos secrets?... Je suis prisonnier de guerre... je réclame mes droits... vous ne pouvez pas me condamner à être favori à perpétuité.

PAUL.

Tu murmures... prends garde... il y a une Sibérie.

ROGER, entre ses dents.

Hum ! tout de suite la griffe du tigre !

NADÉJE, bas.

Roger!...

PAUL, se levant, à Nadéje.

Qu'est-ce qu'il dit ?

NADÉJE, brusquement.

Je ne sais pas.

ROGER.

Je dis que vous en seriez bien fâché, parce que vous ne trouveriez personne pour vous faire des dîners aussi bien que moi... et que je trouverai partout quelqu'un pour les manger aussi bien que vous.

PAUL.

Raison de plus pour que je te garde... je tiens à tes talents... va-t'en.

ROGER.

Et Nadéje ?

PAUL.

Crains-tu que je ne l'oublie? qu'elle attende là-bas mes ordres... (A Nadéje qui s'en va.) Adieu! (Se retournant vers Roger.) Des yeux superbes!... cette petite femme!

ROGER.

Je crois bien.

PAUL.

Qui te parle, à toi? va-t'en.

ROGER.

J'allais vous le demander.

PAUL.

Pourquoi?

ROGER.

Pour ne plus causer avec un despote tel que vous.

PAUL.

Tu crois me fâcher?... du tout... ça me plaît dans ta bouche... Si c'était un grand, ou un prince, je lui ferais donner cent coups de knout..... Allons, va presser le dîner... j'ai faim!

ROGER, à part, en s'éloignant avec Nadéje.

Ah! barbare!... si ce n'était le respect que je me dois... je te manquerais ta béchamelle!

(Il sort par le fond. Nadéje sort avec lui.)

SCÈNE VI.

PAUL Ier, KOUTAIKOF, entrant par la porte à gauche, puis WARINSKI et OLGA.

KOUTAIKOF.

Sire, le comte et la comtesse.

PAUL.

Qu'ils entrent... (Koutaïkof les introduit.) Bonjour, Warinski... (A Olga.) madame...

OLGA.

Ah! Sire.

(Elle se jette à ses pieds.)

PAUL, la relevant.

Vous à mes pieds, madame!... (Avec une galanterie brusque.) Au surplus, en vous voyant, tout le monde serait aux vôtres, excepté moi qui, par habitude, ne suis pas galant... Warinski, elle est très-bien, votre femme..... je suis fâché que vous l'ayez épousée.

WARINSKI.

Quoi, Sire ?...

PAUL.

Oui, c'est une femme comme celle-là qu'il m'aurait fallu. (Mouvement général. A Olga.) Pauvre enfant, vous avez été persécutée; je serai votre protecteur ! Je me rappelle encore votre père... vous lui ressemblez, et je vous en aime mieux. J'aime aussi votre mari, parce que je le connais sincère, incapable de me tromper en la moindre chose... et il fait bien; autrement...

OLGA, à part.

Je tremble !

PAUL, à part.

J'étais bien aise de la rassurer.

VOIX, au fond.

L'empereur, l'empereur !

PAUL.

Qu'est-ce que c'est? (L'Huissier est entré et parle bas à Koutaïkof.) Qu'est-ce que c'est donc ?

KOUTAIKOF.

Sire...

PAUL.

Pas d'étiquette. (A l'huissier.) Parle toi-même.

L'HUISSIER.

Sire, ce sont les habitants de cette résidence qui, instruits de la présence de Votre Majesté...

PAUL.

Une réception!... au diable!

L'HUISSIER.

Viennent réclamer contre les exactions des grands de votre cour.

PAUL.

Ah! c'est différent... des injustices à punir, des coups de knout à faire distribuer... j'y vais.

KOUTAIKOF.

Quoi! Sire... de pareils détails...

PAUL.

Oui, vous aimeriez mieux m'entendre dire comme Louis XV : « Si j'étais lieutenant de police! »... Apprenez qu'un souverain doit tout voir par lui-même, et ne se fier à personne... Allons... Ah! Warinski, approchez, que je vous donne une marque de confiance... tenez, toutes ces pétitions, lisez-les... vous m'en rendrez compte pendant le diner.

WARINSKI.

Oui, Sire...

PAUL.

Il y en a une surtout que je vous recommande... celle-ci... une jeune fille, une vivandière... elle attend ici... je vais dire qu'on vous l'envoie. Interrogez-la... Si sa plainte est fausse, qu'elle soit punie... Si elle a dit vrai, cinq cents roubles, et un ordre pour retourner dans son pays ; et tout de suite... Sans adieu... (A Olga.) Vous n'avez plus peur de moi, n'est-ce pas, madame? J'ai l'air dur, mais au fond je suis sensible... (Très-durement.) Marchons, Koutaïkof.

(Il sort par le fond ; Koutaïkof le suit.)

SCÈNE VII.

WARINSKI, OLGA.

(Ils suivent des yeux l'empereur.)

OLGA, se jetant dans les bras de Warinski.

Ah ! mon ami !

WARINSKI, l'embrassant.

Ma chère Olga, victoire ! nous sommes sauvés.

OLGA.

Tu crois ?

WARINSKI.

Voilà l'épreuve passée... tu vois maintenant que ce n'était rien... il n'y a personne de plus aisé à tromper qu'un souverain... et grâce à toi, je suis plus que jamais dans sa faveur.

OLGA.

AIR de *Renaud de Montauban.*

Tu l'emploiras à faire des heureux :
Pour commencer, cette humble vivandière
N'eût-elle pas des droits bien rigoureux,
Sans en rien voir, exauce sa prière.

WARINSKI.

Y penses-tu ?... le puis-je avec honneur
Si ses récits n'ont pas été sincères ?

OLGA.

Ah ! ce n'est pas à nous d'être sévères
Pour ceux qui trompent l'empereur !

WARINSKI.

Tu as raison... et je vais... cette pétition... la voici, je crois... (Il prend la pétition sur la table et la lit.) « Une orphe-« line, la fille d'un ancien soldat, dont la ferme a été incen-« diée, lors de la dernière révolte en Lithuanie... »

OLGA, avec émotion.

En Lithuanie !

WARINSKI, continuant.

« Emmenée par les baskirs, forcée d'être vivandière dans « leur régiment, elle demande la liberté de retourner dans « son pays, et de chercher sa sœur, dont elle est séparée. « *Signé :* NADÉJE. »

OLGA.

Qu'entends-je!... donne.

(Elle prend la pétition.)

WARINSKI.

Quoi donc ?

OLGA, lisant.

Grand Dieu! ce récit... Plus de doute, c'est elle.

WARINSKI.

Qui?

OLGA.

Ma sœur.

WARINSKI.

O ciel!

OLGA.

Je veux la voir.

WARINSKI.

Impossible.

OLGA, passant à droite.

Qu'oses-tu dire?... ma pauvre sœur!... elle serait ici, près de moi, et je ne la presserais pas contre mon cœur!...

WARINSKI.

Si on découvrait... ce serait te perdre, moi, elle-même, nous tous.

OLGA.

N'importe... rien ne me décidera à la laisser partir.

WARINSKI.

Ce soir, je courrai après elle... mais jusque-là... songe que dans une heure l'empereur va revenir... rentre dans ton appartement.

OLGA.

Eh bien !... je t'obéirai... mais une grâce... une seule... que je puisse entendre sa voix.

WARINSKI.

Non... pas d'imprudence... rentre, te dis-je.

(Il la presse de rentrer.)

SCÈNE VIII.

NADÉJE, WARINSKI, OLGA.

NADÉJE, à la cantonade.

Vous dites : le comte de Warinski... ça suffit.

OLGA, à demi-voix.

La voilà... laisse-moi.

(Elle se dégage des mains de Warinski.)

WARINSKI, de même.

Au moins, évite d'être reconnue... ne te trahis pas... c'est tout ce que je te demande.

(Olga fait signe qu'elle s'y engage.)

NADÉJE, à Warinski.

Pardon, monseigneur... c'est que voilà une heure que j'attends en bas... et Sa Majesté, en s'en allant, m'a frappé sur la joue, en me disant : « Petite, le comte de Warinski s'est chargé de ta pétition, va le voir. »

WARINSKI.

Oui, ma chère enfant... je viens de m'en occuper.

NADÉJE.

C'est donc vrai que Sa Majesté vous a parlé en ma faveur?... Ah! que c'est bien de sa part... que le ciel le lui rende, et à vous aussi !

WARINSKI.

Vous allez être satisfaite, et pourrez partir aujourd'hui même.

NADÉJE.

Moi, et la personne dont je demandais la grâce... (A part.) Un petit sous-lieutenant qui est si gentil... M. Julien... (Haut.) Tâchez que ce soit tout de suite... pardon de vous presser comme ça... allez, ce n'est pas pour moi... mais ma pauvre sœur !

OLGA, à part.

Que dit-elle ?

NADÉJE.

Je vais donc retourner au pays !... et pouvoir la chercher à mon aise... et si je la retrouve une fois... si jamais elle s'offre à ma vue... (Olga fait un mouvement. Nadéje l'aperçoit, reste stupéfaite, et dit à part.) Ah ! mon Dieu !

OLGA, bas à Warinski.

Tu l'entends.

WARINSKI, bas.

Songe à ta promesse.

NADÉJE, à part.

Est-ce un rêve ! ces traits... ces yeux...

WARINSKI, à Nadéje, en passant du côté de la table.

Je vais vous signer l'ordre de départ.

NADÉJE.

Quoi ! déjà ?... encore un mot... monseigneur, est-ce que mademoiselle...

WARINSKI, très-vivement.

C'est ma femme... c'est la comtesse.

NADÉJE, à part.

Une comtesse !... alors, ça ne peut pas être ça... mais c'est qu'elle lui ressemble...

6.

OLGA, à part.

Comme elle me regarde!

NADÉJE, à part.

Ah! si j'osais... ça a beau être une autre... il me semble que j'aurais du plaisir à l'embrasser.

WARINSKI, qui l'observe tout en écrivant.

Qu'avez-vous donc? cette agitation...

NADÉJE.

Rien, rien, monseigneur... c'est que cette sœur dont je vous parlais... il m'avait semblé, en regardant madame la comtesse... oh! non, elle serait déjà dans mes bras.

OLGA, à part.

O ciel!

(Warinski, qui est auprès de la table, jette sur sa femme un regard sévère. Il s'apprête à signer. En ce moment, les deux sœurs se regardent quelque temps avec émotion. Leurs yeux se rencontrent, et, sans se rien dire, elles se jettent dans les bras l'une de l'autre.)

WARINSKI, se retournant et les apercevant.

Ah! voilà ce que je craignais.

AIR : La voix de la patrie. (*Wallace*.)

OLGA et NADÉJE.
Plus de vaines alarmes,
Moment cher à mon cœur!
Je puis joindre mes larmes
A celles de ma sœur.

NADÉJE.
C'est Dieu même qui nous rassemble.

OLGA.
Quel bonheur! puisse-t-il durer!

WARINSKI.
Ah! de les réunir je tremble,
Je tremble de les séparer!

Ensemble.

WARINSKI.

Ah ! malgré les alarmes
Qui naissent dans mon cœur,
Leur tendresse et leurs larmes
Triomphent de ma peur.

OLGA et NADÉJE.

Plus de vaines alarmes,
Moment cher à mon cœur !
Je puis joindre mes larmes
A celles de ma sœur.

SCÈNE IX.

KOUTAIKOF, NADÉJE, WARINSKI, OLGA.

KOUTAIKOF, qui est entré par le fond.

Sa sœur ! qu'ai-je entendu ?

OLGA, à part.

Ciel !

WARINSKI, à part.

C'est fait de nous.

KOUTAIKOF.

Madame la comtesse sœur d'une vivandière !

NADÉJE, se retournant, d'un ton soldatesque.

Et pourquoi pas donc ? qu'y trouvez-vous à redire ?

KOUTAIKOF.

Moi, rien... une parenté admirable, qui va, sans doute, enchanter Sa Majesté que je précède.

WARINSKI, à part.

Plus d'espoir !

OLGA, de même.

Quel parti prendre ?

NADÉJE, à Olga, avec énergie.

Tu trembles... qu'as-tu à craindre ? ne suis-je pas près de toi ?

KOUTAIKOF, à part.

Il y a un mystère là-dessous... mais je vais être vengé.

SCÈNE X.

KOUTAIKOF, PAUL Ier, WARINSKI, NADÉJE, OLGA.

PAUL.

Un bon acte de justice... je suis content de moi, je n'ai pas perdu ma journée... Ah ! ah ! Warinski, cette jeune fille est encore là... eh bien ! votre décision ?... l'ai-je renvoyée dans son pays ?

WARINSKI.

Sire...

KOUTAIKOF.

Votre Majesté est trop bonne pour vouloir priver le comte de sa famille.

PAUL.

Comment ! sa famille ?... qu'est-ce que cela signifie ?

KOUTAIKOF.

Que sa noble épouse se trouve n'être, en effet, que la sœur de cette vivandière.

PAUL.

Qu'entends-je ? il se pourrait ! au lieu d'une Woronzof, il en resterait deux !

KOUTAIKOF, à part.

Par exemple !

OLGA, à part.

Que dit-il ?

WARINSKI, de même.

Ah ! laissons-lui son erreur !

PAUL, à Nadéje.

Approchez... (A Koutaïkof.) Ce serait aussi une fille du respectable comte?

NADÉJE.

Moi!

OLGA, bas à Nadéje.

Dis : oui... ou nous sommes perdus.

PAUL.

Approchez donc. (Nadéje passe près de lui, devant Warinski, sans quitter la main d'Olga qui la suit.) Vous êtes comtesse Woronzof?

NADÉJE.

Oui, oui, Sire... il n'y a pas de doute... je suis comtesse, parbleu! (A part.) Ma sœur l'est bien.

PAUL

Et pourquoi ne me le disiez-vous pas dans votre pétition?

NADÉJE, embarrassée.

Dame!

WARINSKI, vivement.

Sire, faut-il s'en étonner? Dans cette humble fortune, comment oser?...

PAUL.

C'est juste... en effet. Quel exemple des vicissitudes humaines!

AIR : Époux imprudent, fils rebelle. (M. Guillaume.)

D'une race illustre et prospère,
Longtemps oubliée en exil,
Revoir tout-à-coup l'héritière
Réduite à l'état le plus vil!

NADÉJE, fièrement.

Pardon, Sire, il n'est rien de vil,
Hors de tendr' la main à l'aumône...
Que trouvez-vous à mon état?
C'est lui qui soutient le soldat,
Et le soldat soutient vot' trône!

PAUL.

Elle a raison... une belle parole... (A part.) Et au fait, la grande Catherine, la femme de Pierre-le-Grand, de mon aïeul, de mon modèle... qu'est-ce qu'elle était ? Pas davantage... encore moins... servante d'auberge. (S'approchant de Nadéje.) Femme, je t'honore.

NADÉJE, faisant le salut militaire.

Vous êtes bien honnête.

KOUTAIKOF, à part.

Tout leur réussit...

PAUL.

Mais enfin je ne souffrirai pas que vous soyez plus longtemps réduite à cet état... (Hésitant.) honorable... J'acquitte la dette de mon père envers le vôtre !... Votre père... soyez franche... il a dû souvent se plaindre de moi, qui n'avais rien pu faire pour lui.

NADÉJE, avec fierté.

Mon père, vieux soldat, souffrait, et ne se plaignait pas.

PAUL, à part.

Noble réponse !... Ah ! cette femme-là !...

NADÉJE.

Et il eût été fier, s'il avait pu me voir, ce matin, verser à boire à une fameuse pratique.

KOUTAIKOF.

Et qui donc ?

NADÉJE, montrant l'empereur.

A lui... rien que ça.

KOUTAIKOF, à part.

Quel ton, quelles manières !

OLGA, bas à Nadéje.

Nadéje !... Sa Majesté...

NADÉJE.

Ah ! excuse, Sire... c'est vrai... je ne sais pas plus mesurer mes paroles, que tantôt je ne vous mesurais mon eau-de-vie.

KOUTAIKOF.

C'est abuser de l'indulgence.

PAUL.

De l'indulgence! elle n'en a pas besoin... au contraire... du sentiment, de l'énergie, ça enflamme ses regards... Décidément je suis content d'elle... (S'approchant de Nadéje.) Vous m'intéressez... donnez-moi votre main.

NADÉJE, lui donnant sa main rudement.

La voilà.

PAUL.

Je vous établirai... je vous marierai à ma cour.

NADÉJE.

Je ne veux pas me marier.

PAUL.

Pourquoi?

NADÉJE.

Je ne veux pas le dire.

PAUL.

Mais si c'est à un des grands seigneurs de la Russie?

NADÉJE.

Encore moins.

PAUL.

Avec un château, des domaines... vingt mille paysans de dot.

NADÉJE.

Je n'y tiens pas.

PAUL.

Par exemple... Koutaïkof?

KOUTAIKOF, à part, indigné.

Moi!

PAUL.

Regardez... Comment le trouvez-vous?

NADÉJE.

Pas trop beau.

KOUTAIKOF.

Quelle horreur!

NADÉJE.

C'est ce que je voulais dire.

PAUL.

C'est bien... c'est très-bien... Toutes nos dames l'auraient pensé... pas une ne l'aurait dit... De la franchise, de l'originalité, mérite si rare à la cour... ça en ferait l'ornement... et puis, quelque chose de si piquant dans les traits, dans l'attitude, que, même sous ce costume... Que serait-ce donc, si elle en portait un digne d'elle?... Je veux voir... (A Nadéje.) Passez dans l'appartement de la comtesse Warinski, choisissez parmi les toilettes, les parures, les présents de noce que j'y ai fait porter... Mettez sur-le-champ tout ce qu'il y a de plus beau, de plus magnifique... allez...

NADÉJE.

Ma foi, non... j'ai à causer avec ma sœur.

PAUL.

Vous causerez plus tard... habillez-vous tout de suite.

NADÉJE.

Pourquoi?

PAUL.

Parce que c'est mon idée.

NADÉJE.

Ce n'est pas la mienne.

PAUL.

Je vous l'ordonne.

NADÉJE.

J'ai mon congé... je ne reçois plus d'ordres.

PAUL.

Vous irez.

NADÉJE.

Je n'irai pas...

PAUL, d'un ton menaçant.

Femme, prends garde!

NADÉJE.

Dieu! il me fait peur... Est-il despote!

PAUL.

J'aime qu'on me résiste, tant que ça me plaît... mais ensuite...

NADÉJE.

Je m'en vais, Sire... je vais causer avec ma sœur...

PAUL.

Et t'habiller...

NADÉJE.

Je ne m'habillerai pas.

(Olga et Nadéje entrent dans l'appartement à gauche.)

SCÈNE XI.

KOUTAIKOF, PAUL, WARINSKI.

PAUL.

Elle ne me cède pas... elle me tient tête... c'est original... (A Warinski.) Dis-moi, Warinski, tu connais bien le caractère de ta belle-sœur?

WARINSKI.

Oui, Sire... une brave et honnête fille... un cœur loyal et franc.

PAUL.

Incapable de tromper.

WARINSKI.

Oui, Sire.

PAUL.

Est-elle comme tout le monde? est-elle ingrate?

WARINSKI.

Pour ce qui est de cela, je puis répondre qu'elle n'oubliera jamais les bontés de Votre Majesté.

PAUL.

C'est bien... un mot encore... et ne t'avise pas de m'abuser... il y va de ta tête.

WARINSKI, à part.

Ah! mon Dieu!

PAUL.

A-t-elle aimé quelqu'un?

WARINSKI, étonné et souriant.

En vérité, une telle question...

PAUL, brusquement.

Est bien simple... A-t-elle un amoureux? oui... ou non?

WARINSKI, à part.

Ma foi, quoiqu'habitué à ses originalités... en voilà une...

PAUL.

Je veux le savoir.

WARINSKI.

Eh bien! Sire... je vous jure qu'à ma connaissance, et à celle de sa sœur, jamais...

PAUL.

Cela me suffit... tu m'en réponds... Elle est d'un sang illustre, et particulier... c'est le dernier rejeton d'une famille envers laquelle, jusqu'à présent, on a été ingrat... Je te charge de rassembler tous les titres qui prouvent qu'elle est la fille du comte Woronzof.

WARINSKI.

Pourquoi faire?

PAUL.

Pourquoi?... C'est une injustice que je répare... un grand exemple que je donne... je l'épouse.

WARINSKI.

Qu'entends-je?

KOUTAIKOF, à part.

Il ne manquait plus que cela !... (Haut à l'empereur.) Une de vos sujettes !

PAUL.

Une des premières familles de l'empire... le sang moscovite coule dans ses veines... Les Russes auront pour souveraine une compatriote, et non une princesse étrangère... (A Warinski.) N'est-il pas vrai?... Eh bien! d'où vient cet air consterné, Warinski?... Quoi ! tu n'es pas glorieux d'être le beau-frère de ton souverain ?

WARINSKI.

Tant d'honneur ne m'appartient pas, Sire, et l'impératrice...

PAUL.

Qu'on ne me parle plus d'elle.

WARINSKI.

Songez qu'elle est alliée par le sang à la dynastie de Hanôvre, et qu'au moment où vous allez faire la guerre au premier consul, une rupture avec l'Angleterre...

PAUL.

C'est justement pour cela... les Anglais ne recueilleront pas le fruit de mes victoires.

WARINSKI.

Mais une alliance aussi disproportionnée !... que dira l'Europe ?

PAUL.

L'Europe me trouvera singulier, et, dans ce temps-ci, c'est ce qu'il faut... les singularités réussissent.

WARINSKI, se jetant à ses pieds.

Mon auguste maître, souffrez que je vous supplie à genoux de revenir sur une résolution trop précipitée.

KOUTAIKOF, à part.

Refuser un pareil avantage!... Dieu! moi, à sa place...

PAUL, à Warinski.

Relève-toi... je ne t'en veux pas de ta résistance; je l'apprécie... elle est noble, elle est généreuse.

KOUTAIKOF.

Eh bien! Sire, j'aurai le courage de vous représenter aussi...

PAUL, brusquement.

Taisez-vous... De votre part, c'est de la haine... de la basse envie... et, d'ailleurs, ma volonté est invariable... Puisque j'en parle devant vous, c'est que je n'ai plus besoin de mystère.

KOUTAIKOF, à part.

Je ne pourrai jamais me mettre en faveur.

PAUL.

Je veux que la cérémonie ait lieu dans huit jours; et d'ici là, Warinski, occupe-toi de ces titres que je t'ai demandés... Moi, je n'ai besoin que de ta parole... mais je veux des preuves incontestables aux yeux de l'univers.

WARINSKI, à part.

Je suis perdu.

SCÈNE XII.

KOUTAIKOF, PAUL Iᵉʳ, ROGER, WARINSKI; puis L'HUIS-
SIER.

ROGER.

Sire... vous êtes servi.

PAUL.

Je n'ai plus faim.

ROGER.

C'est égal, mon dîner est prêt...

PAUL.

Mon appétit ne l'est pas... plus tard.

ROGER.

Ça ferait un joli repas!... heure militaire... un cuisinier ne connaît que ça... je ne puis pas, au gré de vos caprices, compromettre ma réputation.

PAUL, s'asseyant.

Sois tranquille... tu prendras ta revanche... une revanche éclatante... Oui, bientôt un repas de noce... de la mienne.

ROGER.

Ah! çà... allez-vous me dire encore vos secrets... c'est un abus de confiance.

PAUL.

Ne crains rien... mon choix est fixé, irrévocable... Tiens, là-bas, dans cette galerie... (Montrant la porte à gauche.) regarde cette jeune fille qui s'avance... (A part.) Elle a gardé son costume... (Haut.) Je te demande si ce n'est pas là une jolie petite tournure d'impératrice?

ROGER.

Ah! mon Dieu! que vois-je?... Ce serait là?...

PAUL.

Celle que j'épouse dans huit jours.

ROGER.

Allons donc!... c'est pour vous moquer de moi.

PAUL.

Comment?... est-ce que tu me blâmerais?

ROGER.

Du tout... moi qui croyais qu'elle avait une inclination... C'est égal, le meilleur choix... un cœur excellent... et du courage, de l'honnêteté... de quoi faire deux princesses.

PAUL.

Au moins, en voilà un qui me comprend.

ROGER.

Et dire que c'est par moi que vous la connaissez... j'aurai donc tenu parole... j'aurai fait sa fortune... j'aurai fait une impératrice! Pourvu que Votre Majesté ne donne pas contre-ordre !

L'HUISSIER, entrant et restant au fond.

Sire, une dépêche de vos ministres...

(Il vient à la gauche de l'empereur.)

PAUL.

Je n'ai pas le temps.

L'HUISSIER.

C'est une affaire importante sur laquelle on attend les ordres de Votre Majesté.

PAUL, prenant la dépêche.

C'est fini, quand on est empereur, on n'a pas un quart d'heure à soi pour être amoureux... (Il lit.) Que vois-je? l'arrivée d'un envoyé du premier consul!... je ne veux pas qu'on le reçoive sous un titre officiel... Koutaïkof, courez à Saint-Pétersbourg, qu'on s'informe de ce qui l'amène... venez m'en rendre compte sur-le-champ... (Koutaïkof, au moment de sortir, voit Nadéje qui rentre, il lui fait un profond salut. — A Roger.) Toi, retourne attendre mes ordres... (Roger, en sortant, salue de même Nadéje avec respect. — Paul à Warinski.) Vous, emmenez votre femme, et laissez-moi avec la mienne... je veux être le premier à lui annoncer son bonheur...

(Warinski, en sortant, salue Nadéje avec respect.)

SCÈNE XIII.

NADÉJE, PAUL Ier; puis OLGA et WARINSKI à la fin de la scène.

NADÉJE, à part.

Ah çà! qu'est-ce qu'ils ont donc à me saluer si bas comme ça?... et puis ce que vient de me confier ma sœur... pauvre Olga!... Pourquoi n'ai-je pas assez d'esprit pour la sauver?

PAUL, descendant le théâtre.

Enfin, nous voilà seuls... j'ai voulu vous apprendre moi-même mes desseins sur vous... Écoutez-moi... je ne suis pas heureux.

NADÉJE.

Vous, Sire!

PAUL.

Oui : je suis méconnu... on a l'air de me craindre comme si j'étais un être fantasque et sauvage... je m'en aperçois; et rien que cela suffirait pour me donner le caractère qu'on affecte de me croire... je me lasse enfin de ne voir près de moi que des indifférents, des flatteurs ou des ennemis, jusqu'à ma femme... Mais que dis-je, ma femme?... elle ne l'est plus... déjà répudiée dans mon cœur, demain elle va l'être aux yeux du monde... et c'est à vous que j'offre sa place.

NADÉJE.

Par exemple!... à moi?... c'est pour rire!

PAUL.

Je ne ris jamais... Oui, à vous... je vous ai jugée d'un coup d'œil... déjà ce matin, votre beauté... mieux que cela, votre bon cœur m'avait frappé... Vous m'avez vu en nage, haletant, épuisé de fatigue... En pareil cas, l'impératrice aurait appelé... toujours l'étiquette... des courtisans, des valets entre elle et moi... Vous, au contraire, vous vous êtes avancée, vous m'avez secouru.

NADÉJE.

Quoi, Sire... c'est là le motif?... vous m'offrez le trône pour un petit verre?

PAUL.

Non; mais pour les qualités dont ce trait-là, dont tout ce que j'ai observé depuis m'a semblé la preuve...

NADÉJE, à part.

Ah! si je pouvais... Dieu! ma pauvre sœur!... Attention!

PAUL.

Avec vous, au moins, je serai sûr que votre cœur m'appartiendra tout entier, sans coquetterie, sans ruse, sans arrière-pensée...

NADÉJE, à part.

Pourvu que j'y mette assez d'adresse... essayons.

PAUL.

Eh bien?

NADÉJE.

Eh bien! Sire... vous m'aimez donc?

PAUL.

Je vous épouse.

NADÉJE.

Mais, par amour?

PAUL.

Qu'est-ce que cela vous fait?

NADÉJE.

Je veux le savoir.

PAUL.

Vous êtes curieuse.

NADÉJE.

Dame ! vous venez me demander mon cœur... avant de répondre : oui, ou non... c'est bien le moins que je m'informe si j'ai le vôtre.

PAUL, brusquement.

Eh bien !... oui.

NADÉJE.

C'est bientôt dit... mais, sur cet article-là, Sire, on ne fait pas de crédit, même à son souverain... et il me faut des arrhes.

PAUL.

Comment ?

NADÉJE.

Oui : cette confiance dont vous me parliez, si j'en désirais un gage, me le refuseriez-vous ?

PAUL, s'emportant.

Plaît-il ?... des conditions... je n'en veux pas... je n'en souffre aucune.

NADÉJE.

Ah ! du moment que vous vous emportez, que vous vous mettez dans des révolutions, n'en parlons plus... un joli mari que ça serait là !

PAUL, se contenant.

Enfin, voyons... ce gage, quel est-il ?

NADÉJE.

D'exercer, à ma prière, le plus beau de tous vos droits, le seul qui me rendrait ambitieuse...

PAUL.

Lequel ?

NADÉJE.

Celui de faire grâce.

PAUL.

A qui ?

NADÉJE.

A deux coupables.

PAUL, vivement.

Des coupables! qu'entends-je? leur nom... leur crime?

NADÉJE.

Signez-moi d'abord leur pardon, et je vous le dirai après.

PAUL.

Pourquoi pas sur-le-champ?

NADÉJE.

Comment me jugeriez-vous digne de connaître vos secrets, si je commençais par trahir ceux des autres?

PAUL.

C'est juste... et j'admire comme, par degrés, sentiments, langage... tout en elle s'élève et s'ennoblit.

NADÉJE.

Dame! c'est peut-être votre présence.

PAUL, très-flatté.

Toi aussi, tu m'aimes donc?

NADÉJE.

Nous verrons ça plus tard... je ne m'engage pas si vite.

PAUL, à part.

Ces difficultés me plaisent... c'est la première fois... (Haut.) Eh bien! je t'en donne l'exemple... (Il passe à droite, va s'asseoir à la table, et écrit.) Oui, quels que soient ceux à qui tu t'intéresses, eussent-ils conspiré contre mes jours... fussent-ils déjà au fond de la Sibérie... dès ce moment, que tout soit oublié... ils n'ont plus rien à craindre.

NADÉJE, transportée.

Bien vrai?

PAUL, lui présentant l'écrit.

Lis toi-même.

NADÉJE, le prenant ; bas.

Je ne sais pas lire... (A l'empereur.) Moi ! y regarder après vous... qui êtes si bon, si aimable !

PAUL.

Tu trouves ?

NADÉJE, avec effusion.

Ma foi, oui.

PAUL.

Et tu m'épouseras ?

NADÉJE.

Ça... c'est autre chose.

PAUL, fronçant le sourcil.

Qu'est-ce à dire ?

NADÉJE.

Que ce n'est pas possible ! pour deux raisons...l'une, qui peut-être viendrait de moi... (Vivement.) Mais soyez tranquille... vous me refuserez... après l'aveu que je vous dois, et que maintenant je puis vous faire.

PAUL, avec inquiétude, et se levant.

Un aveu !

NADÉJE.

Mon Dieu, oui.

PAUL, s'irritant.

Un aveu, et de quoi ?... que pourrait-ce être ? parle, parle donc... te fais-tu un jeu de me tourmenter ?

NADÉJE, émue.

Oh ! non... ça serait trop ingrat de ma part ; et déjà même je sens là quelque chose qui me reproche d'avoir abusé de votre bonté... Oui, mon généreux maître, que la vérité vous soit connue... vous n'alliez descendre jusqu'à la vivandière que parce que vous espériez trouver une comtesse à moitié chemin... eh bien ! voilà ce qui vous trompe... il n'y en a pas.

PAUL.

Que veux-tu dire ?

NADÉJE.

Que ma sœur et moi, nous ne sommes pas ce que vous croyez... du reste, de braves et honnêtes filles.... parce que, quant à ça, les paysannes de Lithuanie...

PAUL.

Des paysannes !...

NADÉJE.

Pas davantage... parole d'honneur !

PAUL.

Quelle trahison ! ainsi donc Warinski, sa femme... ils m'ont trompé !

NADÉJE.

Je vous disais bien : deux coupables... mais j'ai leur grâce.

PAUL.

Par surprise !... car toi aussi tu as été fausse et perfide.

NADÉJE, noblement.

Perfide ! non, tenez, cet écrit, reprenez-le, je vous le rends. (Il le reprend avec un mouvement de joie vindicative.) A présent que je vous connais, j'aime autant me fier à votre cœur qu'à votre signature.

PAUL, stupéfait.

Ah !... (Se jetant dans un fauteuil et cachant sa tête entre ses mains.) C'est une conspiration !... elle a juré de me faire tourner la tête !

NADÉJE, s'approchant de lui.

Sire... un peu de calme... rappelez-vous comme vous étiez ce matin, au milieu de toutes ces troupes, de ces drapeaux en mouvement ? Moi qui admirais la fierté de vos regards, votre attitude ferme et imposante... moi, qui me disais : « Il n'y a pas besoin de demander son nom, pour voir que c'est là le maître à tous. » Quel changement !... où est passé ce que j'admirais ? je cherche le czar, et je ne le trouve plus.

PAUL, relevant la tête.

Que dit-elle ?

NADÉJE.

Pardon de ma franchise... mais vous en demandiez... en voilà...

AIR du vaudeville de *Turenne*.

> Quand, sur votre ordre et rien que pour vous plaire,
> Tant de soldats vont voler à la mort,
> D'un vain désir, d'un caprice vulgaire,
> Verront-ils donc dépendre votre sort ?
> Le cœur d'un czar devrait être plus fort.
> Maître de tous, soyez aussi le maître
> Et de vous-même et de vos propres vœux,
>   Montrez-vous grand et généreux ;
>   Que l'on puisse vous reconnaître !

PAUL, qui s'est exalté en l'écoutant, se lève, regarde, et dit en lui-même.

Ah ! je crois entendre le langage que Catherine dut parler à mon aïeul... c'est ainsi qu'elle lui inspirait de l'héroïsme, qu'elle l'élevait au-dessus des préjugés et des faiblesses du vulgaire. J'en triompherai comme lui. (Il appelle.) Warinski !... (Passant au milieu ; haut à Warinski et à Olga, qui entrent par la gauche.) Approchez, je sais tout... je vous pardonne à vous, à votre femme... (Mouvement de joie de Warinski, d'Olga et de Nadéje.) Pour votre sœur, qui n'a pas craint de me donner une leçon, à moi son souverain... c'est un autre sort que je lui réserve... (Mouvement de crainte indécise.) Paysanne, prosterne-toi. (Nadéje s'incline à demi effrayée.) Relevez-vous, impératrice !

WARINSKI.

Est-il possible ?

NADÉJE, poussant un cri, et tombant dans les bras de Warinski.

Ah ! c'est fait de moi !

PAUL.

Eh bien! elle se trouve mal... la joie... la surprise... secourez-la.

(Olga et Warinski s'empressent de la secourir.)

SCÈNE XIV.

LES MÊMES; ROGER, GARDES.

ROGER.

Sire!

PAUL.

Qu'est-ce?

ROGER.

Un officier français, un prisonnier comme moi, mon ancien sous-lieutenant, que j'ai reconnu, et qui est là, aux portes du palais... un beau jeune homme... vingt-cinq ans, et brave comme l'épée du premier consul... et malgré ma protection, on refuse de le laisser arriver jusqu'à vous.

PAUL.

On a bien fait... après mon mariage.

ROGER.

Non, avant... car il réclame sa fiancée Nadéje qui, comme à moi, lui a sauvé la vie... Nadéje qu'il aime, et dont il est aimé.

PAUL.

Dont il est aimé!

NADÉJE, suppliant.

Grâce, mon empereur!... c'est là le secret que je n'osais t'avouer.

PAUL, à Roger.

Et c'est toi qui viens me l'apprendre!

ROGER.

Fallait-il vous laisser aller, et vous tromper?... Non, il

y en a assez d'autres sans moi... j'ai fait une impératrice, je la défais... et j'ai promis à mon sous-lieutenant de parler pour lui.

PAUL.

Ah! tu lui as promis... à un ennemi... à un prisonnier de guerre!... à qui j'ai fait grâce... il ose l'aimer, être mon rival! Un Français encore!... je les retrouverai donc partout... ce ne sera plus ici du moins... ceux qui sont à Saint-Pétersbourg partiront demain pour la Sibérie... je les exile.

ROGER.

Tous!

PAUL.

A commencer par toi, et ton sous-lieutenant!... Et ce Warinski, dont l'audace insigne...

WARINSKI.

Moi, le plus dévoué de vos soldats.

PAUL.

Tu n'es plus le chef de ma garde... je te destitue... je te casse... et pour te dégrader encore plus, pour mieux t'avilir... (Voyant entrer Koutaïkof.) c'est Koutaïkof qui te remplacera.

SCÈNE XV.

LES MÊMES; KOUTAÏKOF, suivi DE PLUSIEURS OFFICIERS.

KOUTAÏKOF.

Ah! Sire... quel excès d'honneur!

PAUL.

Sur-le-champ qu'on les saisisse tous quatre... qu'on les jette sur un kibitch, et qu'on les mène ainsi jusqu'en Sibérie.

TOUS.

Ciel!

NADÉJE, passant près du czar.

Quoi ! ma sœur même !... (Se jetant à ses pieds.) Ah ! Sire... grâce, grâce !... changez cet arrêt cruel.

PAUL, avec un sourire féroce.

Ah ! tu me demandes grâce... tu désires que je change mon arrêt ?... Eh bien ! soit... à pied... qu'ils fassent la route à pied.

(Mouvement général de terreur.)

ROGER.

Voilà la clémence des Russes !

PAUL.

Russe, dis-tu?... oui, je le suis... je m'en fais gloire; et il ne sera pas dit qu'un Français l'emportera jamais sur un Russe.

KOUTAIKOF.

Oui, mon auguste maître, voilà votre vraie politique... manifestez-la dans l'occasion solennelle qui se présente à vous. Vos ministres ont signifié à l'envoyé de France que vous ne vouliez pas le recevoir.

PAUL.

C'est bien.

KOUTAIKOF.

Il a répondu qu'il n'avait d'autre mission que de remettre à Votre Majesté cette lettre écrite de la main du premier consul.

PAUL.

Une lettre de Bonaparte !... donne.

KOUTAIKOF, lui donnant la lettre.

Vous la lirez ?

PAUL, flatté.

De sa main !... je veux voir son écriture, et surtout son style... mais d'avance, et quoi qu'il propose, je refuse... (Lisant.) O ciel ! il me renvoie sans échange et sans rançon, deux mille prisonniers russes, équipés à neuf, avec armes et drapeaux.

ROGER.

Oui... il renvoie les Russes dans leur patrie... et vous, c'est en Sibérie que vous renvoyez les Français.

PAUL.

Tais-toi.

ROGER.

Et vous prétendiez l'emporter sur Bonaparte... et vous osiez joûter avec lui !

PAUL, avec colère.

Avec tout le monde !... et si tu dis un mot de plus... (Achevant la lettre.) C'est digne... C'est noble !... et je recevrai ses ambassadeurs ; il prétend que, « si nous le voulions, nous ferions, à nous deux, la loi à l'univers. »

KOUTAIKOF.

Se mettre sur la même ligne que Votre Majesté... un sous-lieutenant parvenu !

PAUL.

Il a raison... les deux plus grands hommes de l'époque sont faits pour s'entendre.

(Koutaïkof s'éloigne.)

ROGER, avec dédain.

Vous !... vous ne vous entendrez jamais, vous serez toujours vaincu par lui en générosité.

PAUL, avec fureur.

Insolent ! je ne sais qui me retient... Ah ! je ne suis pas généreux... je ne suis pas magnanime... je devrais te faire périr sous le knout.

ROGER.

Pour me le prouver.

PAUL, regardant Warinski, Olga et Nadéje.

Vous avez tous quatre mérité ma vengeance... Eh bien !

je voudrais que vous m'eussiez fait encore plus d'outrages, de perfidies, de trahisons... pour en avoir plus de gloire à tout oublier.

TOUS.

Grand Dieu !

PAUL, à Roger, qui est auprès de lui.

Hein ! est-ce là un beau trait, comme celui de ton premier consul ?

ROGER, de sang-froid.

Oui, proportion gardée.

PAUL.

J'exile Nadéje.

ROGER.

Où cela ?

PAUL.

En France, avec ton sous-lieutenant... je lui donne cinquante mille roubles et une femme... Demande à mes soldats si le premier consul leur en a donné autant... Vous, Warinski, je vous nomme mon envoyé auprès de la République... (A Olga.) Vous suivrez votre mari, madame la comtesse ; car vous le serez toujours... je sais votre secret, et je le garderai... (Se tournant vers Roger.) Eh bien ! suis-je grand ? suis-je magnanime ?

NADÉJE.

Ah ! Sire... c'est maintenant que je vous aime !

PAUL.

Tais-toi... va-t'en... je vous donne vingt-quatre heures pour m'emmener cette femme-là... je ne veux pas qu'elle reste plus longtemps près de mon palais.

ROGER.

Oui, Sire... et je les suivrai, n'est-ce pas ?

PAUL, lui prenant la main.

Ingrat que tu es ! tu resteras près de moi... il faut bien que j'aie quelqu'un à aimer.

ROGER, à part.

Et à contrarier.

LE CHOEUR.

AIR du *Serment.*

Vive l'empereur,
Dont la valeur
Et le génie
Du trône des czars
Sont les soutiens et les remparts !
Vive l'empereur,
Pour le bonheur
De la Russie !
Qu'il règne à jamais
Pour le bonheur de ses sujets !

ROGER.

Ils partent pour la France, et je ne peux les suivre.

PAUL.

Ah ! toi-même l'as dit : sans toi je ne peux vivre,
Et tant que je vivrai, tu resteras céans...

KOUTAIKOF, à part.

Et ce ne sera pas peut-être pour longtemps.

LE CHOEUR.

Vive l'empereur,
Dont la valeur
Et le génie
Du trône des czars
Sont les soutiens et les remparts !

(Paul sort en faisant un signe d'adieu de la porte ; tous les personnages se groupent.)

LA DUGAZON

ou

LE CHOIX D'UNE MAITRESSE

COMÉDIE-VAUDEVILLE EN UN ACTE

EN SOCIÉTÉ AVEC M. PAUL DUPORT

Théatre du Gymnase. — 30 Octobre 1833.

PERSONNAGES. ACTEURS.

M. DARLEMONT, président . . . . MM. FERVILLE.
ERNEST, son neveu. . . . . WELSCH.
OSCAR DE VERNEUSE. . . . . ALLAN.
UN GARÇON DES BAINS. . . . . BORDIER.

LA MARQUISE DE SAINT-GAUDENS. . . . . Mmes JULIENNE.
CLOTILDE, sa nièce. . . . . GRASSOT.

Aux eaux de Bagnères-de-Bigorre.

LA DUGAZON

ou

LE CHOIX D'UNE MAITRESSE

Un grand salon ouvert par le fond et donnant sur un jardin. — Portes latérales. Sur le devant du théâtre, à droite de l'acteur, une table, de l'autre côté un petit guéridon.

SCÈNE PREMIÈRE.

OSCAR, LE GARÇON DES BAINS.

(Au lever du rideau, Oscar, assis devant une petite table au milieu du théâtre, déjeune et écrit en même temps. Un garçon des bains va et vient et le sert.)

OSCAR.

Ah! je ne serai pas aimé!... Si, parbleu! elle m'adorera, il le faudra bien... je l'ai parié... et nous verrons l'effet de ce billet... là, dans cette boite de bonbons que je lui ai promise hier... (Il met le papier dans la bonbonnière et la referme.) Garçon!... une assiette!... Vous direz à M. le chef que ses côtelettes à la Soubise laissent beaucoup à désirer... ce n'est pas ainsi qu'on les sert au Café de Paris.

LE GARÇON.

Dame! monsieur, ici, à Bagnères-de-Bigorre, on est loin de Paris !...

OSCAR.

N'importe ! nous autres gens comme il faut, nous voulons que le bien-être et la civilisation nous suivent partout... c'est pour cela que nous sommes au monde... Du thé !

LE GARÇON, lui apportant la théière.

Voilà, monsieur...

OSCAR, se versant à boire.

Y a-t-il quelques personnes au salon des bains ?...

LE GARÇON.

Des dames viennent d'y descendre... Madame la marquise de Saint-Gaudens et sa nièce, mademoiselle Clotilde, qui est si jolie...

OSCAR.

Tu trouves !... Oui, la petite n'est pas mal... elle n'a qu'un défaut insupportable... un défaut de tous les moments : sa tante qui ne la quitte jamais...

LE GARÇON.

Si, monsieur... car dans ce moment elle vient d'entrer au jardin où elle lit une lettre qui lui arrive de Paris...

OSCAR.

Vraiment !... de sorte que la nièce est seule au salon ?...

LE GARÇON.

Avec les autres dames...

OSCAR.

Très-bien... tiens, remets à mademoiselle Clotilde cette bonbonnière... une galanterie de ma part... pas autre chose...

LE GARÇON.

Oui, monsieur !...

(Le garçon sort.)

OSCAR.

Quant à moi... je n'ai plus faim et voilà mon déjeuner fini. (Se renversant sur son fauteuil et tenant un cure-dent à la main.) C'est une ennuyeuse chose que de vivre de ce temps-ci... Je suis arrivé une centaine d'années trop tard, et j'étais né pour être un de mes aïeux ! règne de Louis XV, par exemple. Quelle joyeuse vie ! quelle suite de plaisirs !... quels soupers délicieux ! Il suffisait d'avoir un nom, de la naissance et un bon estomac, pour mener une vie de gentilhomme... J'ai tout cela aujourd'hui, et je vous demande à quoi cela sert en 1833... Si on veut une place, il faut la remplir... Si on fait des dettes, il faut les payer... ou quitter Paris et cacher son nom... comme je le fais... Autant ne pas en avoir ! Et puis de tous côtés n'entendre parler que d'affaires... de politique !... Tout le monde raisonne... autrefois, on ne raisonnait pas ! au contraire... mais on s'amusait, ce qui valait mieux... et si nous autres du faubourg Saint-Germain, nous nous entendions un peu...

AIR : Il n'est pas temps de nous quitter. (*Voltaire chez Ninon.*)

> Jours de scandale et de plaisir,
> Avec vos joyeuses folies,
> De la régence on verrait revenir
> Les soupers fins et les roueries.
> Pour ramener ce bon temps d'autrefois,
> Tous les mauvais sujets de France
> Devraient, à l'exemple des rois,
> Former une sainte-alliance.

J'y aide tant que je peux... Pour ce qui est des roueries, j'en ai fait d'impayables cet hiver... et dussé-je rester le seul type des bonnes traditions... je ne perdrai pas une seule occasion... (Au garçon qui rentre.) Eh bien ! quelles nouvelles ?

LE GARÇON.

J'ai fait votre commission, et Mlle Clotilde vous remercie bien de votre galanterie.

OSCAR, à part.

A merveille!... elle a ma déclaration...

LE GARÇON.

Et la voilà qui vient de ce côté.

(Il enlève le déjeuner et la table.)

OSCAR, vivement et regardant par la porte à droite.

Vraiment!

AIR : L'amour qu'Edmond a su me taire.

Je vais savoir l'effet de ma missive...
   Grand Dieu ! près d'elle, quel malheur !
   Sa vieille tante... je m'esquive...
Du temps passé quoique l'admirateur,
   Et quelque plaisir qu'il me cause,
   J'en conviens, en homme sensé,
   Les femmes sont la seule chose
Où le présent vaut mieux que le passé.

(Il sort par le fond.)

SCÈNE II.

CLOTILDE, Mme DE SAINT-GAUDENS, entrant par la droite.

Mme DE SAINT-GAUDENS.

Oui, ma nièce... ce sont des nouvelles de votre père... je les reçois à l'instant même de Paris !

CLOTILDE.

Et vous me dites cela d'un ton bien solennel.

Mme DE SAINT-GAUDENS.

C'est qu'il y est question pour vous d'un sujet grave et sérieux. Mon frère veut vous marier !...

CLOTILDE.

Ah ! mon Dieu !...

Mme DE SAINT-GAUDENS.

Soyez tranquille ! la famille de Saint-Gaudens ne peut s'allier qu'à un grand nom ; celui qu'on nous propose est convenable... d'ailleurs, rien ne se fera sans mon consentement... Mon frère, qui sait ce que l'on doit d'égards à mon caractère et à ma fortune... s'en rapporte entièrement à moi, et dès que nous aurons vu le jeune homme...

CLOTILDE.

Nous le verrons?...

Mme DE SAINT-GAUDENS.

Oui, mademoiselle... on m'écrit que nous le trouverons ici, aux eaux de Bagnères, ou que, s'il n'y est pas encore, il doit prochainement s'y rendre ; et je reçois en même temps pour lui une lettre de son père, qui lui explique les intentions des deux familles... Je la lui remettrai dès qu'il se présentera...

CLOTILDE.

De sorte que ce sera un prétendu déclaré...

Mme DE SAINT-GAUDENS.

Certainement !

CLOTILDE.

Et qu'il va me faire ouvertement la cour?

Mme DE SAINT-GAUDENS.

Il le faut bien, pour savoir s'il vous conviendra...

CLOTILDE.

Eh bien ! ma tante, c'est inutile de lui donner cette peine-là... je suis sûre qu'il ne me conviendra pas...

Mme DE SAINT-GAUDENS, sévèrement.

Qu'est-ce que c'est? est-ce que vous auriez encore en tête ces folles idées de l'hiver dernier?...

CLOTILDE.

Non, ma tante... mais quand, de temps en temps... malgré moi, j'y penserais... est-ce que ce serait ma faute?

Mme DE SAINT-GAUDENS.

Voilà ce que c'est que de vous avoir laissé aller à Paris... auprès de votre oncle... Si vous n'aviez jamais quitté l'Anjou, ni mon château de Saint-Gaudens... ce n'est pas là que vous auriez vu des jeunes gens... car je n'y reçois, grâce au ciel, que des hommes d'un âge, et d'une délicatesse trop éprouvée... pour jamais inspirer à une jeune personne des sentiments faux et exagérés...

CLOTILDE.

Exagérés !... un pauvre jeune homme qui, à l'entrée de l'Opéra, et pour m'empêcher d'être écrasée...

AIR du vaudeville de Haine aux Femmes.

Sous les pieds des chevaux, hélas !
En voyant mon péril extrême,
Au risque de périr lui-même,
Il court, m'enlève dans ses bras...

Mme DE SAINT-GAUDENS.

Dans ses bras !... c'est vraiment sans gêne.

CLOTILDE.

Il n'avait pas le temps, je croi,
De réfléchir... il eut à peine
Celui de s'exposer pour moi ! (*Bis.*)

Aussi quand, une demi-heure après, il est venu s'informer de mes nouvelles... comment ne pas le remercier ?

Mme DE SAINT-GAUDENS.

A la bonne heure !... mais il n'était pas nécessaire qu'il restât toute la soirée dans votre loge !

CLOTILDE.

Il ne s'en allait pas !... nous ne pouvions pas le renvoyer, et puis il causait avec tant de grâce et de naturel... et des manières si respectueuses... il mourait d'envie de savoir qui j'étais... et il ne l'a pas demandé, il a gardé le silence.

Mme DE SAINT-GAUDENS.

C'est ce qu'il a fait de mieux !

CLOTILDE.

Et repartir le lendemain pour l'Anjou, sans connaître celui à qui j'avais tant d'obligations... c'est d'une ingratitude !...

Mme DE SAINT-GAUDENS.

C'est possible !... mais c'est dans les convenances !... il n'appartient pas à une personne de notre nom de ressembler à une héroïne de roman... Que ce soit donc la dernière fois qu'il soit question entre nous du bel inconnu...

CLOTILDE.

Oui, ma tante...

Mme DE SAINT-GAUDENS.

J'entends en outre que vous n'y pensiez plus...

CLOTILDE.

Oui, ma tante...

Mme DE SAINT-GAUDENS.

Quant à celui qui bientôt se présentera, il réunit du côté du rang et de la naissance tout ce que je puis désirer ; reste à savoir si son ton, sa tournure, et ses manières... J'en jugerai... cela me regarde !...

CLOTILDE.

Et moi, ma tante !...

Mme DE SAINT-GAUDENS.

Vous ! mademoiselle... ce qui vous regarde... c'est de tâcher de lui plaire... d'être aimable, gracieuse, attentive... (Elle tousse.) Cette maudite toux...

CLOTILDE.

Vous toussez !... ah ! que c'est heureux !

Mme DE SAINT-GAUDENS.

Qu'est-ce à dire ?

CLOTILDE.

Parce qu'on vient justement de me remettre une boîte de pastilles d'ananas.

Mme DE SAINT-GAUDENS.

Des pastilles !

CLOTILDE.

Oui, ma tante.

(Elle lui donne la boîte.)

Mme DE SAINT-GAUDENS, l'ouvrant et voyant le papier.

AIR du vaudeville de *la Famille de l'Apothicaire.*

(A part.)
O ciel! mais c'est un billet doux!
(A Clotilde.)
Eh! quoi, des pastilles semblables
Entre vos mains?

CLOTILDE.

En usez-vous?

Mme DE SAINT-GAUDENS.

Jamais! quels traits abominables!

CLOTILDE.

Laissez donc... c'est pour m'éprouver;
Je sais bien quel goût est le vôtre...
Et quand vous pouvez en trouver,
Vous en prenez tout comme une autre.

Mme DE SAINT-GAUDENS, lui montrant la lettre.

Comme celle-là!... jamais.

CLOTILDE.

Une lettre!

Mme DE SAINT-GAUDENS.

Et de qui la tenez-vous?

CLOTILDE.

De M. Oscar... ce monsieur qui est arrivé aux eaux depuis deux jours, et à qui vous trouvez un air et des manières si distingués...

Mme DE SAINT-GAUDENS, qui a ouvert le papier et qui lit.

« Charmante Clotilde... je vous adore... »

CLOTILDE.

Eh bien! par exemple!...

Mme DE SAINT-GAUDENS, continuant de lire.

« Et sans des raisons personnelles qui me forcent à ca-
« cher et mon rang et mon nom... surtout sans la présence
« assidue de cette duègne ridicule qui ne vous quitte
« point... » (S'interrompant.) Qu'est-ce à dire?... (Continuant à demi-voix.) « Je veux parler de votre respectable tante... »
Voilà qui est d'une audace... d'une insolence... je dirai
plus... d'une inconvenance! moi, qui avais pris ce M. Oscar
pour un homme comme il faut!

CLOTILDE.

Sans doute... il vous faisait toujours des compliments,
vous donnait le bras à la promenade, et portait même Zé-
mira, votre épagneule...

Mme DE SAINT-GAUDENS, à demi-voix.

Bien plus!... il avait l'air de me faire la cour...

CLOTILDE.

Il a osé!

Mme DE SAINT-GAUDENS.

Oui, ma nièce.

CLOTILDE.

Tandis qu'il ne faisait pas seulement attention à moi.

Mme DE SAINT-GAUDENS.

C'est d'une rouerie!... s'attaquer à une Saint-Gaudens!...
je me vengerai... Le voici.

(Elle passe à droite. Oscar paraît dans le jardin, se promenant et lisant un journal.)

AIR de la valse de *Robin des Bois.*

Je me fais d'avance une fête
De l'immoler à mon courroux;
Laissez-nous seuls.

CLOTILDE.

En tête-à-tête!

Mme DE SAINT-GAUDENS.

Eh! sans doute... que craignez-vous?

CLOTILDE.
Après pareille découverte,
Ne redoutez-vous pas ici
Quelque danger pour vous ?

Mme DE SAINT-GAUDENS.

Non certe,
Tout le danger serait pour lui.

Ensemble.

Mme DE SAINT-GAUDENS.
Je me fais d'avance une fête
De l'immoler à mon courroux ;
Je doute après ce tête-à-tête
Qu'il ose encor rire de nous.

CLOTILDE.
Le fat crut faire ma conquête
Avec un pareil billet doux ;
Mais notre vengeance est complète,
C'est vous qu'il trouve au rendez-vous.

(Clotilde sort par la porte à gauche.)

SCÈNE III.

Mme DE SAINT-GAUDENS, OSCAR.

OSCAR, entrant.

Voyons si je pourrai saisir une occasion favorable... Allons, encore la tante... il faut se résigner à son bonheur... (Haut.) Madame la marquise compte-t-elle ce matin se rendre à l'allée de Maintenon... ou au camp de César ?...

Mme DE SAINT GAUDENS, d'un air sec.
Non, monsieur... je reste...

OSCAR.
Je resterai donc aussi... car la promenade est pour moi sans charmes en l'absence de certaines personnes...

Mme DE SAINT-GAUDENS, avec ironie.

Des personnes respectables...

OSCAR, galamment.

Comme vous dites... puisque le respect est le seul sentiment qui soit permis...

Mme DE SAINT-GAUDENS.

Monsieur...

OSCAR.

Sentiment si naturel auprès de vous... qu'il suffit de vous regarder... (A part.) Je crois que je m'embrouille. (Haut.) Pour effacer toute autre pensée que celle... d'un dévouement... dont je serais trop heureux de vous donner des preuves...

Mme DE SAINT-GAUDENS.

Je ne refuse point... car j'ai, dans ce moment, un conseil à vous demander...

OSCAR.

Vraiment !... je ne m'attendais pas à tant de bonheur... moi, votre conseiller... conseiller des grâces !...

Mme DE SAINT-GAUDENS.

Vous savez qu'une femme, quels que soient son rang et sa qualité, se trouve quelquefois placée dans des positions délicates et embarrassantes.

OSCAR, d'un ton persifleur.

Comment donc !... madame... quel est le mortel assez aveugle pour s'être permis de vous placer dans une position comme celle-là ?

Mme DE SAINT-GAUDENS.

Un impertinent !... un fat !

OSCAR.

Un fat !... je m'en doutais !...

Mme DE SAINT-GAUDENS.

Il me suffirait d'écrire à mon frère qui est encore d'âge

à prendre la poste pour venir lui donner une bonne leçon...

OSCAR.

Mauvais moyen, madame; puisque vous me faites l'honneur de me consulter... un duel! c'est trop commun! surtout à présent que tout le monde s'en mêle...

Mme DE SAINT-GAUDENS.

Votre avis est donc?...

OSCAR.

Qu'il y aurait une vengeance de meilleur goût... quelque bonne plaisanterie... quelque mystification bien gaie, bien mordante... J'ai pour cela quelques talents... la grande habitude... et si madame veut s'en rapporter à moi, voilà un pauvre diable coulé à fond sous le ridicule... on n'en revient pas!... surtout ici, aux eaux, où la société se compose de ce qu'il y a de mieux à Paris et dans les provinces... Alors, vous comprenez, cela retentit... cela se répète, et d'écho en écho, voyage dans la capitale et les départements...

Mme DE SAINT-GAUDENS.

Vous avez raison... ce soir, après dîner, quand tout le monde sera réuni au salon... je compte sur vous... j'en ai besoin...

OSCAR.

J'y serai...

Mme DE SAINT-GAUDENS.

Je lirai tout haut une lettre que je viens de recevoir dans une bonbonnière.

OSCAR, à part.

O ciel!...

Mme DE SAINT-GAUDENS.

Elle était adressée à ma nièce, et vient de quelqu'un qui nous fait la cour à toutes deux; vous m'aiderez alors, et devant tout le monde, à mystifier le fat qui l'a écrite.

OSCAR.

Madame...

Mme DE SAINT-GAUDENS.

Vous pourrez même vous charger de la réponse, lui dire que partout ailleurs le mépris seul ferait justice de son impertinence... mais qu'ici, il n'en sera pas quitte à si bon marché... qu'à tous ses ridicules nous voulons en ajouter un nouveau, que nous voulons qu'il soit ici raillé, bafoué, tympanisé, pour que cela retentisse, que cela ait de l'écho.

OSCAR.

Madame!...

Mme DE SAINT-GAUDENS.

AIR : Du partage de la richesse. (*Fanchon la vielleuse.*)

Vous n'aurez plus besoin, je gage,
Pour le voir alors immoler
A la risée, au persiflage,
Que de paraître et de parler...
Je sais, monsieur, quels succès sont les vôtres,
Et quand on a tant dépensé, je croi,
De ridicule pour les autres,
On a bien droit d'en retrouver pour soi.

Je vous donne donc rendez-vous ce soir... au salon, à sept heures, quand tout le monde sera réuni... et je vous préviens que, si vous n'y êtes pas, l'on commencera sans vous.

(Elle lui fait la révérence, et sort par la porte à gauche.)

SCÈNE IV.

OSCAR, seul.

Malédiction!... elle le fera comme elle le dit... tant elle est piquée au vif! et moi, jeune homme à la mode, je serais mystifié aux yeux de tous par une vieille marquise... par une duègne... et la nièce surtout... cette petite sotte... cette petite bégueule qui va me trahir... se moquer de moi, montrer mon billet à sa tante... Non, non, cela ne se passera pas ainsi... et si, avant ce soir... avant qu'on se réunisse, je pouvais me venger et rendre à Mme de Saint-Gaudens quelque bonne mystification qui mit les rieurs de mon côté...

AIR du vaudeville de Jadis et Aujourd'hui.

Il faut quelque ruse complète,
Quelque moyen d'un grand effet,
Pour vaincre une vieille coquette
Qui sous le régent florissait...
Mais un espoir en moi vient naître :
Descendant noble et généreux,
En l'immolant je vais peut-être
Venger quelqu'un de mes aïeux !

Oui, mais moi qui d'ordinaire ai tant d'imagination... je ne trouve rien... je ne vois rien... (Il s'assied.) C'est fini, je n'oserai plus me présenter au salon pour que les dames me montrent au doigt, ou me rient au nez... Heureusement, on ne sait pas ici qui je suis... je n'ai pas dit mon nom ! mais on le saura toujours... on le découvrira... il ne faut pour cela qu'une personne de Paris qui me reconnaisse...

SCÈNE V.

OSCAR assis, ERNEST, DARLEMONT dans le fond.

DARLEMONT, à Ernest.

Oui, certainement... puisque je suis à Bagnères, je vais prendre un bain ; cela délasse du voyage... (A Ernest.) Je te retrouverai ici...

(Il sort par la gauche.)

ERNEST.

Oui, mon oncle... je vous attendrai !... (Il entre regardant Oscar.) Tiens... je ne me trompe pas, le vicomte...

OSCAR, se levant.

Qu'est-ce que je disais ?... (Se retournant.) Le petit Ernest Darlemont...

ERNEST.

AIR : Ces postillons sont d'une maladresse.

Pour moi vraiment, la rencontre est heureuse.

OSCAR, à part.

Quand je tremblais, n'avais-je pas raison?

ERNEST.

Quoi! vous ici! vous, monsieur de Verneuse!

OSCAR.

Au nom du ciel, taisez-vous donc!

ERNEST.

Eh quoi! rougir d'un si beau nom!

OSCAR.

Il est fort beau... comme tel on le cite;
Oui, mais quel prix y peut-on attacher,
Lorsque l'on n'a qu'un nom pour tout mérite,
Et qu'il faut le cacher?

ERNEST.

Cacher votre nom!... et pourquoi!... par politique?...

OSCAR.

Non... par modestie... Vous connaissez quelques-unes de ces espiègleries originales qui ont déjà coûté à mon père une centaine de mille francs... car je ne vous ressemble guère, vous qui êtes sage, raisonnable... timide comme une jeune fille... C'est pour cela qu'à Paris je vous avais pris en affection...

ERNEST.

Et que vous vous moquiez toujours de moi...

OSCAR.

Je ne peux pas m'en empêcher... je suis comme cela... c'est dans le sang, et moi, qui mystifiais tout le monde, j'ai cru qu'il en serait de même avec mes créanciers... Point du tout... on ne se moque d'eux maintenant que dans les comédies... car ils ont là, à Paris... ce qu'ils appellent le tribunal de commerce, qui, sous le prétexte qu'on a fait des lettres de change... veut vous forcer à les payer... Moi, je n'ai pas voulu... Alors émeute et insurrection de mes fournisseurs... jugement, prise de corps... contre moi... un vicomte!... Cela m'a indigné... Je n'ai pas pu y tenir... j'ai quitté Paris, et suis venu prendre les eaux de Bagnères... en laissant à mon père, le comte de Verneuse, qui finira par s'attendrir, le soin de faire honneur à mes affaires...

ERNEST.

Je comprends alors votre incognito, et je vous promets de ne point parler à Paris de notre rencontre...

OSCAR.

Vous retournez donc dans la capitale?...

ERNEST.

Hélas! oui... pour être substitut...

OSCAR, lui prenant la main.

Pauvre garçon!... il n'y a donc pas moyen de fléchir votre oncle?...

ERNEST.

Tout a été inutile. J'ai eu beau lui répéter que cet état-là ne me convenait pas... que je n'y ferais jamais rien... il ne vante et n'estime que la magistrature... Premier président d'une cour royale du Midi, il veut que je lui succède un jour, que je perpétue l'illustration de notre famille, qui a toujours été citée dans les fastes du parlement à côté des Molé, des Séguier et des Harlay... et moi, je ne veux pas... je veux être militaire...

OSCAR.

Vous me disiez autrefois négociant.

ERNEST.

C'est possible... je ne sais pas au juste... Je veux voyager... je veux parcourir la France... car il est quelqu'un que je cherche, que je poursuis, sans pouvoir l'atteindre... sans pouvoir la retrouver...

OSCAR.

Une femme?... serait-il vrai?... Contez-moi cela...

ERNEST.

Non... non; vous vous moqueriez de moi... Je connais votre naturel railleur... et si vous me voulez quelque bien, donnez-moi seulement le moyen de ne pas être magistrat, c'est tout ce que je demande...

OSCAR.

Eh! mais... ce n'est pas impossible...

ERNEST, lui sautant au cou.

Serait-il vrai?... Ah! mon véritable ami...

OSCAR, riant.

Vous détestez donc bien les robes noires?...

ERNEST.

Il n'y a rien que je ne fasse pour m'y soustraire...

OSCAR.

Eh bien! j'ai, je crois, un moyen...

ERNEST.

Terrible?...

OSCAR.

Non... très-facile et très-amusant, que je lisais l'autre jour je ne sais où... dans le cardinal de Retz, ou quelque chose comme ça...

ERNEST.

Vous lisez donc... vous, un vicomte?

OSCAR.

Parbleu! les vicomtes d'à présent n'ont que cela à faire. Je lisais donc que, pour éviter d'entrer dans les ordres, un jeune homme, qui, comme vous, n'aimait pas les robes noires, s'était lancé dans toutes les folies les plus opposées à l'état qu'on lui destinait... bals, spectacles, duels, maîtresses à l'Opéra, et que, grâce à ce scandale médité avec adresse, il avait bien fallu renoncer pour lui...

ERNEST.

Admirable!... c'est juste ma position, parce que la magistrature demande une gravité, une considération... un respect des convenances...

OSCAR.

Eh bien! alors...

ERNEST.

Oui, le moyen est bon en théorie... mais c'est pour l'exécution...

OSCAR.

C'est là ce qui vous embarrasse?...

ERNEST.

Certainement... Il me serait aussi difficile d'être mauvais sujet qu'à vous de ne pas l'être...

OSCAR, riant.

AIR : J'ai vu partout dans mes voyages. (*Le Jaloux malgré lui.*)

D'être mauvais sujet il tremble !

ERNEST.

Vous l'êtes à faire frémir !

OSCAR.

Quel sort bizarre nous rassemble !
D'un côté scandale et plaisir,
Et, de l'autre, honneur et sagesse...
A nous deux, mon cher, je le vois,
Nous représentons la jeunesse,
Vous d'aujourd'hui, moi d'autrefois.

ERNEST.

Et puis, mon pauvre oncle, qui est au fond un si brave homme, ça lui ferait tant de peine... si je devenais un libertin !... Mais je peux faire semblant... De retour à Paris, je dirai que j'ai une maîtresse... et je n'en aurai pas...

OSCAR, d'un ton de reproche.

Ah!... tromper son oncle... Jeune homme, ce n'est pas

bien; et puis, si vous espérez qu'il vous croira sur parole...

ERNEST.

Aussi je tâcherai de me compromettre... de me lancer ostensiblement... d'être assidu chez quelque figurante de l'Opéra... quand je devrais lui parler de morale, de vertu... de constance... Je sais bien que ça l'ennuiera...

OSCAR.

Du tout!... cela lui paraîtra original...

ERNEST.

Vous croyez!... mais c'est que je ne suis pas comme vous, qui connaissez tout le monde... Si vous étiez à Paris, vous me présenteriez...

OSCAR, se récriant.

Eh bien! par exemple...

ERNEST, le priant.

Seulement une petite lettre de recommandation...

OSCAR, riant.

Ah! ah! ah!... (A part.) Quelle idée!... je tiens ma vengeance!... Ah!... ah!...

ERNEST.

Eh bien! de quoi riez-vous donc?

OSCAR.

Du hasard le plus singulier... Nous avons ici une artiste distinguée qui a débuté dernièrement à l'Opéra-Comique, dans les mères *Dugazon*.

ERNEST.

Les *Dugazon*? qu'est-ce que c'est que cela?

OSCAR.

Un emploi superbe, qu'elle a rempli avec un succès... Vous en avez entendu parler?

ERNEST.

Du tout... je ne connais rien... Je viens de passer ces

deux mois de vacances chez mon oncle, dans son château, à l'extrémité de la France, et nous passons par Bagnères pour retourner à Paris...

OSCAR.

Eh bien! comme je vous le disais... cela se rencontre à merveille... une beauté un peu sévère... un peu mûre... cela vous est égal... l'âge n'y fait rien... ce n'est pas pour elle que vous l'aimez... c'est une cantatrice connue... cela suffit... et en lui faisant une cour un peu assidue, c'est tout ce qu'il faut pour vous compromettre aux yeux de votre oncle et de toute la société de Bagnères.

ERNEST.

Vous croyez?... Mais si elle a ici quelque adorateur?

OSCAR.

Du tout... elle y est seule, avec sa nièce.

ERNEST.

Une actrice aussi?

OSCAR, étourdiment.

Certainement.

ERNEST.

A quel théâtre?

OSCAR, à part.

Ah! diable!... (Haut.) A l'Opéra... où elle a débuté avec un grand succès... une élève de *Taglioni*... (Vivement.) Mais une personne sage, vertueuse, irréprochable... il n'y a rien à faire de ce côté-là... aussi il ne faut pas penser à la nièce, mais à la tante... c'est d'elle seule qu'il faut vous occuper... Une voix superbe, surtout dans les cordes basses. Ce soir, au salon, il faudra la prier de chanter... (A part.) Ce sera bouffon... (Haut.) Dernièrement encore, elle a refusé à Toulouse un engagement de dix mille francs, toujours dans les *Dugazon*, pour ne pas quitter sa nièce.

ERNEST.

Cette bonne tante!... c'est bien à elle!...

OSCAR, à part.

Ne va-t-il pas s'attendrir !... (Haut.) Ce qu'il y a de plus drôle... c'est qu'ici, pour ne pas effaroucher la pruderie de ces dames... elle est comme moi, incognito, et se fait appeler la marquise de Saint-Gaudens.

ERNEST.

Elle aurait osé !...

OSCAR.

Parbleu !...

AIR du *Ménage de garçon*.

Grâce au code d'égalité,
Qui, chez nous, des mœurs est l'arbitre,
Aujourd'hui pleine impunité
Pour quiconque usurpe un vain titre.
Chacun peut se faire, à son choix,
Et sans que nos lois le menacent,
Comte ou baron... et je ne vois
Que les niais qui s'en privent, je crois,
Et les gens d'esprit qui s'en passent.

ERNEST.

Eh bien !... à la bonne heure... et, quoique cela me fasse un peu peur... je tâcherai d'avoir du courage... Présentez-moi seulement à Mme la marquise de... de... Saint-Gaudens...

OSCAR, à part.

Ah! diable !... (Haut.) De tout mon cœur, si elle me connaissait... c'est-à-dire si je portais mon nom véritable, qui jouit d'une certaine réputation, dans les coulisses de Paris.

ERNEST.

C'est que le mien n'en a guère...

OSCAR.

Eh bien! prenez-en un autre... le mien, s'il peut vous convenir...

ERNEST.

Vous permettriez!...

OSCAR.

C'est la seule chose que je puisse vous prêter dans ce moment-ci; mais je vous prie d'en user sans façon... et comme s'il vous appartenait.

ERNEST.

J'accepte!... car, du moment qu'on me prendra pour le vicomte de Verneuse, me voilà sûr d'un prompt succès...

OSCAR.

Par exemple... je vous en préviens... si, chemin faisant, vous êtes arrêté par quelques créanciers...

ERNEST.

Ça me regarde... je paierai... plutôt...

OSCAR.

Vrai! à ce prix-là, je vous prie de garder mon nom le plus longtemps possible... non-seulement ici, mais à Paris... A votre aise... ne vous gênez pas... je n'en ai pas besoin... (Regardant vers la gauche.) Mais, tenez... tenez, voici la tante... je l'entends... c'est elle...

ERNEST.

Ah! mon Dieu!

OSCAR.

AIR du vaudeville des *Chemins de Fer.*

Allons, parole cavalière,
Ton leste... qui vous trouble ainsi?
Vous parlez d'être militaire,
Et tremblez devant l'ennemi!
(A part.)
De la vieille il faudra qu'on rie,
Pour moi la chance aura tourné;
Je suis sûr par cette folie
De m'amuser comme un damné.

Ensemble.

OSCAR.

Allons, parole cavalière,
Jeune homme, ton leste et hardi,
Gardez, apprenti militaire,
De trembler devant l'ennemi !

ERNEST.

Oui, votre conseil salutaire
En tout par moi sera suivi ;
Et grâce à vous, bientôt, j'espère,
Dans mon plan j'aurai réussi.

(Oscar sort.)

SCÈNE VI.

ERNEST, puis Mme DE SAINT-GAUDENS et UN GARÇON DES BAINS.

ERNEST.

Allons ! comme il me l'a dit, le ton leste et cavalier... Mais, depuis qu'il n'est plus là... voilà toute ma résolution qui s'en va... Je n'oserai jamais l'aborder, et puis j'ai si peu le ton convenable avec ces personnes-là...

Mme DE SAINT-GAUDENS, au garçon qui entre avec elle par la porte à gauche.

Ayez soin, Julien, que mon bain soit bien au degré commandé... car un degré de plus ou de moins... (Voyant Ernest.) Ah !... un jeune homme... un étranger !

LE GARÇON.

C'est celui qui vient d'arriver... (A Ernest.) Si monsieur veut dire son nom pour l'inscrire sur le registre des bains...

(Il se met à une table, prend une plume, et ouvre le registre.)

ERNEST, regardant Mme de Saint-Gaudens.

Mon nom ?... (A part.) Allons, du courage !... (Haut.) Le vicomte de Verneuse.

(Le garçon écrit le nom, et sort en emportant le registre.)

9.

Mme DE SAINT-GAUDENS, à part.

M. de Verneuse! celui dont me parlait mon frère.

(Elle lui fait la révérence.)

ERNEST, de même.

Ah! mon Dieu! comme elle me regarde! (Il détourne un moment la tête, puis, se retournant, et voyant que Mme de Saint-Gaudens a les yeux fixés sur lui.) Elle m'intimide.

AIR : Un homme pour faire un tableau. (*Les Hasards de la guerre.*)

C'est le nom d'un mauvais sujet
Qui me vaut sa faveur subite.

Mme DE SAINT-GAUDENS.

Son ton, son air, tout est parfait.

ERNEST, à part.

Quoi! voilà les beautés qu'on cite!
A Paris, des *dilettanti*
J'admire le goût fanatique...
Et, pour adorer celle-ci,
Il faut bien aimer la musique!

Mme DE SAINT-GAUDENS.

Je savais, monsieur, que vous deviez venir à Bagnères, car, sans vous connaître, j'avais une lettre pour vous.

(Elle la lui présente.)

ERNEST, prenant la lettre que lui donne la marquise.

Pour moi? (Lisant l'adresse.) A M. de Verneuse... (A part.) Je la remettrai à son adresse...

(Il la serre dans sa poche.)

Mme DE SAINT-GAUDENS.

Vous pouvez lire, monsieur.

ERNEST.

Je ne me permettrais pas devant vous, madame... et oserais-je vous demander à qui j'ai l'honneur de parler?

Mme DE SAINT-GAUDENS.

A Mme la marquise de Saint-Gaudens.

ERNEST, à part.

La marquise!... elle y tient... n'importe, le nom n'y fait rien... (Haut.) Je serais bien heureux, madame, si, pendant mon séjour à Bagnères... (A part.) Je ne pourrai jamais lui faire ma déclaration. (Haut.) Si vous daigniez...

Mme DE SAINT-GAUDENS.

Quoi donc?

ERNEST.

Me permettre de cultiver une si aimable société.

Mme DE SAINT-GAUDENS, à part.

Nous y voilà...

ERNEST.

Trop heureux si je puis quelquefois être votre chevalier, et vous offrir mon bras.

Mme DE SAINT-GAUDENS.

Comment donc! monsieur... mais tous les jours...

ERNEST.

A vous, madame?

Mme DE SAINT-GAUDENS.

Et à ma nièce, à qui je veux vous présenter.

ERNEST.

Vous êtes trop bonne... (A part.) C'est déjà bien assez de la tante.

Mme DE SAINT-GAUDENS.

La voilà.

SCÈNE VII.

ERNEST, Mme DE SAINT-GAUDENS, CLOTILDE, qui entre par la porte à gauche.

ERNEST, à part.

Allons, je ne pourrai pas m'y soustraire.

Mme DE SAINT-GAUDENS, allant à Clotilde, et à demi voix.

Voici M. de Verneuse... le prétendu que nous attendions...

Tâchez d'être aimable, je vous prie, et tenez-vous droite.

CLOTILDE.

Mais, ma tante...

Mme DE SAINT-GAUDENS.

Je n'ai jamais voulu vous contraindre... mais encore faut-il le voir et l'entendre... Allons... avancez...

ERNEST et CLOTILDE, levant les yeux et se reconnaissant.

Grand Dieu !

CLOTILDE, à part.

Le jeune homme de l'Opéra !...

Mme DE SAINT-GAUDENS.

Qu'avez-vous donc ?...

CLOTILDE.

Rien... ma tante... rien... Je pense comme vous ; il est fort bien, ce jeune homme-là...

ERNEST, à part, et stupéfait.

Celle que j'aimais !... cette compagne que j'avais rêvée... c'est une danseuse !...

CLOTILDE, à part.

Ah ! mon Dieu !... est-ce qu'il ne me reconnait pas ?

ERNEST, à part.

Adieu toutes mes illusions !...

Mme DE SAINT-GAUDENS s'est assise auprès du guéridon à droite du spectateur, a pris son ouvrage et fait signe à sa nièce d'en faire autant. Elle regarde alors Ernest, qui est resté immobile et plongé dans ses réflexions.

Eh bien ! monsieur... vous ne vous asseyez pas ?...

ERNEST.

Pardon, madame... Vous allez me trouver bien simple... bien ridicule... mais je vous avoue que, près de vous... près de votre nièce... je ne suis pas maître de l'embarras que j'éprouve...

CLOTILDE, à part.

A la bonne heure, au moins...

ERNEST.

Tout autre, à ma place, trouverait sans peine des phrases empressées et admiratives pour peindre l'effet que, d'ordinaire, produit mademoiselle... Moi... je le voudrais... je ne le puis, et vous ne me croiriez pas, si je vous disais ce que je souffre en ce moment.

Mme DE SAINT-GAUDENS.

Eh! mais, monsieur, remettez-vous... Je conçois que l'effet d'une première entrevue...

ERNEST.

Non, madame... ce n'est pas la première fois que j'ai vu mademoiselle... et l'hiver dernier, à Paris, à l'Opéra... mais ce jour-là... c'était au milieu de tout le monde et du public... c'était dans sa loge... où elle me remerciait d'un service que j'avais eu le bonheur de lui rendre.

Mme DE SAINT-GAUDENS.

Quoi!... ce serait?...

CLOTILDE.

Oh! je l'avais reconnu tout de suite!...

Mme DE SAINT-GAUDENS.

Et tu ne me l'as pas dit...

CLOTILDE.

Je n'osais pas.

Mme DE SAINT-GAUDENS.

Le jeune homme dont nous parlions ce matin encore.

ERNEST.

Que dites-vous?

Mme DE SAINT-GAUDENS.

Et auquel je te défendais de penser...

CLOTILDE, lui mettant la main sur la bouche.

Taisez-vous donc, ma tante...

ERNEST, avec joie.

Qu'entends-je? est-il possible! vous aviez gardé mon souvenir, et, comme moi, malgré l'absence...

SCÈNE VIII.

Les mêmes; LE GARÇON DES BAINS.

LE GARÇON, s'adressant à Mme de Saint-Gaudens.

Le bain de madame est prêt depuis un quart d'heure.

Mme DE SAINT-GAUDENS.

Ah, mon Dieu! j'aurai perdu un degré... et le docteur qui m'avait tant recommandé... j'y vais sur-le-champ!... (A Ernest.) Plus tard, monsieur... nous aurons le plaisir de vous voir... tantôt, à la promenade, je compte sur votre bras... (A Clotilde, lui montrant sa tapisserie qui est restée sur le fauteuil.) Serre vite mon ouvrage, et viens me rejoindre...

CLOTILDE.

Oui, ma tante... à l'instant.

Mme DE SAINT-GAUDENS.

Monsieur... j'ai bien l'honneur... (A part.) Ces pauvres jeunes gens... (Au garçon.) Allons vite, et ne perdons pas de temps...

(Elle sort avec le garçon.)

SCÈNE IX.

CLOTILDE, à gauche, serrant les affaires de sa tante; ERNEST, à droite.

ERNEST, la regardant avec ivresse.

Elle ne m'a point oublié!... je suis aimé!... et je résisterais encore à tant de charmes... Non, non... et quoi qu'en dise le vicomte... dès qu'il ne s'agit que de me compromettre... elle vaut bien mieux que la tante. (A Clotilde, qui veut s'éloigner.) Un mot, de grâce, un mot encore... Si ce que j'ai entendu ne m'a pas abusé... s'il est vrai que votre cœur ait compris le mien...

CLOTILDE.

Pardon, monsieur... mais en l'absence de ma tante...

ERNEST.

Eh! ce n'est pas d'elle... c'est de vous que je veux vous obtenir... dites-moi que vous me permettez de vous offrir et mon cœur et ma fortune... trop heureux de vous consacrer ma vie, de vous sacrifier mon avenir, mon état, mon existence... Eh quoi! vous ne me répondez pas...

CLOTILDE.

Ce n'est pas à moi... c'est à ma tante...

ERNEST.

Toujours cette tante !... ne pouvez-vous donc vous soustraire à son pouvoir ?... lui devez-vous compte de tous vos sentiments ?...

SCÈNE X.

Les mêmes ; DARLEMONT.

DARLEMONT.

Eh bien !... où est-il donc?

ERNEST.

Ciel! mon oncle !...

CLOTILDE, qui avait retiré sa main de celle d'Ernest et qui voulait s'en aller, reste, et fait à Darlemont une révérence gracieuse.

Monsieur votre oncle !..

DARLEMONT.

Moi qui te cherchais de tous côtés... (Regardant Clotilde qu'il salue respectueusement.) Je conçois qu'en si aimable société...

il ait dû aisément m'oublier... (A Ernest.) Quelle est cette jolie personne?...

ERNEST, avec embarras.

Mais, mon oncle, c'est... (A part.) Je n'oserai jamais lui dire que c'est une danseuse...

DARLEMONT.

Est-ce qu'il y aurait du mystère avec moi?...

CLOTILDE, souriant.

Non, monsieur... on me nomme Clotilde de Saint-Gaudens.

DARLEMONT.

Les Saint-Gaudens! une ancienne famille du Languedoc?

CLOTILDE.

Précisément!...

ERNEST, à part d'un air fâché.

Pourquoi va-t-elle prendre ce nom?... Sa tante, je ne dis pas... mais elle!

DARLEMONT, la regardant.

Permettez donc!... j'ai connu beaucoup autrefois feu M. votre grand-père, un gentilhomme pour qui j'avais une vive amitié...

ERNEST, à part.

Mon pauvre oncle... qui y va de bonne foi...

DARLEMONT.

Je lui ai même donné une preuve d'estime dans un procès qu'il eut par-devant notre cour royale.

CLOTILDE.

En le lui faisant gagner!...

DARLEMONT.

Non, mademoiselle, en le lui faisant perdre, et en lui montrant par là que je le jugeais digne d'apprécier l'impartialité d'un ami. Depuis, nous ne nous sommes jamais revus... mais si dans mon tribunal je ne connais que la justice, dans le monde, mademoiselle, je m'empresse toujours de rendre hommage à la beauté... Vous permettez...

(Il lui prend la main qu'il porte à ses lèvres.)

ERNEST, à part.

Dieu! un premier président! (Tirant son oncle par son habit.) Mon oncle...

DARLEMONT.

Laissez-moi donc, monsieur; il ne faut pas croire que la magistrature ne sache pas aussi se montrer... dans l'occasion... (A Clotilde.) Avec qui êtes-vous ici, mademoiselle?

CLOTILDE.

Avec ma tante, Mme de Saint-Gaudens...

DARLEMONT.

Mme de Saint-Gaudens... la marquise... je l'ai beaucoup connue... je réclame l'honneur de me présenter chez elle et de renouer connaissance.

ERNEST, à part.

Il ne manquait plus que cela!...

CLOTILDE.

Je ne doute pas qu'elle ne soit bien flattée d'une telle visite... je cours la rejoindre et l'en prévenir... (Faisant une révérence.) Messieurs...

DARLEMONT, lui offrant la main pour la reconduire.

Mettez-moi, je vous prie, aux pieds de madame votre tante, et offrez-lui provisoirement mon respect...

(Il la conduit jusqu'au fond du jardin.)

ERNEST, à part.

Son respect! à une Dugazon!...

SCÈNE XI.

DARLEMONT, ERNEST, OSCAR, paraissant par la porte à droite du théâtre, pendant que Darlemont reconduit Clotilde par le fond.

OSCAR, à demi-voix à Ernest.

Eh bien! comment cela va-t-il?

ERNEST.

A merveille!... mais c'est mon oncle qu'il faut empêcher de se compromettre par quelque folie...

OSCAR.

Et lui aussi!...

DARLEMONT, revenent.

Une jeune personne charmante... Je suis sûr que sa tante aura grand plaisir à me revoir...

ERNEST, à part.

J'en doute.

DARLEMONT.

Aussi je ne manquerai pas, ce soir, de me présenter chez elle.

ERNEST.

Non, mon oncle... vous n'irez pas...

DARLEMONT.

Et pourquoi donc?

ERNEST, à Oscar.

Aller chez Mme de Saint-Gaudens! lui, un oncle... un premier président... je m'en rapporte à M. Oscar... un de mes amis, qui vous dira comme moi... que je ne dois pas le souffrir...

OSCAR, riant à part.

Admirable!...

DARLEMONT.

Qu'est-ce que ça signifie?...

ERNEST.

Moi, je ne dis pas... c'est sans inconvénient... mais vous, votre âge... votre dignité...

DARLEMONT.

Ma dignité?... tu te moques de moi... J'irai... j'y vais de ce pas...

ERNEST.

Eh bien!... puisque rien ne peut vous en empêcher, apprenez que cette madame de Saint-Gaudens, à qui vous voulez absolument présenter vos hommages, est une cantatrice, une Dugazon... et sa nièce, danseuse à l'Opéra...

DARLEMONT.

Qu'est-ce que j'apprends là?...

ERNEST.

Faites maintenant ce que vous voudrez... je vous ai prévenu... (Regardant Oscar, qui rit aux éclats.) Eh bien! qu'avez-vous donc?

OSCAR.

Ah!... ah!... je ris de l'idée de voir la cour royale... et puis... Ah! ah!... c'est bien plus drôle encore que vous ne croyez... et que je ne croyais moi-même...

DARLEMONT, à Oscar.

Votre serviteur! (A Ernest.) Et comment se fait-il, monsieur, que vous... vous soyez reçu chez ces dames?...

ERNEST.

Moi... c'est différent... je l'aime... je l'adore...

DARLEMONT.

Qu'est-ce que j'apprends là?

OSCAR, à demi-voix, à Ernest.

Bien... c'est comme ça qu'il faut dire...

ERNEST, vivement.

Eh non! c'est la vérité même... je ne peux vivre sans elle... Je le lui ai dit... je me suis déclaré...

OSCAR, avec effroi.

A la jeune personne ?...

ERNEST.

Oui, mon ami...

OSCAR.

Ah! mon Dieu! qu'avez-vous fait? (A demi-voix.) C'était à la tante... je vous avais dit à la tante.

ERNEST.

A la tante aussi... soyez tranquille...

OSCAR, à part.

Parbleu! ce devait être drôle...

DARLEMONT, à Ernest.

Et c'est vous qui donnez un pareil scandale! un futur substitut!

ERNEST.

Je sais, mon oncle, tout ce que vous pourriez me dire... Je me reconnais indigne de vos bontés... indigne de la magistrature...

DARLEMONT.

Écoutez-moi, de grâce!

ERNEST.

C'est inutile!... rien ne me fera changer... mon parti est pris...

OSCAR, à demi-voix, à Ernest.

C'est ça... à merveille... continuez...

ERNEST, vivement.

Oui, morbleu! je continuerai, et je le dis tout haut... je dis adieu au Palais... au barreau... je ne veux plus rien faire... que de l'aimer...

DARLEMONT.

Malheureux!... courir ainsi à ta ruine!

ERNEST.

Je vous afflige... je le sais... j'en suis désolé... mais c'est plus fort que moi... J'ai été votre pupille... je suis majeur... j'ai quelque fortune... je peux en disposer...

DARLEMONT, passant entre Ernest et Oscar.

AIR : Ah ! si madame me voyait. (ROMAGNÉSI.)

Te rendre des comptes !... jamais...
Non ; à moins qu'on ne m'y condamne...
Tous les détours de la chicane
Me sont connus, je te promets
De faire durer le procès.

(A Oscar.)

Je vais par là le forcer à connaître
Ces tribunaux, qu'hélas! il déserta...
Pour moi s'il n'y veut point paraître,
Pour lui du moins il y viendra,
Oui, pour lui-même il y viendra !

ERNEST, entraînant Darlemont vers le fond.

Venez... mon oncle... Ce n'est pas devant un étranger... qu'on peut parler de telles affaires. (Revenant, à Oscar.) Pardon... j'oubliais... j'oublie tout... une lettre à votre adresse... que m'a remise madame de Saint-Gaudens... je veux dire la tante de Clotilde...

DARLEMONT, qui s'en allait, ne voyant pas Ernest auprès de lui, se retourne en lui disant :

Eh bien! je vous attends.

ERNEST.

Me voilà, mon oncle.

(Ils sortent tous deux par le jardin.)

SCÈNE XII.

OSCAR, seul.

Ah! çà... je vous le demande, lequel, de l'oncle ou du neveu, est le plus mystifié?... Et cette madame de Saint-Gaudens, à qui il a avoué, et qui ne se fâche pas... Diable m'emporte si je puis rien comprendre... (Regardant la lettre.) « Au vicomte « de Verneuse... » Dieu! l'écriture de mon père... (Décachetant vivement.) Si c'est quelque lettre de change... béni soit l'amour paternel!... (Secouant la lettre.) Non, rien... que des sermons, sans doute... « Monsieur le vicomte, mon cher fils, j'ai enfin « trouvé le moyen d'arranger vos affaires... » Est-il possible! « Du moins, cela dépend de vous, et j'espère que vous « n'y mettrez point obstacle. » Non, certes. « Depuis long- « temps je méditais et négociais pour vous un mariage qui « vient d'être enfin arrêté entre moi et les grands parents. « (Parcourant rapidement.) Une excellente famille... maison no- « ble... jeune personne charmante... *et cætera*... (Appuyant.) « Quatre cent mille francs de dot! » C'est ce qu'il fallait dire tout de suite. « Votre prétendue et sa tante se rendent « aux eaux de Bagnères où vous m'avez dit que vous vous « arrêteriez quelque temps... Efforcez-vous, par vos soins « et vos attentions, de seconder les bonnes intentions où l'on « est déjà pour vous, et tâchez surtout de vous rendre agréa- « ble à madame de Saint-Gaudens... » Ah! mon Dieu!... « A « qui j'écris par ce courrier, et qui vous remettra cette « lettre... » C'est fait de moi et tout s'explique!... cet Ernest à qui j'avais prêté mon nom... aura été pris pour le prétendu... de là les prévenances... le bon accueil qu'il a reçu... et moi qui ce matin étais seul et sans rivaux près de la tante.

AIR : Je l'aimerai. (BLANGINI.)

J'avais le temps
De me gagner son âme,

Et je m'en vais, dans mes vœux imprudents,
Peindre à sa nièce et mes feux et ma flamme,
Elle qui doit un jour être ma femme !
J'avais le temps. (*Bis.*)

Mais maintenant... comment m'excuser ?... et que leur dire ?... Eh parbleu ! que c'était une ruse... une mystification... que je savais tout... que je les connaissais d'avance... que je voulais les intriguer... Vraisemblable ou non, cela peut s'arranger... se réparer... Oui, mais mon autre idée de faire passer ma belle tante pour une cantatrice à roulades... et ma prétendue pour une artiste à pirouettes... voilà ce qu'on ne me pardonnera jamais... et il faut absolument détromper Ernest ou l'éloigner, avant que le quiproquo ne se débrouille... car si l'explication a lieu, je suis perdu... je reste garçon... et, ce qui est pire encore... c'est moi qui suis mystifié...

SCÈNE XIII.

OSCAR, ERNEST.

OSCAR, à Ernest qui rentre.

Eh bien ! quelles nouvelles ?

ERNEST.

Ah ! vous vous en doutez bien, la scène a été chaude ; elle a été terrible, surtout pour mon pauvre oncle, qui, vrai, m'a attendri... car il me disait : « Qu'importe le rang ?... qu'importe la fortune ?... Si c'était seulement quelqu'un que l'on pût épouser... j'irais pour toi la demander à mains jointes... »

OSCAR, à part.

Ah ! diable !... gardons-nous alors de les détromper et de leur dire qui elle est...

ERNEST.

Et puis, voyant que tout était inutile... il s'est presque

mis à mes genoux pour me supplier de renoncer à un fol amour, qui me faisait perdre, disait-il, mon état, ma fortune, mon avenir...

OSCAR.

Franchement, mon cher, il a raison, et je suis obligé de vous dire que je suis de son avis...

ERNEST.

Vous qui, ce matin...

OSCAR.

Ce matin... c'était bien différent... je ne savais pas ce que je sais... je ne pouvais pas me douter que ce serait sérieux...

ERNEST.

C'est que je ne l'avais pas vue... Si vous saviez quelle grâce, quelle décence dans son maintien !... on ne se douterait jamais que c'est une danseuse.

OSCAR, à part.

Je crois bien !...

ERNEST.

Il est vrai que maintenant elles ont toutes si bon ton... des manières si distinguées... Mais pour la tante !... c'est différent... vous n'aviez pas besoin de me le dire... je l'aurais devinée entre mille... j'ai un fonds d'antipathie pour elle, et si, au lieu de rester près de sa nièce, elle voulait accepter à Toulouse cet engagement dont vous me parliez ce matin...

OSCAR, à part.

Ah ! mon Dieu !...

ERNEST.

Je l'aimerais tout autant... et j'ai envie de le lui conseiller tout à l'heure...

OSCAR, effrayé.

Tout à l'heure !...

ERNEST.

Oui, je dois lui donner le bras pour aller à la promenade... vous jugez comme c'est amusant !...

OSCAR.

Et vous irez?...

ERNEST.

Il le faut bien...

OSCAR.

Vous donner en spectacle... faire rire à vos dépens, et servir après tout les projets d'un autre !...

ERNEST.

Qu'est-ce que cela signifie ?

OSCAR.

Que si vous m'aviez dit ce matin que vous alliez vous passionner pour tout de bon... je vous aurais appris des choses...

ERNEST.

Et lesquelles?

OSCAR.

Inutiles à vous expliquer et que vous devez comprendre de reste...

ERNEST, avec colère.

Monsieur...

OSCAR.

Ce que vous avez de mieux à faire... je vous le dis en ami, c'est de revenir à la raison... d'écouter la voix de votre oncle, et de partir à l'instant même avec lui et sans réfléchir...

ERNEST.

Monsieur... il y a là-dessous un mystère que je veux pénétrer...

OSCAR, à demi-voix.

Ah ! vous le voulez absolument?... Apprenez donc qu'il

y a ici une personne bien autrement importante que vous à qui on la destine... et qui en est tellement épris qu'il veut l'épouser...

ERNEST, d'un air d'incrédulité.

L'épouser!...

OSCAR, de même et en confidence.

Enfin, tout est convenu, arrangé, avec la tante ; et la nièce ne l'ignore pas... je pourrais vous donner des preuves... (Montrant la lettre.) Je les ai... je pourrais vous nommer la personne, je la connais... si ce n'était ma parole qui est engagée... mais je dois du moins vous avertir que l'on veut se servir de vous et de vos soins pour dérober à tous les yeux cette intrigue qui doit rester cachée... qu'en un mot, on veut vous faire jouer ici un méchant personnage.

ERNEST.

Morbleu!

OSCAR.

J'avais donc raison de vous dire en ami... ne faites pas de bruit... partez à l'instant...

L'honnête homme trompé s'éloigne et prend la poste.

ERNEST.

Oui, je partirai... oui, je ne la reverrai de ma vie... M'abuser à ce point !... moi qui pour elle réduisais mon oncle au désespoir!... (Prenant la main d'Oscar.) Mon ami...

OSCAR.

Je vous comprends... je cours près de lui... lui dire que vous êtes sauvé... que vous revenez à lui et en même temps tout préparer pour votre départ... ce ne sera pas long... (A part.) C'est ça ! Fouette postillon et au diable les explications!

(Il sort.)

SCÈNE XIV.

ERNEST, seul.

Quelle indignité !... quelle trahison ! mais je devais m'y attendre... toutes ces femmes-là ne sont que ruse et coquetterie !... et je vais, comme un insensé, livrer mon cœur tout entier à une passion... que je veux étouffer, que je veux éteindre... Eh bien ! non... c'est plus fort que moi... depuis que je sais qu'elle doit appartenir à un autre... il me semble que je l'aime deux fois plus... et l'idée seule de la perdre... Non, je ne partirai pas... je resterai... ne fût-ce que pour immoler à ma colère cette infernale tante que je veux traiter comme elle le mérite, et dont je dois déjouer les projets... non pour moi, mais pour l'honneur... la probité, la morale... Dieu ! c'est Clotilde !...

SCÈNE XV.

ERNEST, CLOTILDE, qui entre par le fond à droite, et gagne la gauche du théâtre.

CLOTILDE, avec joie.

Ah !... c'est vous, monsieur ?... encore ici !...

ERNEST.

Oui, mademoiselle... mais rassurez-vous... je n'y resterai pas longtemps... je vais partir...

CLOTILDE.

Et pourquoi donc ?... mais c'est très-mal !

ERNEST, la regardant, et à part.

Ah ! comment soupçonner la trahison sous un air si naïf et si candide ?...

CLOTILDE.

Eh mais ! qu'avez-vous donc ?...

ERNEST.

Ce que j'ai, Clotilde... vous me le demandez?... épargnez-vous ce soin... il n'y a pas de mérite à me tromper... je vous aime trop! et quand je vous offrais ma fortune... quand je vous vouais mon existence tout entière... pourquoi ne pas me parler des desseins de votre tante?...

CLOTILDE.

Ses desseins, et lesquels?...

ERNEST.

Vous les ignoriez?...

CLOTILDE.

Sans doute... je vous le dirais...

ERNEST.

Ah! je vous crois, maintenant... ce mot seul suffit!... et ce n'est plus vous que j'accuse...

CLOTILDE.

Eh! qui donc, alors?...

ERNEST.

Ah! je ne puis... je ne sais comment vous éclairer sur les dangers qui vous environnent!... ici, dans votre position...

CLOTILDE.

Ma position!...

ERNEST.

Ah! pardon de vous la rappeler... je ne vous en dirai plus un mot... je ne vous en parlerai jamais... mais je ne vous quitte pas... je veillerai sur vous... mon amour m'en donne le droit... Ainsi, plus de feinte, plus de mensonge... aussi bien, toute dissimulation m'importune, et je vous dois la vérité tout entière... je ne suis pas ce que vous croyez... je ne suis pas M. de Verneuse...

CLOTILDE.

Qu'entends-je? grand Dieu!...

ERNEST.

J'avais pris le nom du vicomte... de ce mauvais sujet, pour plaire à votre tante... pour être bien accueilli par elle...

CLOTILDE.

Ah! que c'est mal à vous!... elle ne vous le pardonnera jamais...

ERNEST.

Je le sais... et peu m'importe... nulle considération ne peut plus m'arrêter... et prêt à tout braver pour que vous soyez à moi... peu m'importe ce que dira le monde, ma famille, la vôtre... vous méritez les adorations, le respect de l'univers entier, et je vous offre ma main. (A demi-voix et avec force.) Oui, je vous épouse... j'y suis décidé...

CLOTILDE, le regardant avec étonnement.

Eh bien ?...

ERNEST, de même.

Eh bien !... vous êtes étonnée ?...

CLOTILDE, souriant.

Certainement... comme s'il s'agissait de dire : je suis décidé... Mais si ma tante a d'autres vues...

ERNEST.

N'achevez pas... car cette idée seule...

CLOTILDE.

Ah ! vous êtes jaloux !...

ERNEST.

Oui, je le suis... de votre jeunesse... de votre beauté, de votre avenir... de tout ce qu'un vil intérêt veut sacrifier... immoler en vous... (A part en allant à la table.) et puisqu'il n'y a qu'un moyen d'éloigner cette tante, de la soustraire à jamais à son pouvoir, je n'hésite plus...

(Il se met à la table, et écrit.)

CLOTILDE.

Que faites-vous?

10

ERNEST.

Ces deux mots seulement à votre tante, et je vous réponds qu'après les avoir lus, elle consentira sur-le-champ à notre mariage...

CLOTILDE.

Vous croyez?...

ERNEST.

J'en suis sûr!... plus d'objections... plus d'obstacles... cela mettra tout le monde d'accord... (A part.) Je n'ai ni le temps, ni l'envie de ménager mes expressions... ce sera toujours bien ainsi... (A Clotilde, lui donnant la lettre.) Tenez... tenez, Clotilde...

CLOTILDE.

Donnez vite!... (A part, regardant la lettre.) Il me tarde de savoir ce qu'il lui écrit... car je ne puis croire encore qu'avec quelques mots... enfin, puisqu'il est sûr de son fait... (Haut.) Adieu, monsieur.

(Elle lui fait la révérence, et sort par le fond à gauche.)

SCÈNE XVI.

ERNEST, puis OSCAR et DARLEMONT, rentrant par le jardin.

ERNEST, la regardant sortir.

Ah! qu'elle est jolie... et que je suis heureux!...

DARLEMONT, à Oscar.

Mon cher ami, mon sauveur... je n'oublierai jamais le service que vous rendez là à une famille. (A Ernest.) Eh bien! mon ami... la voiture est prête... les chevaux sont attelés... partons!...

ERNEST.

C'est inutile, mon oncle... je ne pars plus...

OSCAR, à part.

Ah! mon Dieu!...

ERNEST, à Oscar.

Je l'ai vue... elle m'aime... elle n'est pas coupable... elle ignore les projets de sa tante... quand je lui en ai parlé, elle ne savait pas même ce que je voulais lui dire...

OSCAR à part.

Je crois bien !...

DARLEMONT.

Raison de plus pour respecter une jeune personne innocente et vertueuse... ainsi, viens, éloignons-nous... car tu ne te pardonnerais pas à toi-même de vouloir la séduire...

ERNEST.

Moi, la séduire !... vous me connaissez bien mal... et le ciel m'en préserve !... La séduire... non, mon oncle... je l'épouse...

OSCAR.

Qu'entends-je ?...

DARLEMONT.

C'est bien pis encore...

OSCAR, vivement.

L'épouser !... permettez...

ERNEST.

Vous allez me taxer de folie, d'extravagance... me dire que je cours à ma ruine... ça m'est égal... je suis décidé à tout... je m'y résigne...

OSCAR, à part.

Parbleu ! quatre cent mille francs de dot... il n'est pas dégoûté... (Haut.) Et moi, monsieur, moi et votre oncle... nous nous y opposons... nous ne devons pas le souffrir...

ERNEST.

Et de quel droit ?...

OSCAR.

Du droit de l'amitié... cette amitié qui vous arrachera malgré vous aux périls qui vous environnent... (A Darlemont.)

Oui, monsieur, et, dans l'intérêt d'une famille respectable, je la lui enlèverais plutôt moi-même !...

DARLEMONT, à Oscar.

Bon jeune homme !

ERNEST.

Il ne l'aura qu'avec ma vie !...

DARLEMONT, à Ernest.

Ingrat que tu es... un duel, à présent !

ERNEST.

Eh bien! oui... une maîtresse... un duel... c'est là ce que je voulais... on ne me parlera plus après cela de me faire substitut...

DARLEMONT.

Eh bien! tu ne le seras pas... j'y renonce!... pour l'honneur de la magistrature... mais, à ton tour, fais quelque chose pour moi... ne l'épouse pas, je t'en conjure...

OSCAR.

Oui, mon jeune ami...

ERNEST.

Je le voudrais... mais je ne le peux pas... je l'aime trop !...

DARLEMONT.

Eh bien! s'il en est ainsi... et quoi qu'il m'en coûte... j'aime mieux, je crois... que tu l'aimes... tout uniment...

ERNEST.

Y pensez-vous?... vous, mon oncle... un premier président !...

DARLEMONT.

Va-t'en au diable !... j'ai fait, il me semble, toutes les concessions que ma moralité pouvait se permettre... et je ne puis rien en obtenir... ces femmes-là sont tout ce qu'il y a de plus dangereux pour les familles, et je vous demande qui les lui a fait connaître ?...

ERNEST, montrant Oscar.

C'est monsieur...

DARLEMONT, à Oscar.

Vous, que je regardais comme la raison même !...

OSCAR.

Eh parbleu !... j'en suis aussi fâché que vous, et s'il ne tenait qu'à moi...

DARLEMONT, l'entraînant, à part.

J'ai un moyen !... un moyen dans mon genre !... si, pour cause de captation... je portais plainte au procureur du roi...

OSCAR, effrayé.

Grand Dieu !... (A part.) Faire arrêter ma future tante... c'est pour le coup qu'il faudrait dire adieu à mon mariage... (Bas à Darlemont.) J'ai un autre moyen... moins légal... et qui n'en vaudra que mieux... tout ce que je vous demande, c'est, d'ici à ce soir... d'empêcher votre neveu de parler à ces dames... me le promettez-vous ?...

DARLEMONT.

Oui, morbleu !... (A part.) quand je ne devrais pas le quitter d'un instant...

OSCAR, à part.

Moi, pendant ce temps... je me fais connaître... je n'avoue que la moitié de mes torts... j'en obtiens le pardon... et si par mon éloquence je puis déterminer ces dames à partir sur-le-champ... je laisse l'oncle et le neveu s'expliquer en tête-à-tête... (A Darlemont.) Adieu... répondez-moi de lui... et je réponds du succès...

DARLEMONT.

Soyez tranquille... je ne le perds pas de vue.

(Oscar sort.)

SCÈNE XVII.

ERNEST, qui s'est jeté dans un fauteuil; DARLEMONT.

DARLEMONT, regardant sortir Oscar.

Voilà parler!

AIR : Qu'il est flatteur d'épouser celle. (*Le Jaloux malade.*)

En lui quelle sagesse brille!
Si mon neveu lui ressemblait!
Quel bonheur pour une famille
De posséder un tel sujet!

ERNEST.

Lui! du vice il a la science.

DARLEMONT.

Le vice, cela m'est égal,
Quand il parle bien, vaut, je pense,
La vertu qui se conduit mal.

(Ernest se lève.)

Où allez-vous, monsieur?...

ERNEST.

Je ne sais... je ne peux rester en place... (Regardant vers le fond à gauche.) Dieu! c'est elle... au bout de cette allée... j'y cours...

DARLEMONT.

Non, monsieur... vous ne lui parlerez pas...

ERNEST.

Et pourquoi?...

DARLEMONT.

Pourquoi?... (Regardant aussi; à part.) Dieu!.. Elle vient de ce côté... (Haut.) Pourquoi, monsieur?... parce que c'est moi qui désire lui parler... moi, votre oncle, qui veux l'interroger et voir par moi-même si elle mérite...

ERNEST.

Ah!... je ne demande pas mieux, et si après l'avoir vue... après lui avoir parlé... vous n'êtes pas désarmé... séduit... si vous ne tombez pas à ses pieds...

DARLEMONT.

Moi!...

ERNEST.

Je consens à ne plus l'aimer... à ne pas l'épouser...

DARLEMONT, à part.

Alors... tu ne risques rien... car j'ai dans les jarrets et dans le caractère une raideur... (Voyant entrer Clotilde.) C'est bien, monsieur... c'est bien... laissez-nous... je l'ordonne.

ERNEST.

J'obéis, mon oncle... j'obéis...

(Il sort, en faisant à Clotilde des signes d'intelligence.)

DARLEMONT.

A la bonne heure !... tant que je la tiendrai ici... il n'y aura pas d'intelligence ni de communications possibles... c'est ce que j'ai promis.

SCÈNE XVIII.

DARLEMONT, CLOTILDE.

DARLEMONT, la regardant.

La voilà donc !... et puisque nous sommes seuls, je ne suis pas fâché, comme oncle et comme magistrat, de lui adresser sur sa conduite les remontrances qu'elle mérite... nous allons avoir beau jeu...

CLOTILDE, qui a regardé du côté par où Ernest est sorti.

Pourquoi s'en va-t-il donc ?

DARLEMONT.

Cela vous fâche, mademoiselle ?...

CLOTILDE.

Mais oui... il m'avait donné pour ma tante un billet que je n'ai pas encore pu lui remettre... parce qu'au sortir de son bain... M. Oscar vient de lui faire demander un instant d'entretien... et j'aurais voulu en prévenir M. Ernest... (Souriant.) Eh! mon Dieu!... comme vos yeux sont fixés sur moi...

DARLEMONT, d'un ton brusque.

Mademoiselle, savez-vous qui je suis!...

CLOTILDE, avec douceur.

M. Darlemont... l'oncle de M. Ernest, un magistrat distingué, que je chéris et que je révère...

DARLEMONT, un peu moins brusquement.

Vraiment!... eh bien! regardez-moi, là... bien en face... comment me trouvez-vous?...

CLOTILDE, d'un air caressant.

Ah!... je vous trouve un air de bonté qui va droit au cœur...

DARLEMONT, à part.

Eh bien! par exemple... (Haut.) Du tout, mademoiselle... je suis sévère... inflexible...

CLOTILDE, de même.

Eh bien!... on ne s'en douterait pas...

DARLEMONT.

C'est pourtant ce que vous allez voir... Vous rappelez-vous ce que vous m'avez dit ce matin, quand je vous ai parlé de votre tante?...

CLOTILDE, avec une gaieté naïve.

Ah! mon Dieu, oui... je suis bien étourdie, et vous avez raison de me gronder... moi qui oubliais de vous rendre sa réponse... Quand je lui ai dit qu'un premier président, un homme fort aimable, demandait à lui être présenté... elle 'est écriée : « C'est Darlemont, j'en suis sûre... »

DARLEMONT, avec indignation.

Darlemont!...

CLOTILDE.

« Lui, a-t-elle ajouté, que je n'ai pas vu depuis le château de Nogent, où nous avons dansé ensemble... le menuet de la reine. »

DARLEMONT.

Est-il possible!... et comment sait-elle?... C'est qu'en effet... j'ai dansé le menuet, à Nogent, avec madame de Saint-Gaudens...

CLOTILDE.

Avec ma tante...

DARLEMONT.

Votre tante!... allons donc!... vous osez me soutenir que celle avec qui je dansais le menuet...

CLOTILDE, lui montrant sa tante qui entre.

Est là, devant vos yeux...

SCÈNE XIX.

Les mêmes ; Mme DE SAINT-GAUDENS.

Mme DE SAINT-GAUDENS.

Ah! c'est ce cher président...

DARLEMONT.

O ciel!... Eh! oui... c'est bien elle... et mademoiselle...

Mme DE SAINT-GAUDENS.

Ma nièce, Clotilde, que vous connaissez déjà...

DARLEMONT, interdit et les regardant l'une après l'autre.

Votre nièce, madame la marquise... en êtes-vous bien sûre?...

Mme DE SANT-GAUDENS, souriant.

Toujours galant!... Il ne peut croire que j'aie une nièce de cet âge-là... (Soupirant.) Eh! mon Dieu, oui, une nièce à marier... notre unique héritière...

DARLEMONT.

Ah! mon Dieu... et mon neveu... qui me disait... moi qui ai pu croire... et lui aussi...

Mme DE SAINT-GAUDENS.

Qu'avez-vous donc?...

DARLEMONT.

Ah! madame... ah!... mademoiselle... me pardonnerez-vous?... je n'ose l'espérer, et c'est à vos genoux...

(Il passe auprès de Clotilde.)

CLOTILDE.

Eh! mais, vraiment... je n'y comprends rien...

SCÈNE XX.

Les mêmes; ERNEST.

ERNEST, apercevant son oncle aux pieds de Clotilde.

Mon oncle à ses pieds... j'en étais sûr!...

DARLEMONT, qui s'est relevé et qui court à lui.

Taisez-vous, monsieur, taisez-vous... (A demi-voix.) Je consens...

ERNEST.

Qu'est-ce que je disais?...

DARLEMONT.

A condition que vous n'ouvrirez pas la bouche... et que vous me laisserez arranger tout cela...

Mme DE SAINT-GAUDENS.

Ah çà! mon cher président... j'attends que vous m'expliquiez...

ERNEST.

Son cher président!...

CLOTILDE.

Eh! oui... ils se sont connus beaucoup autrefois...

ERNEST, à Darlemont.

Comment, mon oncle... et vous aussi dans votre temps!... je ne m'étonne plus si vous consentez...

DARLEMONT, bas.

Tais-toi, te dis-je, ou tout est perdu... (Haut.) Oui, madame, en tombant aux genoux de votre nièce... je me suis trompé... c'est aux vôtres que j'aurais dû implorer la grâce de mon neveu... qui aime... qui adore Mlle Clotilde...

Mme DE SAINT-GAUDENS.

Je le sais, monsieur... je sais aussi la ruse dont il s'est servi, en prenant le nom de M. de Verneuse...

ERNEST, lestement.

Le grand mal!...

Mme DE SAINT-GAUDENS, avec colère.

Comment! le grand mal!... Cela est cause, monsieur, que, pour avoir ainsi méconnu les convenances, je vous refuse ma nièce, et je l'accorde à un autre...

DARLEMONT, avec effroi.

Est-il possible!

ERNEST.

Laissez-donc, mon oncle, ne vous désolez pas... la tante changera d'idée...

Mme DE SAINT-GAUDENS, avec colère.

Qu'est-ce que c'est qu'un ton pareil?... Je changerai si peu... que j'ai pardonné à cette autre personne... et que nous partons à l'instant même, tous ensemble, pour retourner à Paris...

CLOTILDE.

O ciel!

ERNEST, à Clotilde.

Ne vous effrayez donc pas... ça m'est bien égal... on ne lui laissera pas exécuter ses projets...

DARLEMONT.

Te tairas-tu !

ERNEST.

Je me gênerai peut-être avec une tante comme celle-là...

Mme DE SAINT-GAUDENS.

Qu'est-ce que cela veut dire ?...

CLOTILDE.

Je ne le reconnais plus...

DARLEMONT, voulant lui fermer la bouche.

Mon neveu !...

ERNEST, parlant malgré leurs efforts.

Oui, mon oncle... qu'elle le veuille ou non, j'ai pour moi l'amour, l'honneur, la probité... Vous savez, vous-même, si mes vues sont légitimes... et quelles que soient les objections ou les projets de madame, si elle a lu la lettre que sa nièce a dû lui remettre...

Mme DE SAINT-GAUDENS.

Une lettre ! qu'est-ce que c'est ?...

CLOTILDE.

Ah ! mon Dieu ! la voici... une lettre qui doit, dit-il, vous désarmer et nous mettre tous d'accord...

TOUS.

Est-il possible !...

ERNEST.

J'étais bien sûr qu'elle ne l'avait pas reçue, sans cela...

Mme DE SAINT-GAUDENS, à Clotilde.

Et vous vous êtes chargée de cette lettre, contre toutes les convenances !... Rentrez... mademoiselle, rentrez... et ne revenez que quand je vous appellerai.

CLOTILDE, s'en allant.

Allons... je ne saurai pas encore ce que contient ce billet...

(Elle sort par la porte à gauche.)

SCÈNE XXI.

Mme DE SAINT-GAUDENS, ERNEST, DARLEMONT; OSCAR, rentrant par le fond.

OSCAR, s'approchant de Mme de Saint-Gaudens, et à demi-voix.

Eh bien! partons-nous?...

Mme DE SAINT-GAUDENS, qui décachette la lettre.

Tout à l'heure; je dois auparavant prendre connaissance d'une lettre qui m'est adressée par la personne qui avait usurpé votre nom...

OSCAR.

O ciel!... (Bas à Darlemont.) Et que faites-vous ici?...

DARLEMONT.

Est-ce que je sais?...

(Oscar passe à la gauche de Mme de Saint-Gaudens.)

Mme DE SAINT-GAUDENS, lisant la lettre.

Quel ton!... et quel style!... Me déclarer qu'il est décidé à épouser ma nièce pour la sauver... (Poussant un cri et s'arrêtant.) Ah! grand Dieu! à la condition que j'accepterai, dans la troupe de Toulouse, l'emploi des duègnes et des mères Dugazon...

DARLEMONT, à Ernest.

Malheureux!... un pareil affront!...

Mme DE SAINT-GAUDENS.

Et pour qui me prend-on?

ERNEST, avec colère.

Eh parbleu! pour une tante de comédie.

Mme DE SAINT-GAUDENS.

Moi! la marquise de Saint-Gaudens!

DARLEMONT.

Madame la marquise...

ERNEST.

Est-il possible!...

DARLEMONT.

Eh! qui, diable aussi, a pu lui mettre en tête une pareille idée?...

ERNEST, montrant Oscar.

C'est monsieur... qui, seul, ici, vous connaissait...

Mme DE SAINT-GAUDENS, avec indignation.

M. de Verneuse!...

OSCAR, à part.

Allons! nous n'échapperons point aux explications...

Mme DE SAINT-GAUDENS, regardant Oscar.

M. de Verneuse... à qui je venais de pardonner une première inconvenance... et qui en commet une seconde plus forte encore...

OSCAR.

Eh bien! oui... que voulez-vous? la plaisanterie était un peu vive...

DARLEMONT.

Et mon neveu n'est point coupable... Coupable d'erreur, voilà tout... *Error in personâ.*

Mme DE SAINT-GAUDENS.

Et cette lettre, dont le style et les pensées... cette lettre inconvenante de toutes les manières, et dont je veux, pour sa punition, achever tout haut la lecture...

ERNEST.

Grâce... madame... grâce! n'accablez pas un coupable qui a perdu tout espoir de pardon... N'achevez pas... déchirez-la...

OSCAR, riant.

Du tout... moi, je suis pour la lecture... Je demande la lecture...

Mme DE SAINT-GAUDENS, reprenant la lettre, qu'elle parcourt.

« Acceptez, dans la troupe de Toulouse, l'emploi qu'on
« vous propose. » Celui des duègnes !

ERNEST, d'un ton suppliant.

Madame !...

Mme DE SAINT-GAUDENS, continuant.

« Et je me charge alors du sort de votre nièce et du
« vôtre... » (Avec ironie.) Que de bontés ! (Continuant à lire.)
« Sur quinze mille livres de rente que je possède, je vous
« en donne dix... je vous les abandonne aujourd'hui, sur-
« le-champ... trop riche encore du trésor que vous me
« cédez, trop heureux de dérober aux dangers qui l'envi-
« ronnent tant de grâce, d'innocence et de jeunesse... »
Quoi ! c'est là... ce que vous écriviez... à cette duègne, à
cette femme horrible !... c'est bien, monsieur... c'est bien !...
il y a là des sentiments qui nous raccommodent un peu.

DARLEMONT.

N'est-il pas vrai ?... il y a du bon...

Mme DE SAINT-GAUDENS.

Et j'ai bien envie d'accepter la donation...

ERNEST.

Ah ! madame !...

SCÈNE XXII.

LES MÊMES ; CLOTILDE.

CLOTILDE, timidement.

Ma tante... puis-je revenir ?...

Mme DE SAINT-GAUDENS.

Eh ! oui... oui... revenez, madame Darlemont...

CLOTILDE.

Qu'entends-je ?...

ERNEST.

Ah! madame... ah! chère Clotilde!...

DARLEMONT.

Je respire, mes enfants...

OSCAR.

Quel tableau!... c'est pourtant moi qui ai fait ce mariage-là!

CLOTILDE.

Il avait donc raison, quand il prétendait qu'il finirait par vous désarmer... Cela ne m'étonne pas, il a toujours eu pour vous et pour moi tant d'amour... d'estime... de respect...

Mme DE SAINT-GAUDENS, souriant.

Oui, mon enfant...

CLOTILDE.

Aussi, et sans être curieuse, je voudrais bien savoir ce qu'il a pu vous dire, et cette lettre...

Mme DE SAINT-GAUDENS.

Je la garde pour moi... je la garde précieusement; mais, le lendemain de ton mariage, je te la remettrai... ce sera ton cadeau de noces.

CLOTILDE.

Merci, ma tante; car, puisqu'elle vous a fait tant de plaisir... je l'étudierai, pour tâcher de vous en écrire de toutes pareilles.

FINALE.

AIR de galop.

Ensemble.

DARLEMONT et ERNEST.

Jusqu'au jour du mariage
Nous devons à sa candeur
Laisser ignorer l'outrage
Que lui faisait notre erreur.

Mme DE SAINT-GAUDENS.

Jusqu'au jour du mariage
Nous devons à sa candeur
Laisser ignorer l'outrage
Que lui faisait votre erreur.

OSCAR.

L'Opéra verrait, je gage,
S'enfuir plus d'un amateur,
Si l'on était dans l'usage
D'y trouver tant de candeur.

CLOTILDE.

Est-il un plus doux présage?
L'époux qui, pour mon bonheur,
De ma tante a le suffrage
Était choisi par mon cœur.

LE LORGNON

COMÉDIE-VAUDEVILLE EN UN ACTE

Théatre du Gymnase. — 21 Décembre 1833.

PERSONNAGES. ACTEURS.

ALCÉE DE WELIBACK, baron allemand. MM. PAUL.
REYNOLDS, son ami. . . . . ALLAN.
CHRISTIAN, } autres amis d'Alcée . . . { DAVESNE.
HENRI,   RHOZEVIL.
LE COMTE ALBERT, seigneur étranger. FERVILLE.
BIRMAN, intendant d'Alcée . . . . NUMA.

ALIX, sœur de Reynolds . . . . Mmes HABENECK.
MINA, fille de Birman . . . . ALLAN-DESPRÉAUX.

JEUNES GENS, amis d'Alcée et de Reynolds. — PIQUEURS et DOMESTIQUES d'Alcée.

En Bohême, dans un château appartenant à Alcée.

LE LORGNON

Le jardin du château. — Sur le premier plan, à droite de l'acteur, un pavillon. A gauche, et sur le devant, une table de pierre sous un berceau de feuillage.

SCÈNE PREMIÈRE.

Au lever du rideau, ALCÉE, CHRISTIAN et REYNOLDS, assis, autour de la table de pierre à gauche, fument, boivent et chantent.

AIR : Enfants de la folie, chantons.

Ensemble.

COUPLETS.

Premier couplet.

L'amitié, dont j'honore
Les lois,
Nous unit, dès l'aurore,
Tous trois;
Souvent l'amour désole
Nos jours,
Mais l'amitié console
Toujours.

Deuxième couplet.

Bravant de la fortune
　Les coups,
Même chance est commune
　Pour nous :
Chagrins, plaisirs, orage,
　Beaux jours,
Que l'amitié partage
　Toujours !

ALCÉE, à Reynolds.

Et ta sœur, la belle Alix?

REYNOLDS.

Viendra plus tard avec ces dames; car, quoiqu'elle soit ta prétendue, elle ne pouvait pas venir seule, dans ton château, chez un garçon.

ALCÉE.

Garçon... jusqu'à demain; car demain la noce.

REYNOLDS.

Certainement.

CHRISTIAN.

Un beau mariage!... épouser le plus aimable baron et le plus beau château de la Bohême.

(Ils se lèvent et viennent sur le devant du théâtre.)

REYNOLDS.

C'est ce qui me désole, car je suis bon frère; et moi qui ai mangé ma fortune, il m'est pénible de te voir épouser ma sœur sans dot! Ce n'est pas ma faute, c'est celle de mon oncle!... Un oncle à succession qui ne veut pas mourir... ça dépend de lui... mais c'est un mauvais parent, qui n'a jamais rien fait pour sa famille.

ALCÉE.

Console-toi... Ce régiment que tu dois demander pour moi au duc d'Arnheim, ton protecteur, ne vaut-il pas une dot?

REYNOLDS.

Il me l'a promis, du moins ; et après tout ce que je te dois...

ALCÉE.

N'est-ce pas moi qui suis ton débiteur ?... Quand tu me donnes ta sœur Alix, que j'aime, et dont je suis aimé, je suis trop heureux, en assurant sa fortune, de resserrer encore les liens qui m'attachaient à un ancien camarade de collège.

REYNOLDS.

A un ami.

CHRISTIAN, vivement.

Qui n'est pas le seul... car, bien avant ton opulence, tu te souviens qu'à l'Université de Prague...

ALCÉE.

C'est vrai; vous m'aimiez tous ; j'avais du bonheur... Je n'obtenais pas dans mes études des succès bien brillants ; mais, grâce au ciel, n'ayant jamais eu dans le cœur ni ambition, ni jalousie, je n'étais ni le rival, ni l'ennemi de personne... Vos succès étaient les miens, ainsi que vos peines... J'étais le confident, l'allié de tout le monde ; et chacun venait à moi, en disant : « Il n'est pas fort ; mais il est bon enfant. »

REYNOLDS.

Laisse donc !

ALCÉE.

AIR : Dieu ! que c'est beau ! (La Petite lampe merveilleuse.)
COUPLETS.

Premier couplet.

Oui, mes amis, (*Bis.*) quoi qu'on en dise,
On trouve encor chez les mortels
L'amitié, l'honneur, la franchise ;
Ils sont tous bons... je les crois tels, (*Bis.*)
Mon âme à la leur se confie ;
Et si plus tard leur perfidie
Me trahit, moi qui crois en eux...

Tant pis pour eux,
Pour moi tant mieux !
Ceux qui se trompent sont heureux ;
Oui, voilà le secret d'être heureux.

Deuxième couplet.

Demain l'hymen (*Bis.*) enfin m'enchaîne
Au seul objet de mes amours.
Sa volonté sera la mienne,
Et nous n'aurons que de beaux jours ; (*Bis.*)
Mais s'il survenait en ménage
Quelque doute, quelque nuage...
Je dirais, me fiant aux cieux :
Fermons les yeux,
Tout ira mieux.
Ceux qui se trompent sont heureux ;
Oui, voilà le secret d'être heureux.

REYNOLDS.

Et tu as raison ; car voilà notre ami Christian, le jeune conseiller aulique, qui, sans en rien dire, adorait aussi ma sœur Alix.

ALCÉE.

O ciel !

REYNOLDS.

Mais dès qu'il a su que tu l'aimais, que tu voulais l'épouser, il s'est retiré sur-le-champ, et a imposé silence à une passion secrète, dont moi seul et ma sœur avions connaissance.

ALCÉE.

Est-il possible ! quelle générosité !... Eh bien ! que vous disais-je tout à l'heure ?... Et après un tel sacrifice, comment ne pas croire à l'amitié, à toutes les vertus ?... Oui, j'y crois... je m'en sens capable ; et avec une telle maîtresse et de tels amis, je m'estime maintenant l'homme du monde le plus heureux !... Christian, Reynolds, embrassez-moi.

CHRISTIAN.

Et de grand cœur.

REYNOLDS.

Ce diable d'Alcée est vraiment bon enfant.

SCÈNE II.

Les mêmes ; BIRMAN, MINA.

ALCÉE.

Eh! c'est mon cher Birman... Un brave intendant, un ancien serviteur de mon père, que j'ai l'honneur de vous présenter, ainsi que sa fille, la gentille Mina, ma sœur de lait!

CHRISTIAN.

Ah! il a un intendant!

REYNOLDS.

Et un honnête homme!

ALCÉE.

Toujours la suite du même bonheur!

AIR du vaudeville du *Piège*.

Intendant vertueux et pur,
Celui-là, fidèle et sensible,
Ne me vole pas, j'en suis sûr.

REYNOLDS.

Comme le mien.

CHRISTIAN.

Est-il possible?

REYNOLDS.

Oui, maintenant, honnête homme à regret,
Je le défie, hélas! de me rien prendre...
Pour me voler quelque chose, il faudrait
Qu'il commençât par me le rendre.

ALCÉE, à Birman.

Qu'est-ce qui t'amène, mon vieil ami?

BIRMAN.

Je venais. monsieur le baron, avec ma fille Mina, qui voulait vous faire compliment sur votre prochain mariage. (A Mina.) N'est-ce pas ?

MINA.

Oui, mon père.

BIRMAN.

Et puis, en même temps, vous annoncer le sien.

(Il la prend par la main, et la fait placer auprès d'Alcée.)

ALCÉE, la regardant avec affection.

Quoi! Mina, tu vas te marier!... Heureux celui que tu choisis!... Il peut se vanter d'épouser une jolie fille, et de plus, d'avoir une bonne et honnête femme... Et c'est à moi, ton frère et ton ami d'enfance, que tu viens d'abord en faire part... Je t'en remercie... je me charge de la dot... Dix mille florins !

MINA, vivement.

Et moi, je n'en veux pas !

ALCÉE.

Et pourquoi ?

MINA, embarrassée.

Mais c'est qu'il semblerait que c'est pour cela que je suis venue.

BIRMAN.

Du tout; monseigneur connaît ton désintéressement et le mien... J'accepte! parce que pour être intendant, on n'est pas millionnaire.

REYNOLDS.

C'est juste.

ALCÉE.

Et quel est le prétendu ?

BIRMAN.

Un bon parti, un riche brasseur, maître Foster, qui a de l'amour et des écus gros comme lui... ce n'est pas peu dire.

AIR : Tout ça passe en même temps.

Les Hollandais sont constants,
C'est d'abord un avantage.

REYNOLDS.

Lorsque l'on pèse cinq cents,
Le moyen d'être volage ?

BIRMAN.

Son crédit est des plus grands,
Et, chez lui, soins et tendresse,
Sentiments, bière et richesse,
Tout ça mousse (*Bis.*) en même temps.

Aussi je crois que ce garçon-là ne déplait pas à ma fille.

MINA, voulant le faire taire.

Mon père !

BIRMAN.

C'est elle qui me l'a dit... Et à l'entendre, il fallait et vite hâter le mariage, ou tout était perdu.

ALCÉE, souriant.

Est-il possible !

MINA, avec dépit.

Ce n'est pas vrai !... Qu'il me plaise ou non, cela ne regarde personne... On ne vous le demande pas ! et rien que ce que vous venez de dire est capable de redoubler encore mon antipathie... Voilà ce qu'il y aura gagné... Tant mieux pour lui... ça sera bien fait !...

ALCÉE.

Qu'est-ce que c'est ?... tu l'épouses par antipathie...

MINA, vivement.

Je n'ai pas dit cela, monseigneur, c'est mon père qui avec ses suppositions... De quoi se mêle-t-il... de vous ennuyer de tout cela ?... Au moment où vous allez être heureux, où vous attendez votre prétendue, où vous ne pensez qu'à elle... aller vous occuper de nous, de nos affaires...

c'est si inconvenant, que j'en rougis pour lui, et que j'en pleurerais presque.

BIRMAN.

Elle est en colère de ce que je l'ai trahie.

MINA, se contenant à peine et à part.

Oh! mon Dieu! mon Dieu!... (Haut.) Venez, mon père, partons...

ALCÉE, la retenant.

Non pas! Je veux que tu restes au château aujourd'hui; et demain que tu assistes à mon mariage.

MINA, toute troublée.

Ah! monseigneur...

ALCÉE.

En revanche, j'assisterai au tien.

MINA, d'un air suppliant.

Oh! non, non, je vous en supplie!... ça ne se pourrait pas! C'est trop d'honneur!...

BIRMAN.

Qu'est-ce que cela fait?... j'aime les honneurs... je suis comme cela; et si monsieur le baron et madame la baronne... justement la voici!...

ALCÉE, avec joie.

Alix!

REYNOLDS, allant au-devant d'elle.

Ma chère sœur!

(Alcée et Christian vont aussi au devant d'Alix.)

MINA, vivement et entraînant Birman.

Oh! venez, venez, mon père, ce n'est plus notre place et nous ne pouvons pas rester ici.

(Elle sort avec Birman par la gauche.)

SCÈNE III.

CHRISTIAN, ALCÉE, ALIX, REYNOLDS, UNE DAME, HENRI; puis BIRMAN.

(Alix, la dame et Henri entrent par le fond. Alix est habillée en amazone.)

ALIX.

AIR : Lorsque la tempête. (*Le Sermen*
COUPLETS.

Premier couplet.

La froide sagesse
Marche lentement :
Folie et jeunesse
S'élancent gaîment.
Gare! gare! place!
Et quand le plaisir,
De loin dans l'espace,
A nous vient s'offrir...
   Vite, vite,
  A sa poursuite!
Plaisir d'aujourd'hui
Aura bientôt fui...
   Vite, vite,
  A sa poursuite!
Pour l'atteindre, courons plus it.
   Que lui!

TOUS.

   Vite, vite,
  A sa poursuite! etc.

REYNOLDS.

Deuxième couplet.

Quand une heure entière,
Dans un gai festin,

J'ai vidé mon verre
Plein du même vin ;
Toute la semaine,
D'amour dévoré,
Près d'une inhumaine,
Quand j'ai soupiré...
 Vite, vite,
  Changeons vite;
Voyez-vous d'ici
Arriver l'ennui !
 Vite, vite,
  Qu'on l'évite !
Pour fuir l'ennui, courons plus vit
  Que lui !

TOUS.

Vite, vite,
 Changeons vite ! etc.

ALCÉE, à Alix.

Est-il possible de se faire attendre ainsi ?

ALIX.

C'est vrai, je suis bien en retard ; c'est que je suis venue à cheval.

ALCÉE.

Ah ! c'est pour cela...

ALIX.

Oui ; parce qu'avec mon cousin Henri, qui m'a escortée, nous avons préludé, dans votre parc, à une course que nous achèverons après déjeuner, un pari de deux cents florins.

ALCÉE.

J'en suis.

ALIX.

J'y compte bien... Une course au clocher.

ALCÉE.

A l'anglaise.

ALIX.

Non, à la française... Les courses, les paris, les barrières à franchir, tout cela est français maintenant; et tout ce qui vient de France est ma passion.

ALCÉE.

Vous me faites trembler, moi qui ai le malheur d'être Allemand...

ALIX.

Pour vous, il y a exception! Les prétendus ont des privilèges; et puis, une fois mariés, nous irons à Paris, je ne consens qu'à cette condition.

ALCÉE.

C'est convenu... Une fois mariés, à vous de commander... à moi d'obéir!

ALIX, souriant.

Vous le voyez!... déjà à la française... C'est très-bien.

REYNOLDS, à Alix.

Si, avant d'aller à Paris, madame la baronne voulait se mettre à table... mon estomac et celui de ces messieurs lui en sauraient un gré infini. (A Alcée.) Fais donc servir le déjeuner.

(Alcée donne un ordre à son piqueur, qui sort par le fond à droite.)

ALIX.

Vous, Reynolds, vous avez toujours été gourmand!... C'est votre passion!

REYNOLDS.

Chacun la sienne.

AIR du vaudeville de la Famille de l'Apothicaire.

La gloire ne dure qu'un jour,
Un jour voit se flétrir la rose,
Un jour voit expirer l'amour;
Mais l'appétit, c'est autre chose :
Qu'il meure aujourd'hui! chère Alix,

Demain encor va me le rendre;
Et des plaisirs c'est le phénix,
Car seul il renaît de sa cendre.

ALIX.

Quelle éloquence!

REYNOLDS, à Alcée.

Mais à propos de phénix, où est donc cet original à qui tu as donné l'hospitalité... cet étranger... ce savant professeur... ou ce prince déguisé?... est-ce qu'il ne descend pas déjeuner?

ALCÉE.

Non, je l'ai prévenu que nous devions déjeuner dans ce jardin, avec des dames charmantes, des jeunes gens très-aimables... et il m'a répondu qu'alors...

ALIX.

Eh bien?

ALCÉE.

Il aimait mieux déjeuner seul dans sa chambre.

ALIX.

C'est très-galant... Et quel est ce monsieur-là?

ALCÉE.

Je n'en sais rien... Il se fait nommer le comte Albert...

ALIX.

Et son état, sa famille?...

ALCÉE.

Je ne les connais pas...

ALIX.

Et vous le recevez?...

ALCÉE.

Il l'a bien fallu... Ce diable d'homme a quelque chose qui vous attire, qui vous attache à lui... D'abord, ce n'est pas un homme ordinaire, il a une érudition inconcevable; toutes les sciences lui sont familières, et en mathématiques, en physique, en chimie, il n'y a pas un seul de nos professeurs de l'Université qui, auprès de lui, ne se regardât comme un écolier...

ALIX, avec admiration.

En vérité!... (Froidement.) Ce doit être alors un monsieur bien ennuyeux.

ALCÉE.

C'est ce qui vous trompe! Sa conversation est très-amusante, très-piquante... quand il consent à parler, ce qui ne lui arrive pas toujours.

ALIX.

Et comment se trouve-t-il chez vous?

ALCÉE.

Si je vous le raconte, vous allez vous moquer de moi.

ALIX, avec impatience.

N'importe.

AIR : Prenons d'abord l'air bien méchant. (*Adolphe et Clara.*)

Allons, parlez, je vous attends.

REYNOLDS.

D'abord, ma sœur est des plus vives,
Et, fût-ce même à tes dépens,
Tu dois amuser tes convives.
Oui, c'est une dette d'honneur :
Un amphitryon véritable
Doit se charger de leur bonheur (*Bis.*)
Tout le temps qu'ils sont à sa table. (*Bis.*)

(Pendant ce couplet, deux domestiques ont apporté la table, qu'ils ont placée sur le devant du théâtre, et autour de laquelle ils ont mis des chaises.)

ALCÉE, souriant.

C'est juste; et je vais vous conter tout cela à table.

(Alcée, ses amis et les dames prennent place à table.)

REYNOLDS.

Eh bien?

ALCÉE.

J'étais hier à Tœplitz, où j'avais visité une propriété à moi; et je dînais dans la maison des bains... Un groupe de jeunes gens et de jeunes dames se montraient en riant un original d'une soixantaine d'années, assis dans un coin du salon, et coiffé à la Louis XIV.

ALIX, riant.

A la Louis XIV! Voilà qui me raccommode avec lui... je ne pourrais, à sa vue, retenir un éclat de rire.

ALCÉE.

C'est ce que faisait aussi notre joyeuse société!... à ce bruit, l'étranger lève sa tête.

ALIX, riant toujours.

Sa tête à la Louis XIV.

ALCÉE.

Oui sans doute! Et regardant tout le monde avec un mauvais petit lorgnon qui ne le quitte jamais, il passe devant eux, sans les saluer, et vient droit à moi, me tend la main, comme s'il me connaissait depuis longtemps, et me dit : « Vous partez ce soir, monsieur le baron? » ce qui était vrai, quoique je ne l'eusse annoncé à personne, pas même à mon domestique... « Voulez-vous bien, continue-t-il, que nous fassions route ensemble? » Je m'inclinai, j'acceptai, et nous voilà cheminant, l'un près de l'autre, à cheval... lui causant, et moi tellement séduit par le charme de sa conversation, que je ne pensais plus à mon coursier, et le laissais aller si doucement qu'à la nuit tombante, nous étions encore à six grandes lieues d'ici... il était trop tard pour continuer notre route, et nous nous arrêtâmes à l'hôtel de l'*Aigle-d'Or*.

REYNOLDS.

Chez Herman... un ivrogne! chez qui l'on dîne bien... je le connais...

ALCÉE.

L'auberge était en rumeur; tous les gens du pays, nobles

et bourgeois, avaient mis à une loterie, pour un riche domaine, un superbe château des environs; et l'on attendait le courrier de Vienne, qui devait passer dans la nuit et annoncer le numéro gagnant; mais avant son arrivée, il se faisait un commerce, un échange de billets, qui augmentaient ou diminuaient de valeur, selon le plus ou moins de chances que le porteur y attachait... On nous en offrit une douzaine à deux ou trois florins... Et mon compagnon de voyage, les regardant avec son lorgnon, me dit : « Mon jeune ami, tenez-vous à gagner ce beau domaine? — Ma foi non, lui répondis-je, je me trouve bien assez riche, et n'en veux pas davantage. » Il me regarda bien en face, comme pour s'assurer si je disais la vérité, puis, d'un air satisfait, il ajouta : — « C'est bien, n'y pensons plus; mais voilà » et il m'en montrait un du doigt, « le billet qui gagnera; le numéro 23 de la quarante-deuxième série. »

REYNOLDS.

Par exemple, nous saurons si le savant a dit vrai, et la gazette de ce matin...

ALCÉE.

Ce n'est pas la peine de la regarder... Nous venions de rentrer dans notre chambre, et allions nous coucher, lorsque Herman, le maître de l'auberge, frappa à notre porte à coups redoublés, et nous vîmes entrer un homme hors de lui, en délire... Il avait entendu, en nous servant à table, ce que me disait mon compagnon; il avait acheté trois florins le billet que j'avais refusé... le numéro 23 avait gagné!

TOUS.

O ciel!

ALCÉE.

Et Herman, simple aubergiste, se trouvait propriétaire d'un des plus beaux domaines de la Bohême.

REYNOLDS.

C'est fort heureux pour lui.

ALCÉE.

C'est ce que je pensais... « C'est fort malheureux pour lui, me dit mon compagnon de voyage... car demain, Herman aura perdu plus qu'il n'a gagné. » Et il ordonna à mon domestique de faire nos paquets et de seller nos chevaux pour partir sur-le-champ. — « Y pensez-vous ? m'écriai-je ; au milieu de la nuit ? — Restez si vous voulez... moi, je quitte cette auberge. — Et pourquoi ? — Parce que, étourdis de son bonheur, Herman et ses amis boiront toute la nuit, s'enivreront, mettront le feu à la maison, qui brûlera avec lui et tout ce qu'elle renferme... »

REYNOLDS, riant.

Ah !... ah !...j'y suis... ton étranger est un visionnaire, un illuminé comme nous en avons tant en Allemagne.

ALIX.

Ou tout bonnement un fou, qui aura rencontré par hasard le numéro gagnant.

REYNOLDS.

Parbleu ! il faut bien que quelqu'un gagne ; mais pour le reste...

ALCÉE.

Vous avez raison, je pense comme vous, cela n'a pas le sens commun... Eh bien ! il y a quelqu'un au monde encore plus extravagant que lui... c'est moi, qui, comme fasciné et subjugué par son sang-froid et son aplomb, ai eu la bonhomie de le suivre... par un temps affreux, et d'arriver au milieu de la nuit, au risque de me rompre le cou, dans ce château, où j'ai offert à mon compagnon de route un lit qu'il a accepté.

REYNOLDS.

Bravo ! Et comme tu disais, si l'un de vous deux a le cerveau malade, ce n'est pas lui... Messieurs, je demande que nous buvions à la santé d'Alcée, qui m'inquiète beaucoup.

ALCÉE.

Je ne demande pas mieux.

REYNOLDS.

A condition que ce sera avec du champagne.

ALCÉE, appelant.

Birman! Birman!... (Birman paraît et vient à la droite d'Alcée.) Où est donc Frantz le sommelier?

BIRMAN.

Le voilà qui vient de la ville.

ALCÉE.

Depuis ce matin!... il y a mis le temps.

BIRMAN.

C'est vrai, il est en retard; mais cela vient d'un malheur affreux... en passant ce matin à six lieues d'ici, à l'*Aigle-d'Or*, chez Herman l'aubergiste...

TOUS.

Eh bien?

BIRMAN.

La maison était en feu!...

TOUS.

O ciel!

BIRMAN.

Frantz s'est arrêté, comme tout le monde qui était là, pour porter des secours... mais tout a été inutile... Herman a péri... et l'on dit même que quelques voyageurs qui s'étaient arrêtés chez lui...

TOUS.

AIR: Je n'y puis rien comprendre. (*La Dame Blanche.*)

C'est quelque sortilége...
Du sort qui le protège
Je reste confondu...
Mais par quel privilége
Ce malheur fut-il prévu?

SCÈNE IV.

LES MÊMES; LE COMTE ALBERT, entrant par la porte du pavillon.

LE COMTE, s'adressant à Alcée.

Bonjour, mon cher hôte...

ALCÉE.

C'est lui !...

TOUS, stupéfaits, se levant.

Grand Dieu !

LE COMTE, les saluant.

Bonjour, mesdames et messieurs... (Les regardant avec son lorgnon.) Eh bien ! qu'avez-vous donc ?... Voilà un joyeux déjeuner, une orgie bien silencieuse et bien raisonnable... (S'avançant près d'Alix.) Et vous, ma jolie demoiselle, la charmante prétendue de mon ami Alcée... comment, vous ne riez pas de ma coiffure à la Louis XIV ?

(Les domestiques enlèvent la table, et la placent vers le fond, un peu à gauche.)

ALIX, troublée.

Monsieur !...

LE COMTE, froidement.

Vous êtes la première !... et cela me donne la meilleure opinion de votre gravité... (A Alcée, qui est à sa droite.) Comment mon compagnon de voyage a-t-il passé la nuit ?

ALCÉE.

Fort bien ; mais ce pauvre Herman en a passé une bien mauvaise.

LE COMTE.

Je l'apprends comme vous à l'instant...

ALIX.

Mais hier, comment le saviez-vous ?

LE COMTE.

Je ne le savais pas, je le présumais, d'après son caractère connu !... Chez un tel homme, quand l'ivresse du vin se joint à celle de la fortune, et lui monte à la tête, il est facile de prévoir les suites : folie, ruine, désastre... C'est immanquable... l'on peut toujours à coup sûr tirer un pareil horoscope.

(Pendant que le comte parle à Alix, Reynolds, Christian et Henri vont se remettre à table.)

ALIX.

Quoi ! la raison seule et la prudence vous l'avaient fait deviner ?...

LE COMTE.

Oui, mademoiselle...

ALIX.

Oh ! alors, c'est bien moins curieux, et il n'y a plus rien d'extraordinaire.

(Le comte s'éloigne un peu et revient auprès du pavillon à droite.)

ALCÉE.

Je ne suis pas de votre avis ! et s'il en était ainsi, je trouverais au contraire...

ALIX.

Quoi donc ?

ALCÉE, souriant.

Rien, j'allais déraisonner à propos de sagesse, et dans un déjeuner de garçon, il ne s'agit pas de discussions.

(Il s'approche de la table, où sont déjà ses amis, et prend un verre.)

REYNOLDS.

Il s'agit de champagne. Allons, monsieur ; je porte le premier toast... au mariage de ma sœur et de mon ami Alcée !

TOUS, buvant.

Vivat !

REYNOLDS, levant encore son verre.

A l'amour et à l'amitié !...

TOUS.

A l'amitié!...

(Ils trinquent tous ensemble et forment un groupe à gauche. Le comte, assis à droite, les regarde avec son lorgnon. Les dames sont assises sur le devant à gauche.)

ALCÉE, avec feu.

Oui, mes amis, amour et amitié éternels! (Se retournant, et apercevant le comte qui les regarde toujours en secouant la tête.) Eh! mais, qu'avez-vous donc?

LE COMTE.

Pardon, vous avez dit, je crois, *éternel*... et à votre âge ce mot-là me fait toujours rire.

ALCÉE.

Quoi, monsieur, vous ne croyez pas à l'amour, à l'amitié?...

LE COMTE.

Si vraiment, comme je crois au vin de Champagne. C'est le même feu, la même impétuosité, et la même durée. Regardez bien. (A Reynolds qui tient une bouteille.) Je crois que votre bouteille est déjà finie...

REYNOLDS, la regardant.

Tant mieux!... on en prend une seconde...

LE COMTE.

C'est le mot le plus raisonnable que vous ayez dit. Oui, jeune homme, une seconde, qui passera aussi vite que la première...

REYNOLDS.

C'est un épicurien que ce savant-là... et nous serons bien ensemble... Allons, messieurs, encore un toast.

ALCÉE, élevant son verre et regardant le comte.

AIR : A boire je passe ma vie. (*Le Buveur.*)

Buvons à la philosophie!

CHRISTIAN, de même.

Buvons, dans nos ébats joyeux,
A la magie, à l'alchimie!...

REYNOLDS, de même.

Moi, je vous propose encor mieux :
Du savoir épuisant les chances,
L'une après l'autre, amis prudents,
Buvons à toutes les sciences,
Afin de boire plus longtemps!

Encore un toast !

ALIX, se levant et arrêtant Reynolds.

Non pas !... C'est le dernier toast... car nous avons notre course dans l'allée du parc... (A un domestique.) Faites seller les chevaux de votre maître.

LE DOMESTIQUE.

Le gris, ou l'alezan?...

ALCÉE.

L'alezan, c'est le meilleur !...

ALIX.

Sans contredit.

ALCÉE.

Et avec lui je suis sûr de gagner...

LE COMTE.

C'est possible, mais à votre place, je prendrais l'autre...

ALIX.

Y pensez-vous?...

ALCÉE.

Vous croyez que celui-là remportera le prix?

CHRISTIAN.

Cela n'a pas le sens commun, et tu perdras le pari.

ALCÉE.

N'importe, et quoi qu'il arrive, je veux aujourd'hui suivre ses avis jusqu'au bout... Je monterai le cheval gris.

HENRI.

Moi, l'alezan.

ALCÉE.

J'ai confiance.

(Les domestiques emportent la table.)

REYNOLDS.

AIR : Bons voyageurs. (*Le Serment*)

Hardi coureur,
Au champ d'honneur
On nous appelle, on nous défie;
Hardi coureur,
Au champ d'honneur
Nous verrons qui sera vainqueur !

ALCÉE.

Il l'a prédit, je serai le premier.

REYNOLDS.

Tu resteras en chemin, je parie,
Si, pour lancer et guider ton coursier,
Tu n'as pour toi que la philosophie.

TOUS.

Hardi coureur, etc.

(Alcée donne la main à Alix; ils sortent par le fond à droite; tous sortent avec eux, excepté le comte et Reynolds.)

SCÈNE V.

LE COMTE, REYNOLDS.

REYNOLDS.

Eh bien ! ils ont emporté la table ! Au diable les paris et les courses, ma sœur avec ses goûts équestres est cause que notre déjeuner n'a pas été achevé. Heureusement je me rattraperai demain sur le repas de noce, qui ne peut pas m'échapper, celui-là...

LE COMTE, secouant la tête.

Il a cependant bien manqué être ajourné...

REYNOLDS, effrayé.

Ne plaisantons pas ! Est-ce qu'il y aurait quelque obstacle... quelque retard?

LE COMTE.

Hé... hé... cela a tenu à bien peu de chose. Si Alcée avait monté le cheval alezan...

REYNOLDS.

Qu'est-ce que cela signifie?

LE COMTE.

Que ce cheval-là doit aujourd'hui jeter par terre son cavalier !...

REYNOLDS.

Ah! mon Dieu!... Et ma sœur qui voulait me le faire prendre... heureusement que cela est tombé sur ce pauvre Henri, mon ami intime... Et s'il doit être tué...

LE COMTE, froidement.

Nullement; mais par exemple, il se brisera une côte; la troisième du côté gauche...

REYNOLDS, riant.

La troisième ; et moi qui vous écoute là tranquillement. Ah ! çà, mon cher monsieur, vous voulez rire, ou vous perdez la tête...

LE COMTE, froidement.

C'est possible.

REYNOLDS.

C'est sûr!... sans cela je courrais à l'instant...

LE COMTE, de même.

Vous auriez tort...

REYNOLDS.

D'empêcher un pareil malheur?...

LE COMTE.

Ce n'en est pas un, et cet accident-là est au contraire ce qui pouvait lui arriver de plus heureux...

REYNOLDS, riant.

Si, par exemple, vous pouvez me prouver cela...

LE COMTE.

Rien n'est plus facile.

AIR : Époux imprudent! fils rebelle! (*M. Guillaume.*)

Un rendez-vous ce soir l'appelle
Près d'une femme...

REYNOLDS.
Une affaire de cœur!
Et cette beauté, quelle est-elle?

LE COMTE.

La femme de son bienfaiteur.

REYNOLDS.

La femme de son bienfaiteur!

LE COMTE.

Or, maintenant vous voyez comme
Le ciel qui le protége ici
Lui rend service malgré lui,
En le forçant d'être honnête homme!

REYNOLDS.

Diable de faveur!... Vous croyez que ce pauvre Henri?... (Éclatant de rire. — A part.) Et moi qui l'écoute sérieusement! si celui-là ne vient pas de la maison des fous... (Au comte.) Mon cher ami, ce ne sera rien, et avec quelques bonnes douches sur la tête...

SCÈNE VI.

LES MÊMES; ALCÉE.

ALCÉE, à la cantonade.

Oui, ma grande berline; c'est la plus douce... et que le docteur l'accompagne et ne le quitte pas...

REYNOLDS.

Qu'y a-t-il donc?

ALCÉE.

Une partie de plaisir qui finit bien mal... Soit maladresse, soit imprudence, ce pauvre Henri...

REYNOLDS.

Ah! mon Dieu!... il est tombé de cheval...

ALCÉE.

Tu le sais donc?...

REYNOLDS.

Non... je n'ai pas quitté ce salon; c'est monsieur qui m'a dit...

ALCÉE.

Il nous a fait une peur... nous l'avons cru tué... Heureusement, et c'est déjà bien assez... il en sera quitte...

REYNOLDS, regardant le comte avec étonnement.

Pour une côte enfoncée...

ALCÉE.

Précisément...

REYNOLDS, de même.

La troisième!...

ALCÉE.

Tu l'as donc vu?...

REYNOLDS, regardant toujours le comte.

Nullement, c'est monsieur...

ALCÉE.

Et quand il est revenu à lui... ce qui désolait le plus, ce pauvre Henri, ce n'était pas tant sa blessure, qu'une autre chose qui lui tenait au cœur...

REYNOLDS.

Ah! mon Dieu!... un rendez-vous!...

ALCÉE.
Ce soir...

REYNOLDS.
Avec une dame de la ville...

ALCÉE.
Il te l'avait donc confié?...

REYNOLDS.
En aucune façon... (Montrant le comte.) C'est monsieur qui, sans sortir d'ici, m'a raconté, il y a un quart d'heure, tout ce qui allait arriver... comme si déjà c'était une affaire faite... Avec lui, l'avenir a toujours l'air du passé...

ALCÉE, avec émotion et allant au comte.
Est-il possible!... C'est donc pour cela tout à l'heure, ce conseil que vous me donniez...

LE COMTE, froidement.
Conseil que je vous ai donné par hasard, et qui par l'événement n'était pas si mauvais.

ALCÉE, à part.
Je ne puis en revenir encore. (Au comte à demi voix.) Monsieur!... monsieur! il faut que je vous parle... (A Reynolds.) Mon cher ami, j'apprends à l'instant que le duc d'Arnheim vient d'arriver à la ville...

REYNOLDS.
Vraiment?... Est-ce encore monsieur qui te l'a dit?...

LE COMTE, souriant.
Non, monsieur; mais vous pouvez y croire, la nouvelle est certaine...

ALCÉE, vivement.
Tu l'entends; et ce régiment que tu dois lui demander pour moi...

AIR du vaudeville de Oui et Non.

En fait de places, tu le sais,

Mon cher, il ne faut pas attendre ;
On les donne aux plus empressés...

REYNOLDS.

Auprès du duc, je vais me rendre ;
Mon temps sera bien employé ;
J'y vais... Crois-en mes soins fidèles :
Dès qu'il faut courir, l'amitié,
Comme l'Amour, porte des ailes.

(Il sort en courant.)

SCÈNE VII.

ALCÉE, LE COMTE.

ALCÉE, regardant autour de lui.

Enfin nous sommes seuls... (Allant au comte.) Monsieur, voici depuis hier la seconde fois que je vous dois la vie, ou que du moins vous me sauvez d'un grand danger... quel pouvoir mystérieux et inconnu vous porte à me protéger ? et comment puis-je jamais dans ma reconnaissance...

LE COMTE.

Vous ne m'en devez pas... et je n'en attends aucune.

ALCÉE.

Au nom du ciel, qui êtes-vous ? et comment expliquer un pareil intérêt pour moi, que vous connaissez à peine ?

LE COMTE.

C'est ce qui vous trompe, je vous connais beaucoup. Je n'avais pas encore rencontré une âme aussi pure, aussi franche, aussi loyale, et, en vous apercevant, je me suis dit : Voilà le premier, voilà le seul que je voudrais pour ami... si toutefois je pouvais en avoir !...

ALCÉE.

Et qui vous dit que vous ne vous êtes pas abusé ?... pouvez-vous lire en mon cœur ?... pouvez-vous savoir ce qui s'y passe ?

LE COMTE.

Peut-être!... Qui sait où s'arrêtera la science? et qui pourrait assigner les limites du possible? Moi, je connais quelqu'un qui, après bien des jours, bien des nuits de travaux assidus, est parvenu, et sans en être plus heureux, à des résultats bien plus étonnants encore...

ALCÉE.

Cela ne se peut, et quelque surprenantes, quelque prodigieuses que soient vos connaissances... quoique les preuves que vous m'en avez déjà données aient de quoi confondre ma raison, je ne croirai jamais que l'esprit humain puisse arriver à découvrir de pareils secrets...

LE COMTE.

Et si je le prouve cependant... si, par exemple, je te disais qu'en ce moment je vois aussi clair que toi-même dans ta pensée!...

ALCÉE.

Eh bien! parlez, qu'y lisez-vous?

LE COMTE, prenant son lorgnon, regardant Alcée, et parlant lentement.

Que je suis un fou, un extravagant, à qui l'étude et les sciences abstraites ont troublé les idées et brouillé la cervelle...

ALCÉE.

Grand Dieu!...

LE COMTE.

Et dans ta bonté... tu cherches les moyens de me mettre entre les mains de ton médecin, le docteur Barneck, pour essayer de me guérir...

ALCÉE.

Je suis anéanti, confondu, c'est la vérité!... Mais c'est inouï, inconcevable...

LE COMTE.

Pas plus que beaucoup d'autres choses qui maintenant

paraissent toutes simples, et auxquelles jadis on n'eût jamais ajouté foi. Car, vois-tu bien, l'homme appelle impossible tout ce qu'il ne comprend pas!... Si, il y a quelques centaines d'années, on leur avait parlé de s'élever dans les airs, ils auraient crié au sorcier, ils auraient brûlé Montgolfier; et maintenant une ascension de Garnerin ou de Robertson leur paraît si naturelle, qu'ils ne daignent plus même lever la tête pour la regarder. Et dans vingt-trois ans, quand on aura découvert le secret de diriger les ballons...

ALCÉE, vivement.

Dans vingt-trois ans?...

LE COMTE.

Oui, le 10 février 1856. Tout le monde trouvera ce secret-là si simple, qu'on ne s'étonnera plus que d'une chose, c'est de ne pas l'avoir découvert plus tôt. Et même de nos jours, il y a quelques années, si chez toi, le matin, pendant que tu prenais du thé, un homme était venu, qu'il t'eût dit, en te montrant cette fumée, cette légère vapeur qui s'échappait de la théière : « Avec cette puissance, je remuerai des masses; je les ferai mouvoir constamment; je ferai voguer des vaisseaux sur l'Océan, rouler sur la terre des chars pesants, immenses, qui devanceront les plus rapides coursiers... » tu aurais dit comme aujourd'hui : C'est un fou, un extravagant, et tu aurais cherché à le confier à ton médecin...

ALCÉE.

Ah! monsieur...

LE COMTE.

Et combien d'autres secrets l'homme ne peut-il pas encore arracher à la nature? il n'en est pas que le temps, la patience et l'étude ne lui fassent découvrir... Mais, hélas! et j'en ai fait la triste expérience... en devenant plus savant, en augmentant la masse de ses connaissances, l'homme n'augmente point celle de son bonheur : au contraire, il en diminue les chances, et mes jours, que j'ai trouvé le secret de multiplier et de prolonger, ne m'offrent plus maintenant que triste réalité, ennui et dégoût! Les illusions qui te charment n'existent plus pour moi; on ne peut plus me tromper, je ne peux plus m'abuser moi-même... j'ai perdu l'erreur et l'espérance, ces deux mensonges de la vie, par qui l'on est heureux.

ALCÉE.

Vous détestez donc les hommes?...

LE COMTE.

Non; l'un n'est pas plus méchant, plus envieux, plus intéressé que l'autre; ils sont tous de même. Il en est un cependant, un seul, je te l'ai dit; et celui-là peut compter sur moi, sur mon amitié, sur mon dévouement... jusqu'au moment où il deviendrait comme les autres...

ALCÉE.

Ah! si je le croyais...

LE COMTE.

Tout est possible, mais ce serait dommage. Maintenant tu me connais; je n'ai qu'une parole, dispose de moi et de ce que je puis savoir; si cela te rend service, tant mieux! une fois du moins cela aura servi à quelque chose.

ALCÉE.

Eh bien! j'implore de vous une faveur bien grande, mais qui est maintenant l'objet de tous mes vœux, de tous mes désirs. Des secrets que vous a livrés la science, je n'en demande qu'un, un seul, et pour un jour seulement...

LE COMTE, prenant son lorgnon.

Que veux-tu dire?

ALCÉE.

Ah! vous le savez déjà... vous avez lu dans ma pensée.

AIR: Ce que j'éprouve en vous voyant. (ROMAGNESI.)

Accordez-moi cette faveur,
Ce don divin que je réclame...

La puissance de voir dans l'âme,
De lire jusqu'au fond du cœur...
Jugez donc pour moi quel bonheur!
Un chagrin que mon œil pénètre
Sera bien plus vite adouci!
Et le vœu secret d'un ami,
Si je désire le connaître,
C'est pour qu'il soit plus tôt rempli, (*Bis.*)
Pour qu'il soit plus vite accompli !

LE COMTE.

Y penses-tu?

ALCÉE.

Vous ne pouvez me refuser, j'ai votre parole...

LE COMTE.

Oui, mais j'ai le droit de conseil, et des secrets dont je pouvais te faire part tu choisis le pire de tous, le plus dangereux, le plus terrible. Pour un instant peut-être de bonheur que tu lui devras par hasard, c'est la source et la cause de tous les maux... je le sais mieux que personne.

ALCÉE.

N'importe, vous me l'avez promis, je le demande, je le veux, ou je vais croire que vous êtes comme les autres hommes, et que vous aussi ne savez pas tenir vos promesses.

LE COMTE.

Eh bien donc!... et puisque tu es las d'être heureux, puisque tu l'exiges, mais pour deux heures seulement, et c'est déjà trop... tiens, prends ce lorgnon. Par lui, tu liras et la pensée et l'avenir de chacun.

ALCÉE.

Est-ce possible!... Quel prodige!...

LE COMTE.

Un prodige!... Rien au monde de plus simple, et je vais t'expliquer... Silence, on vient.

ALCÉE.

C'est Birman, mon intendant.

SCÈNE VIII.

Les mêmes; BIRMAN.

BIRMAN, arrivant par le fond à droite, à Alcée.

Monsieur, le bijoutier que vous m'aviez dit de faire venir pour vos parures de noce, est arrivé depuis une demi-heure.

ALCÉE.

C'est bien!

BIRMAN.

Il est dans le parc, où je l'ai prié d'attendre...

ALCÉE, prenant le lorgnon et regardant Birman.

Ah! mon Dieu!...

BIRMAN.

Qu'avez-vous donc?

ALCÉE, regardant toujours.

Tu sais bien qu'il est dans le petit salon, où tu l'as fait asseoir, et où vous avez bu ensemble un flacon de vin du Rhin...

BIRMAN, déconcerté.

Je ne sais pas qui a pu dire... à monsieur... En tout cas, il n'y a pas de mal, j'espère, à faire rafraîchir un honnête joailler qui vient de la ville, et que, du reste, je ne connais pas.

ALCÉE.

Si vraiment, tu le connais.

BIRMAN.

Je le connais... comme tout le monde, pour un homme de talent : voilà pourquoi je l'ai choisi...

ALCÉE, regardant toujours.

Et puis, parce qu'il t'a promis un pot-de-vin?...

BIRMAN.

Monsieur...

ALCÉE.

Un collier de cornaline... le présent de noce de ta fille; une générosité paternelle, qui ne te coûtera rien et te fera honneur.

BIRMAN.

Monsieur le baron pourrait supposer...

ALCÉE, riant.

Je ne suppose rien. Voilà mot pour mot ce que tu penses...

BIRMAN.

C'est une indignité!... de me croire capable, moi qui, depuis quarante ans que je suis intendant de la famille... aurais pu certainement... et bien facilement... et pour une fois par hasard que je...

ALCÉE.

Tu en conviens donc?...

BIRMAN, avec colère.

Eh bien! oui... je n'ai pas cru par là faire tort à monseigneur...

ALCÉE, riant et se frottant les mains.

Eh! qui te dit le contraire? je ne t'en veux pas... je ne te fais pas de reproches. (A part et se promenant à grands pas.) Mais c'est divin... c'est charmant!... (A Birman.) A coup sûr, tu ne t'attendais pas...

BIRMAN, avec indignation.

Non, monseigneur, je ne m'attendais pas à cela de vous, et si monseigneur le baron, qui jusqu'à présent s'en rapportait à nous, se mêle lui-même de ses affaires, s'il fait ainsi espionner ses gens...

ALCÉE.

Espionner!

13.

BIRMAN.

Oui, monseigneur, vous ne l'avez su que comme ça; et puisque je vous suis suspect, puisque je n'ai plus votre confiance, j'aime mieux quitter la maison, je n'y resterai pas un jour de plus...

ALCÉE.

Y penses-tu?

BIRMAN.

Je prie monseigneur de me donner mon compte... les miens seront bientôt prêts, et on verra si je suis capable...

ALCÉE, riant.

Eh! je n'en doute pas, te dis-je... je le vois.

BIRMAN.

Je reviens les apporter à monseigneur, et prendre congé de lui, pour jamais, parce qu'après un tel affront, je ne pourrais plus... ni l'aimer, ni le servir comme autrefois. M'espionner, moi, Birman! je n'en peux plus, je suffoque.

(Il s'en va.)

ALCÉE, pendant qu'il s'éloigne, regardant le lorgnon avec admiration.

C'est admirable, c'est prodigieux.

AIR : De l'aimable Thémire.

Sa tête est renversée...
Par un don infernal,
J'ai lu dans sa pensée
A travers ce cristal!...
Sublime découverte!
Talisman enchanteur!

LE COMTE.

A qui tu dois la perte
D'un brave serviteur.

ALCÉE, essuyant le lorgnon.

Laissez donc... Eh! c'est mon ami Reynolds et sa charmante sœur!

SCÈNE IX.

Les mêmes; REYNOLDS, ALIX.

REYNOLDS, entrant vivement.

Ah! mon ami, mon cher Alcée! Je suis désespéré, indigné, furieux.

ALCÉE, avec intérêt.

Et pourquoi donc?... qu'est-il arrivé?

REYNOLDS.

Que veux-tu? tous ces grands seigneurs sont tous de même; ce duc d'Arnheim... notre protecteur, je sors de chez lui, je viens de le voir.

ALCÉE.

Eh bien?...

REYNOLDS.

Eh bien! cette place sur laquelle tu comptais, il faut y renoncer... Il l'a donnée à un autre, il me l'a refusée, à moi, qui la lui demandais...

ALCÉE, qui a pris son lorgnon et qui regarde Reynolds.

Pour ton propre compte, et non pour le mien.

ALIX.

Ah! mon frère...

REYNOLDS.

Qu'oses-tu dire?...

ALCÉE, toujours lorgnant.

Que c'est là, mon cher Reynolds, ce qui te désole en ce moment...

REYNOLDS.

C'est une indignité!... quand tout à l'heure encore, je me disais : mon beau-frère...

ALCÉE, lorgnant toujours.

Est riche et n'a besoin de rien, tandis que moi!...

REYNOLDS, à Alcée.

C'est affreux ce que tu penses là? Moi qui te fais épouser ma sœur! moi, qui ai tant d'amitié, tant de dévouement...

ALCÉE, de même.

Et tant de dettes que ce mariage doit payer.

REYNOLDS.

Quelle imposture! Tu pourrais supposer que cette union désirée par moi...

ALCÉE, de même.

L'est encore plus par Muldorf, le tailleur; Warbeck, le carrossier; et surtout Fritman, le traiteur. (Riant en regardant le lorgnon.) C'est délicieux... impayable...

REYNOLDS, avec dignité et allant à lui.

Alcée, je ne te reconnais plus. Je te croyais bon enfant, je te croyais mon ami...

ALCÉE, riant.

Et je le suis toujours, ça n'y fait rien... (Riant.) Mais c'est égal, c'est amusant, et je suis bien aise de savoir... (A Reynolds.) Rassure-toi, je paierai tout ce que tu voudras, je te pardonne, et pourvu que j'obtienne la main d'Alix et surtout son amour...

ALIX.

Ah! pouvez-vous en douter? s'il est quelqu'un au monde que j'aime, vous savez bien que c'est...

ALCÉE, qui a pris son lorgnon et qui regarde.

Christian!... Qu'ai-je vu?

ALIX.

Qu'avez-vous donc? perdez-vous la raison?

ALCÉE, tremblant de colère et regardant toujours.

Oui... ce n'est pas moi... C'est Christian que vous aimez...

ALIX, riant.

Quelle folie!... venez ici, monsieur, et surtout ne me regardez pas ainsi en me lorgnant sans cesse, ce qui est du plus mauvais genre... Voyons, (Allant à lui et le regardant avec tendresse.) ai-je donc l'air si indifférent pour vous? ai-je l'air de vous tromper?...

ALCÉE.

Oh! non, pas ainsi, et toutes mes illusions reviennent, tout mon bonheur renaît. Répétez-moi, Alix, que je m'abusais, que vous n'aimez pas Christian...

ALIX.

Refléchissez donc un instant!... Si je l'aimais, monsieur, qui m'empêcherait de le prendre pour mari?... Pourquoi ne pas l'épouser, je vous le demande... pourquoi?

ALCÉE, qui, pendant ce temps, a repris tout doucement son lorgnon et qui l'a porté à ses yeux.

Parce qu'il n'a pas de fortune, ni vous non plus...

ALIX.

Quelle horreur!...

ALCÉE.

Lui-même vous a décidée à ce mariage, et vous ne m'épousez que pour vous conserver à lui... pour le retrouver un jour...

ALIX.

C'en est trop...

ALCÉE.

Mais je déjouerai vos calculs, et ceux de votre frère. Tout est rompu entre nous!... plus de mariage! plus d'amitié!...

ALIX.

Monsieur... un tel outrage à nous, à notre famille !

REYNOLDS, passant à la gauche d'Alcée.

Vous m'en rendrez raison...

ALCÉE.

Quand tu voudras... aujourd'hui même...

AIR : Qu'il tienne sa promesse. (*Le Serment.*)

Ensemble.

ALCÉE.

Plus d'ami, de maîtresse !
Ils osaient me trahir !
Et ma main vengeresse
Saura bien les punir !

LE COMTE.

Qu'un frère, une maîtresse,
Viennent à nous trahir ;
Se fâcher, c'est faiblesse,
faut s'en divertir.

REYNOLDS.

Pus d'hymen, de tendresse !
Il osait nous trahir !
Et ma main vengeresse
Saura bien le punir !

ALIX.

Plus d'hymen, de tendresse !
Il ose me trahir !
D'une indigne faiblesse
C'est à moi de rougir.

REYNOLDS, bas à Alcée.

Dans une heure, en ces lieux, au pistolet.

ALCÉE.

C'est dit.

REYNOLDS, à Alix.

Viens, quittons un ingrat, un ami faux et traître.

ALCÉE.

Ils m'accusent encor !

LE COMTE, à demi-voix à Alcée.

Je te l'avais prédit.
Vois, grâce à ce secret que tu voulus connaître,

Que de maux, d'ennemis, te surviennent soudain !

ALCÉE.

Tant mieux, guerre aux méchants!

LE COMTE.

C'est guerre au genre humain.

Ensemble.

ALCÉE.

Plus d'ami, de maîtresse, etc.

REYNOLDS.

Plus d'hymen, de tendresse, etc.

ALIX.

Plus d'hymen, de tendresse, etc.

LE COMTE.

Qu'un frère, une maîtresse, etc.

(Reynolds et Alix sortent par le fond. Le comte rentre dans le pavillon.)

SCÈNE X.

ALCÉE, puis MINA.

ALCÉE, se jetant sur une chaise, auprès de la table à gauche du théâtre.

Jamais je n'ai souffert de tourments pareils. Oui, c'est évident, ils me prenaient tous pour leur dupe!... Cette Alix, qui, pour mieux enchaîner ma délicatesse, m'avait donné de son amour des preuves... qui ne me prouvent rien maintenant!... et ce Christian dont j'admirais la générosité, et qui, une fois marié, aurait continué à être l'ami de la maison... Aussi je me vengerai d'eux sur tout le monde... (Mina, arrivant par le fond à droite.) Qui vient là?

MINA, timidement.

C'est moi, monseigneur...

ALCÉE, brusquement.

Que voulez-vous?

MINA.

Je vous dérange...

ALCÉE, brusquement.

Eh! non, vous le voyez bien... parlez...

MINA.

C'est donc vrai, ce que me disait mon père, que vous n'êtes plus le même?... Quel dommage!... Vous, autrefois si bon maître, et que tout le monde aimait...

ALCÉE, avec amertume, à part.

Oui... tout le monde... croyez cela!... (Haut.) Et vous veniez...

MINA.

Vous faire mes adieux, monseigneur!

ALCÉE, avec plus de douceur, se levant et allant à elle.

Tes adieux!... j'ai cru que tu restais encore ici...

MINA.

Mon père ne veut pas!... il m'emmène avec lui et va partir sur-le-champ, car il dit que vous l'avez renvoyé, après quarante ans de service dans cette maison.

ALCÉE.

Je n'y ai jamais songé; c'est lui qui veut absolument s'en aller, ou plutôt c'est toi peut-être, à qui il tarde déjà de quitter ce château.

MINA.

Moi!

ALCÉE.

Tu es si pressée de te marier...

MINA, avec effort.

C'est possible!...

ALCÉE.

Tu aimes donc beaucoup ce M. Foster, ce maître brasseur?...

MINA, de même.

Oui, monseigneur, beaucoup!

ALCÉE, étonné.

Eh! mais, tu me dis cela d'un ton... (Prenant son lorgnon et regardant Mina.) Ce n'est pas vrai, tu ne l'aimes pas!...

MINA.

O ciel!... qui vous l'a dit?...

ALCÉE.

Tu ne l'aimes pas, je le vois ; et, loin de combler tes vœux, ce mariage te désole, te désespère, te rend malheureuse. (Quittant le lorgnon et prenant la main de Mina.) Toi malheureuse!... je ne le souffrirai pas... tu es ma sœur, mon amie d'enfance ; et si ton père veut te contraindre...

MINA.

Ce n'est pas lui, monseigneur, c'est moi qui veux ce mariage, qui y suis décidée... Il faut que je me marie, il le faut...

ALCÉE.

Absolument?...

MINA.

Et le plus tôt possible.

ALCÉE.

Est-elle étonnante!... Mais puisque tu n'aimes pas celui-là...

MINA.

Qu'est-ce que ça fait?

ALCÉE.

Prends-en un autre.

MINA.

Ça sera de même!... je ne l'aimerai pas davantage, et alors autant prendre M. Foster qui convient à mon père; il y aura du moins quelqu'un à qui cela fera plaisir. Mais ne craignez rien, je ferai bon ménage, je me conduirai en honnête femme, je vous le jure ; et si je souffre, si je pleure, personne ne s'en apercevra.

ALCÉE.

Et tu commences déjà...

MINA, pleurant à chaudes larmes.

Ah! dame! je n'y suis pas encore; je n'ai plus que cela de bon temps... et je puis bien en profiter pour être malheureuse à mon aise.

ALCÉE.

Mais encore une fois, pourquoi es-tu malheureuse?

MINA.

Ça, c'est mon secret, il mourra avec moi, et personne ne le saura, ni mon mari ni mon père.

ALCÉE.

Ni moi?...

MINA, vivement.

Oh! non, certainement... jamais!...

ALCÉE, prenant son lorgnon.

C'est ce que nous allons voir!... (La regardant, à part.) O ciel! c'est moi!... moi qu'elle aime!... qu'elle a toujours aimé!... depuis son enfance... dans tous les moments de sa vie...

MINA.

Qu'avez-vous donc?

ALCÉE.

Rien... (Regardant.) C'est pour oublier cet amour, qu'elle cherche en vain à combattre... qu'elle veut aujourd'hui se sacrifier...

MINA.

Mais, monseigneur, qu'avez-vous donc à me lorgner ainsi?... Ne dirait-on pas que vous me voyez pour la première fois, et que vous ne me connaissez pas?

ALCÉE, allant à elle et lui prenant la main.

Oui, tu dis vrai... oui, je ne te connaissais pas! et si tu savais quelle surprise, quelle émotion j'éprouve...

MINA.

Et pourquoi donc ?... achevez... (Apercevant Reynolds qui arrive par le fond à gauche.) Ah ! mon Dieu !... c'est M. Reynolds... il avait bien besoin d'arriver !...

SCÈNE XI.

Les mêmes; REYNOLDS.

REYNOLDS, tenant une boîte de pistolets qu'il pose sur une chaise, à droite du théâtre.

Je suis à vos ordres, monsieur...

ALCÉE.

Et moi aux vôtres !...

MINA, à Reynolds.

Qu'est-ce que cela veut dire !... votre beau-frère...

REYNOLDS.

Il ne l'est plus !

ALCÉE.

Le mariage est rompu !

MINA, avec joie.

Est-il possible ! (A part.) Ah ! mon Dieu ! qu'il a bien fait !...

REYNOLDS.

Et c'est pour cela que nous allons avoir ensemble une explication.

MINA, effrayée et tremblante.

Ah ! mon Dieu !... (A part.) j'aime mieux qu'il l'épouse !... (A Alcée.) Épousez-la, monseigneur, épousez-la, je vous en conjure; une noble demoiselle, si jolie, si aimable ; quand elle serait un peu coquette, qu'est-ce que ça fait ?... ça vaut mieux que d'être...

REYNOLDS.

Vous êtes folle... retirez-vous !

ALCÉE.

Oui, Mina... maintenant plus que jamais, ce mariage est impossible. Laisse-nous.

MINA, clouée à la même place.

Je le voudrais, je ne le peux pas...

ALCÉE.

Laisse-nous, te dis-je ; ce ne sera rien, ça s'arrangera ; mais promets-moi de ne pas partir avant mon retour.

MINA.

Oh ! je vous le promets... Nul pouvoir ne m'arrachera de ce château... avant que... O mon Dieu ! mon Dieu !... (Joignant les mains.) Mon bon maître, épousez-la... (Geste de colère des deux hommes. — A Alcée.) Ce ne sera rien, n'est-ce pas ?... Je m'en vais, messeigneurs, je m'en vais... Ah ! que les hommes sont méchants !...

(Elle sort par le fond.)

SCÈNE XII.

REYNOLDS, ALCÉE.

REYNOLDS.

Enfin, nous en voilà débarrassés... partons...

ALCÉE.

Où irons-nous ?

REYNOLDS.

Où vous voudrez...

ALCÉE.

Eh ! mais, nous sommes seuls... ici... Dans ce jardin... Autant ne pas sortir de chez soi... c'est plus commode !

REYNOLDS.

Comme il vous plaira.

(Prenant et chargeant les pistolets.)

ALCÉE.

A la grâce de Dieu; quant à l'issue du combat...

REYNOLDS.

Dieu seul le sait!...

ALCÉE, prenant son lorgnon, à part.

Et moi aussi peut-être... (Regardant.) Juste ciel!... je dois le tuer!... La balle l'atteindra... là, à la tempe gauche... et dans cinq minutes, il n'existera plus!

REYNOLDS, lui présentant les pistolets.

Voici!... Eh bien! qu'avez-vous donc?... quelle émotion...

ALCÉE.

Ce n'est rien! Tenez, Reynolds, nous étions amis, et nous ne le sommes plus; mais cela ne m'empêche pas de vous donner un bon conseil... Croyez-moi : ne nous battons pas.

REYNOLDS.

Comme tu voudras!... je ne demande pas mieux! Après un bon déjeuner comme celui de ce matin, un duel trouble toujours la digestion; et moi, tu le sais, j'aime à vivre et à bien vivre.

ALCÉE.

Raison de plus.

REYNOLDS.

Tu épouses donc ma sœur?

ALCÉE.

Nullement!... Mais, sans être beaux-frères... on peut bien...

REYNOLDS.

Non, morbleu!... point d'accommodement...

ALCÉE.

Mais, écoute-moi.

REYNOLDS.

Je n'entends rien; je ne suis pas comme toi, je n'ai qu'une parole. J'ai promis ce mariage à une foule de gens qui y comptent.

ALCÉE.

Je te dis que j'ai la main malheureuse et que je te tuerai.

REYNOLDS.

C'est à eux que cela fera du tort. En attendant, il y va de mon honneur, et, si tu n'es pas un lâche...

ALCÉE, lui arrachant le pistolet.

Moi, un lâche !...

REYNOLDS.

Prouve-moi le contraire, j'y consens.

ALCÉE.

C'est toi qui le veux... et puisque, malgré mes avis, malgré mes conseils...

REYNOLDS, se plaçant au fond du théâtre à droite.

Moi, je ne t'en donne qu'un, tâche de viser juste... Allons, y es-tu?

ALCÉE.

Non, non, je ne le puis... (A part.) L'immoler de sang-froid, et à coup sûr, et sans danger pour moi... ce n'est plus un combat, c'est un assassinat...

REYNOLDS.

Eh bien ! as-tu fait tes réflexions ?

ALCÉE.

Oui... (A part.) Je serais responsable de son sang devant Dieu et devant les hommes. (A Reynolds.) Écoute... dis et pense tout ce que tu voudras... mais, quand il s'agit de s'épargner des reproches éternels, quand on n'obéit qu'à la voix de sa conscience, peu importe l'opinion du monde ; je ne me battrai pas avec toi. Adieu.

(Il jette le pistolet sur la table, et sort par le fond à droite.)

SCÈNE XIII.

REYNOLDS, CHRISTIAN, et AUTRES JEUNES GENS, qui sont entrés par la gauche, à la fin de la scène précédente, et qui ont vu sortir Alcée.

REYNOLDS, stupéfait.

Eh bien! par exemple...

CHRISTIAN.

Où va donc ainsi notre ami Alcée?...

REYNOLDS.

Notre ami Alcée... est un lâche et un poltron qui refuse de se battre.

CHRISTIAN.

Est-il possible!

REYNOLDS, ramassant le pistolet.

Vous l'avez vu!... et j'ai eu beau faire, je n'ai jamais pu l'y déterminer; peu content de rompre avec moi, d'abandonner ma sœur, de nous outrager tous... (A Christian.) Toi le premier...

CHRISTIAN.

Moi!...

REYNOLDS.

Oui, mes amis; depuis ce matin, vous ne le reconnaîtriez pas; lui, qui était un si brave garçon, que nous chérissions tous, est devenu méchant, mauvaise langue, répandant contre nous des calomnies atroces!

CHRISTIAN.

Est-il possible!

REYNOLDS.

Comme on s'aveugle cependant!... Je croyais bien que je pouvais compter sur celui-là!...

CHRISTIAN et LES AUTRES.

Et moi aussi!

REYNOLDS.

Nous lui apprendrons à nous méconnaître, à nous outrager : d'abord, je le perdrai de réputation; vous m'y aiderez.

CHRISTIAN.

Certainement. Je vais répandre qu'il a refusé de se battre ; je le dirai partout.

TOUS.

Et nous aussi.

REYNOLDS.

C'est ça, et dès ce soir, dans notre petite ville, tout le monde le saura; ne perdez pas de temps, partez. Moi, pour commencer, je vais régaler de cette joyeuse histoire M. le comte Albert, son protecteur... que j'aperçois !

(Ils sortent tous.)

SCÈNE XIV.

LE COMTE, sortant du pavillon, REYNOLDS.

REYNOLDS.

Arrivez donc, noble étranger ! vous qui savez tout, vous ne vous doutiez pas, j'en suis sûr, qu'au nombre de ses brillantes qualités notre ami Alcée possédait une prudence si grande qu'elle l'empêche...

LE COMTE, froidement et prenant une prise de tabac.

De vous faire sauter la cervelle...

REYNOLDS, étonné.

Hein! que dites-vous là ?

LE COMTE, de même.

Que je le blâme comme vous, et qu'il a eu grand tort; car dans ce moment, vous ne pourriez plus dire de mal de lui.

REYNOLDS, souriant à moitié.

Vous croyez?...

LE COMTE.

Comme si je le voyais! Vous l'auriez manqué, et lui vous aurait touché ici, à la tempe gauche, d'une balle qui aurait enlevé à vos créanciers leur seule hypothèque.

REYNOLDS.

Monsieur plaisante toujours...

LE COMTE.

Pas plus que ce matin, quand je vous ai annoncé la chute de cheval de votre ami Henri... Je crois vous avoir précisé...

REYNOLDS.

Très-bien... la troisième côte...

LE COMTE.

Aussi à gauche...

REYNOLDS, s'efforçant de sourire.

C'était d'une exactitude parfaite ; et, pour ce qui me regarde, vous pensez que c'est...

LE COMTE.

Aussi réel, aussi vrai que le papier cacheté que l'on vous a remis il y a un quart d'heure, et que vous avez encore là, dans votre poche.

REYNOLDS, fouillant dans sa poche.

C'est juste ; ce maudit duel me l'avait fait oublier.

LE COMTE.

Papier qui vient de votre notaire, et qui vous apprend la mort de votre grand-oncle, décédé sans testament.

REYNOLDS, avec joie.

Vous croyez... Ma main tremble en brisant ce bienheureux cachet noir... Oui, vraiment... nous héritons! ma sœur et moi!... nous héritons! Ah! monsieur, mon cher monsieur ! vous aviez raison... quelle folie c'eût été à moi de me battre, de me faire tuer !

LE COMTE, avec sang-froid.

Eh ! mais, il n'est pas dit que cela n'arrivera pas.

REYNOLDS, tremblant.

O ciel! qu'est-ce que cela signifie ?...

LE COMTE.

Que, méconnaissant la générosité d'Alcée, vous l'avez traité de lâche, vous l'avez déshonoré aux yeux de tous : et que, poussé à bout, il pourrait bien... aujourd'hui même...

REYNOLDS.

Je ne puis le croire...

LE COMTE.

Du reste, si vous y tenez, je puis examiner et vous dire au juste...

REYNOLDS, avec effroi.

Non, non, n'achevez pas... Certainement, je ne suis pas plus timide qu'un autre : et ce matin, quand je n'avais rien, je me serais battu comme un enragé ; mais maintenant, songez donc, un héritage, une belle fortune, c'est bien différent; et j'espère que mon ami Alcée continuera à être bon enfant, et ne se fâchera pas... (Regardant vers le fond à droite.) C'est lui que j'aperçois au bout de cette allée, il a l'air furieux !

LE COMTE.

Il vous cherche sans doute.

REYNOLDS, effrayé.

Je ne veux pas alors, dans le premier moment... vous tâcherez de le calmer, de l'apaiser... vous êtes son ami, vous êtes le mien... car, je vous aime, je vous estime...

LE COMTE, secouant la tête.

Je ne crois pas.

REYNOLDS.

Eh bien!... je vous crains... je vous crains comme le feu... (A part.) Ce diable d'homme, on ne peut jamais le tromper... (Au comte.) Tachez d'arranger cela à l'amiable... Le voilà, je m'en vais.

(Il entre dans le pavillon.)

SCÈNE XV.

ALCÉE, LE COMTE.

ALCÉE, entrant en colère.

Morbleu!... c'est à faire abhorrer l'espèce humaine, c'est à se détester soi-même... c'est à rougir d'être homme.

LE COMTE.

Eh! mon Dieu! qu'y a-t-il?

ALCÉE.

Je viens de la ville, dont je n'ai fait que traverser la grande rue... mais j'avais ce lorgnon que je tenais à la main.

LE COMTE.

Je comprends alors.

ALCÉE.

Et si vous saviez tout ce que j'ai lu à découvert sur toutes ces physionomies... pas un sourire qui ne cachât une fausseté, pas un regard d'amitié qui ne fût une trahison. Ces gens qui me serraient la main, me détestent; ces jeunes dames qui me saluent d'un air enchanté, me trouvent sot, maniéré, prétentieux... les grand'mamans elles-mêmes, les grand'mamans que je croyais désintéressées, songent à ma fortune pour leurs petites-filles! Et jusqu'à mon cousin Blumshal, qui, me voyant tout ému et tout bouleversé de tant d'horreurs, vient à moi les bras ouverts, et s'écrie avec un air d'intérêt : « Qu'as-tu donc, cousin?... ta pâleur m'effraie... » tandis qu'en lui-même le traître se disait avec joie : « Dieu! s'il était attaqué de la poitrine! »

LE COMTE.

Et cela te surprend ?...

ALCÉE.

Oui, cela m'indigne, cela me rend furieux contre moi-même, qui les aimais tous, qui les aimais de confiance, et qui étais si heureux d'être leur dupe !... Enfin, croiriez-vous que depuis que je possède ce maudit lorgnon, de tous ceux que j'ai aperçus, parents, amis, connaissances, je n'ai rencontré qu'une personne qui m'aimât réellement... une seule ?...

LE COMTE, vivement.

Tu en as rencontré une !... et tu te plains des hommes et de la Providence, ingrat que tu es !... J'ai cherché pendant quarante ans... et j'attends encore.

ALCÉE, avec joie.

Est-il possible ! Et moi dès le premier jour ! C'est cette petite Mina... ma sœur de lait, qui, tout à l'heure, me voyant de retour, cherchait à cacher sa joie et sa tendresse. Mais je lisais dans son cœur; je voyais quel amour naïf, pur, désintéressé. Ah! quel malheur que je sois noble, que je sois baron, et qu'elle ne soit que la fille de mon intendant ! Il n'y a pas moyen de jamais songer à l'épouser, mais son souvenir du moins me consolera de toutes mes peines... Séparé d'elle... je me dirai : « Il y a un cœur qui m'est dévoué, qui m'aimera toujours... »

LE COMTE.

Tu le crois ! alors rends-moi ce talisman...

ALCÉE.

Et pourquoi ?

LE COMTE.

Pour conserver encore une illusion. Car qui sait, non pas maintenant, mais si demain... après-demain, Mina elle-même...

ALCÉE.

Tais-toi... tais-toi! tu me désenchantes de tout...

LE COMTE.

Eh bien! que te disais-je? comprends-tu maintenant pourquoi je suis le plus malheureux des hommes? Tu n'as pas voulu me croire; et toi qui ce matin avais tous les biens en partage, tu viens de perdre en quelques heures, serviteur, amis, maîtresse, réputation... et plus encore, la confiance, le repos de l'âme.

ALCÉE.

C'est pourtant vrai, et comment désormais retrouver tout cela?

LE COMTE.

Comment?

AIR : Quand l'Amour naquit à Cythère.

En retrouvant l'illusion première,
Qui fit ta joie et ta sécurité;
Car ici-bas, vois-tu bien, sur la terre,
On est heureux, non par la vérité,
Mais par l'erreur... C'est elle qui sans peine
Te fit rêver constance, amour, plaisir...
Que ton sommeil un seul instant revienne,
Et tes rêves vont revenir.

ALCÉE.

Vraiment!

LE COMTE.

Mais, pour cela, je te l'ai dit, rends-moi ce que je t'ai imprudemment confié.

ALCÉE, hésitant à lui rendre le lorgnon.

Vous croyez?

LE COMTE.

J'en suis sûr.

ALCÉE, prêt à le lui rendre.

Eh bien!... (Il voit Mina qui vient par le fond à gauche.) Dieu! c'est Mina! (Au comte.) Encore un instant, un seul, et j'y renonce avec joie et pour toujours.

(Mina entre et s'arrête un instant; le comte regarde Alcée, ainsi que Mina, avec attention, puis il sourit et sort par le fond. — Musique.)

SCÈNE XVI.

ALCÉE, MINA.

ALCÉE a pris son lorgnon, contemple Mina sans rien dire, et exprime seulement par ses gestes l'émotion qu'il éprouve.

Oui, oui, c'est bien cela! J'en étais sûr, je ne m'étais pas trompé!

MINA, s'approchant de lui timidement.

Grâce au ciel, monseigneur, il ne vous est rien arrivé de fâcheux; nul danger ne menace plus vos jours, n'est-il pas vrai?

ALCÉE.

Aucun!...

MINA.

J'en suis bien contente! alors je m'en vais...

ALCÉE.

Et pourquoi donc?

MINA.

Pour me marier...

ALCÉE.

Te marier!... (A part.) Ah! voilà encore un tourment que je ne connaissais pas. Moi, jaloux... jaloux de M. Foster...

MINA.

Mon prétendu demande à vous être présenté...

ALCÉE.

A moi!...

MINA.

Il est là avec mon père... dans cette allée... il attend...

ALCÉE, avec colère.

Eh! morbleu! qu'il attende!

MINA.

Il ne peut pas; il dit qu'il est pressé. Voyez-le, monseigneur; il n'est pas beau, mais c'est un si honnête homme... sage, rangé, qui a un si bon caractère, une si bonne conduite! (A Alcée qui s'est approché de l'allée à gauche et a regardé avec son lorgnon.) L'apercevez-vous? un grand, avec de gros favoris.

ALCÉE, qui a regardé attentivement.

O ciel!... c'est là l'homme que tu épouses... cet homme si sage, si rangé... qui a un si bon caractère!...

MINA.

Oui, monseigneur.

ALCÉE, avec chaleur.

Ne l'épouse pas, Mina, je t'en supplie...

MINA.

Et pourquoi donc?

ALCÉE.

Il est méchant, colère...

MINA.

Vous ne le connaissez pas.

ALCÉE.

C'est un joueur... un libertin...

MINA.

Ce n'est pas vrai!...

ALCÉE, regardant toujours.

Je le vois, te dis-je, je le vois. O ciel! quel sort affreux te menace!... et si tu en doutes encore... tiens, tiens... vois plutôt... vois toi-même.

(Il prend Mina par la main, la mène de force en face de l'allée, et lui met le lorgnon devant les yeux.)

MINA, poussant un cri.

Ah !... (Elle arrache brusquement le lorgnon de la main d'Alcée, et redescend vivement le théâtre en l'examinant.) Qu'est-ce que cela signifie ?

ALCÉE.

Tais-toi, tais-toi ! Un secret que tu dois ignorer, et que malgré moi tes dangers m'ont forcé de trahir : oui, ce cristal magique fait lire dans la pensée et dans l'avenir...

MINA, avec joie.

Ah ! que c'est gentil !... quel bonheur !...

ALCÉE.

Et maintenant que tu en as fait l'épreuve, j'espère que tu renonceras à un pareil mariage ! Toi, si bonne, si jolie : je ne veux pas que tu sois malheureuse, c'est bien assez que je le sois à jamais. Et puisqu'il faut te quitter, puisqu'il faut que tu sois à un autre, je veux du moins que celui-là...

MINA, qui, pendant ce temps, a pris le lorgnon et regardé Alcée.

O ciel !... qu'ai-je vu ?

ALCÉE, vivement.

Qu'as-tu donc ?...

MINA, lui faisant signe de la main de ne pas la déranger.

Rien ! rien ! (Regardant toujours et avec la plus grande émotion.) Il m'aime, il m'aime d'amour ! lui, mon jeune maître, il n'aime que moi.

ALCÉE.

Qu'oses-tu dire ?

MINA, avec contentement.

Ah ! je le vois bien... (Regardant toujours.) Il voudrait m'épouser, mais je ne suis que la fille de son intendant... il n'ose pas... il hésite... il balance... il se décide... je serai sa femme !

ALCÉE, tombant à ses genoux.

Oui, Mina, oui, ma femme bien-aimée ! je t'aime !

MINA, le regardant avec le lorgnon.

C'est que c'est vrai !... (A Alcée avec tendresse.) Et moi aussi.
(Voulant lui donner le lorgnon.) Tenez... tenez... regardez...

ALCÉE, repoussant le lorgnon.

Ah !... je n'en ai pas besoin, je n'en veux plus !... je ne veux plus croire que toi seule.

SCÈNE XVII.

Les mêmes; BIRMAN.

BIRMAN.

Ah! mon Dieu !... Monseigneur aux pieds de ma fille, tandis que ce pauvre Foster est là à attendre !

ALCÉE, à demi-voix.

Silence !... renvoie monsieur Foster... j'ai pour toi un autre gendre, et ce gendre, c'est moi !

BIRMAN, tout étonné.

Vous, monseigneur ! Je reste stupéfait, confus, et presque affligé...

MINA, qui, pendant ce temps, est au coin du théâtre à gauche, le regardant avec son lorgnon ; à part.

Il est ravi et enchanté.

BIRMAN.

Beau-père d'un baron... c'est trop d'honneur pour moi...

MINA, de même ; haut.

Du tout ! vous trouvez que vous méritez bien cela, et que vous ne vous en tirerez pas plus mal qu'un autre.

BIRMAN, interdit.

C'est possible ; mais que dira le monde ? que diront vos amis, eux qui déjà s'égaient à vos dépens, qui attaquent votre réputation, et disent partout que vous aviez refusé de vous battre ?

ALCÉE.

Moi !... c'est ce que nous allons voir...

BIRMAN.

Et tenez, les voilà tous qui viennent prendre congé de vous.

SCÈNE XVIII.

Les mêmes ; REYNOLDS, CHRISTIAN, ALIX, LE COMTE, Jeunes Gens, amis d'Alcée.

LE CHŒUR.

AIR : Vive l'Empereur ! (Paul Premier.)

A l'ancien ami
Qui règne ici,
Avec franchise,
Nous venons gaiment
Présenter notre compliment...
Oui, de l'amitié
Il eut pitié,
Et sa devise
Est d'être prudent,
Afin de vivre longuement.

(Ils saluent tous Alcée, et se disposent à s'en aller.)

ALCÉE, les arrêtant.

Un instant, messieurs... Je réclame, avant votre départ, une explication où votre présence est nécessaire.

REYNOLDS, à part.

Ah ! mon Dieu !

ALCÉE.

Comme vous le disiez tout à l'heure, par égard pour les nœuds qui nous unissaient autrefois, j'ai fait tous mes efforts pour éviter un combat entre deux amis ; mais puisque ma modération est mal interprétée, puisque l'on ose ici douter de mon courage, c'est moi maintenant qui demande raison à M. Reynolds...

REYNOLDS, à part.

O ma pauvre succession !...

ALCÉE.

Et comme l'offensé, j'ai le choix des armes... je prends l'épée... (A part.) J'ignore ce qui en arrivera ; ainsi, grâce au ciel, je n'ai rien à me reprocher.

LE COMTE, lui prenant la main.

C'est bien !

CHRISTIAN.

Je suis son témoin. Allons, messieurs, partons.

REYNOLDS, les arrêtant.

Messieurs, je demande la parole... J'ai fait mes preuves, et certainement je crains peu l'issue de ce combat...

MINA, dans le coin à droite, et lorgnant toujours ; à part.

Il a une peur horrible !...

REYNOLDS.

Mais mon honneur m'oblige à reconnaître hautement que je me suis trompé sur mon ami Alcée ; qu'en voulant assoupir une affaire dont l'éclat pouvait nuire à la réputation de ma sœur, il a agi en galant homme, en ami... loyal... je le tiens pour homme de cœur... (Il s'approche d'Alcée, qui lui donne une poignée de main ; puis se tournant vers les autres.) Et si maintenant, messieurs, quelqu'un de vous en doute, c'est moi qui suis là pour lui répondre. (A part.) Avec eux je n'ai pas peur. (Haut.) Quant à ma sœur, voilà Christian qui l'aimait et qui me la demande en mariage.

ALCÉE.

Lui qui est sans fortune !

CHRISTIAN.

Qu'importe, quand on aime ! Je ne demande rien que sa main.

MINA, le lorgnant, à part.

Et l'héritage qu'elle vient de faire, et qu'il connait déjà...

ALCÉE.

C'est comme moi, mes amis; peu m'importe l'opinion du monde. (Prenant Mina par la main.) Voilà ma femme que je vous présente.

REYNOLDS, regardant les autres et riant, puis se tournant vers Alcée.

Et tu as raison...

TOUS, à Alcée et saluant Mina.

Tu fais bien... tu fais...

MINA, les lorgnant et achevant leur phrase; à part.

Une sottise... (Se reprenant et saluant.) Ces messieurs sont bien honnêtes.

ALIX.

Et moi, madame la baronne, je suis enchantée...

MINA, de même.

Elle enrage.

ALIX, continuant.

Que nous épousions chacune celui que nous aimons; car Christian est mon premier amour.

MINA, lorgnant.

C'est-à-dire son second; car un autre déjà... Ah! mon Dieu! Alcée!... (Donnant le lorgnon à Alcée.) Tenez, tenez, monsieur, je n'en veux plus, je ne veux plus rien savoir.

ALCÉE.

Ni moi non plus.

LE COMTE.

Et vous avez raison; vous ferez bon ménage.

(Mina pose le lorgnon sur la table à gauche.)

LE CHOEUR.

AIR : Pour l'honneur et la France.

Confiant et sincère,

N'en pas croire ses yeux,
Voilà, sur cette terre,
Le moyen d'être heureux.

LE COMTE, au public.

AIR : Au soin que je prends de ma gloire.

L'auteur me charge de vous dire
Qu'humble et soumis à votre arrêt,
Il abandonne à la satire
L'invraisemblance du sujet...
Que ce n'est qu'un léger proverbe...

MINA, qui a pris le lorgnon, et qui, pendant le couplet, a regardé le comte.

Il ment... et veut dire par là :
« Je trouve la pièce superbe:
« Vous, messieurs, applaudissez-la! »

LA CHANOINESSE

COMÉDIE-VAUDEVILLE EN UN ACTE

EN SOCIÉTÉ AVEC M. FRANCIS-CORNU

Théatre du Gymnase. — 31 Décembre 1833.

PERSONNAGES. ACTEURS.

LE GÉNÉRAL BOURGACHARD . . . . MM. Ferville.
HENRI, son neveu . . . . Paul.
ANASTASE, domestique de mademoiselle de
Montluçon. . . . . Bondier.

Mlle HÉLOISE DE MONTLUÇON, chanoinesse . . . . Mmes Julienne.
GABRIELLE, sa nièce . . . . Léontine Volnys.

Au château de Montluçon, près de Loches, en Touraine.

LA CHANOINESSE

Un salon. — Porte ou fond; croisées dans les angles; portes latérales. Auprès de la porte, à gauche de l'acteur, une table.

SCÈNE PREMIÈRE.

(Au lever du rideau, Héloïse, assise auprès de la table, tient une lettre qu'elle vient de lire.)

HÉLOISE, se levant.

Arriver ainsi à l'improviste! et ne m'en prévenir qu'une heure d'avance! Que faire, mon Dieu! Quel parti prendre? A chaque instant je crois entendre sa voiture et je n'ai encore rien décidé... rien inventé... j'ai si peu d'imagination!

AIR du Fleuve de la vie.

D'autres, quand gronde la tempête,
Montrent de l'audace et du cœur;
Moi, pour un rien, je perds la tête,
Et me trouve mal quand j'ai peur!...
Comment, dans cette inquiétude,
Leur dérober mon embarras?...
Les honnêtes femmes, hélas!
Ont si peu d'habitude!

Si je courais à sa rencontre... mais nous n'aurions qu'à nous croiser en route. Il vaut mieux l'attendre, et tâcher d'être seule en ce château au moment de son arrivée... Qui vient là... que voulez-vous, Anastase?...

SCÈNE II.

HÉLOISE, ANASTASE, entrant par le fond.

ANASTASE.

C'est M. l'abbé Cambry qui demande à voir mademoiselle de Montluçon...

HÉLOÏSE.

Ah! mon Dieu! je ne puis pas...

ANASTASE.

Il vient parler pour ces petits orphelins, que mademoiselle a pris sous sa protection.

HÉLOÏSE.

C'est égal, je n'y suis pas... je suis malade.

ANASTASE.

Ah! que c'est heureux! le docteur Gobinel est avec lui.

HÉLOÏSE, à part.

C'est encore pire...

AIR de Calpigi. (*Tarare.*)

Ah! mon Dieu! que dire et que faire
A ses propos pour me soustraire?
Il faut éviter son regard...
Des médecins le plus bavard!

ANASTASE.

Chacun le traite avec égard.

HÉLOÏSE.

Par économie on l'invite;
Car en recevant sa visite

On s'épargne un abonnement
Au journal du département.

Dites que je ne peux voir personne... que je suis dans mon oratoire.

ANASTASE.

J'entends, mademoiselle est en retraite : ils comprendront cela.

HÉLOÏSE.

C'est bien...

ANASTASE.

D'ailleurs, ils vous verront tantôt... c'est votre soirée...

HÉLOÏSE.

Comment! c'est mercredi!...

ANASTASE.

Oui, vraiment. Le jour où toute la ville de Loches vient ici au château faire le reversis et le boston... Il n'y a pas dans notre endroit de réunion plus brillante. C'est tout naturel : mademoiselle est si aimée, si considérée! une personne pieuse qui est si riche!...

HÉLOÏSE.

C'est bien... (Elle passe à gauche du théâtre; à part.) Il ne manquait plus que cela ; soixante personnes qui seront témoins!... Et si je les décommande... si, pour la première fois depuis cinq ans, ma soirée n'a pas lieu... qu'est-ce que l'on va penser? Ma vue se trouble... ma tête s'en va...

ANASTASE.

Mademoiselle se trouve mal.

HÉLOÏSE.

Je sens qu'en effet...
(Elle s'appuie sur le dos du fauteuil auprès de la table.)

ANASTASE, à part.

Elle ne fait que cela... (Cherchant de tous côtés.) Ah! mon Dieu! le flacon de mademoiselle... son eau de mélisse...

HÉLOÏSE, brusquement.

Ciel!... le fouet du postillon... (Regardant par la fenêtre à gauche.) Au bout de la grande avenue, une voiture, je ne me trompe pas! Anastase, mon cher Anastase... renvoie à l'instant le docteur et l'abbé Cambry... je les verrai tantôt, à ma soirée... mais qu'ils s'en aillent, par la porte du parc, entends-tu?... Je désire qu'ils examinent mes nouveaux dahlias, et mon raisin muscat, qui est superbe.

ANASTASE.

Oui, mademoiselle... (A part.) Qu'est-ce qu'elle a donc? elle qui d'ordinaire est si calme, si posée!...

HÉLOÏSE.

Et puis tu courras à la grille, où à l'instant vient d'arriver une voiture de poste... Et la personne qui est dans cette voiture, tu la feras monter ici par cet escalier dérobé... et tâche qu'on ne l'aperçoive pas...

ANASTASE.

Oui, mademoiselle... Demanderai-je le nom de ce monsieur?

HÉLOÏSE, indignée.

Un monsieur!... Qu'est-ce à dire, Anastase?... Et pour qui me prenez-vous?

ANASTASE.

Pardon; je voulais dire cette demoiselle...

HÉLOÏSE, avec colère.

Ce n'est point une demoiselle...

ANASTASE, à part.

Ni homme, ni femme... que diable ça peut-il être? (Haut.) Enfin, quoi que ce soit... c'est dit, je vais renvoyer les deux, et vous amener l'autre...

HÉLOÏSE.

C'est bon... sortez...

(Anastase sort par le fond.)

SCÈNE III.

HÉLOISE, seule.

Ah! mon Dieu!... mon Dieu!... Voyez-vous déjà les idées de ces gens-là! et pourtant il n'y a rien encore... qu'est-ce que ce sera donc plus tard?... Moi, une femme si respectée... une chanoinesse!

AIR : L'amour qu'Edmond a su me taire.

> Oui, moi si pure et si sévère,
> Je suis coupable de détour,
> D'impatience et de colère!...
> Trois péchés! rien qu'en un seul jour!
> Mais la vertu, que seule ici j'écoute,
> Est un trésor si rare à conserver,
> Qu'il faut bien, hélas! qu'il en coûte
> Quelque chose pour la sauver!

Et à tout prix, et quand je devrais... Ciel! la porte s'ouvre... c'est elle, ma nièce, ma chère Gabrielle!

(Montrant la porte à gauche.)

SCÈNE IV.

HÉLOISE; GABRIELLE et ANASTASE, entrant par la porte latérale à gauche.

GABRIELLE, l'embrassant.

Ma chère tante!

ANASTASE, à part.

Sa nièce!...

HÉLOÏSE.

Anastase, sortez... (Anastase sort en regardant Gabrielle.) Ah! voilà bien les traits de mon pauvre frère!

15.

GABRIELLE.

Vous me reconnaissez donc encore depuis dix ans que je suis loin de vous, que j'ai quitté la France !...

HÉLOÏSE.

Oui, oui, cela fait toujours plaisir de se retrouver en famille, et ce plaisir-là, j'ai du mérite à l'éprouver... Car j'aurais autant aimé que tu ne fusses pas venue...

GABRIELLE.

Comment, ma tante !...

HÉLOÏSE.

Je m'explique mal... Je veux dire que je suis bien heureuse de te voir, de t'embrasser... mais la joie, la surprise... Arriver ainsi sans me prévenir !

GABRIELLE.

Et le moyen de faire autrement? Il y avait un an que j'avais perdu mon père, tous les biens qu'il m'avait laissés à la Guadeloupe venaient d'être réalisés... que pouvais-je faire de mieux que de revenir en France, près de vous, ma seule parente?... je me suis embarquée sur le premier bâtiment qui mettait à la voile...

HÉLOÏSE.

Comment ! si jeune, entreprendre un pareil voyage !

GABRIELLE.

Ça donne de la hardiesse, ça aguerrit. Maintenant je ne crains plus rien. Arrivée, il y a trois jours, au Havre... hier à Paris, ce matin à Tours, je suis venue aussi vite que ma lettre... tant j'avais envie de vous revoir !

HÉLOÏSE.

Je t'en remercie, mais il n'est pas moins vrai que ta présence me met dans le plus grand embarras...

GABRIELLE.

Est-il possible !

HÉLOÏSE.

Oui, mon enfant; et si tu ne viens pas à mon aide, ton arrivée va me faire perdre honneur, repos, considération; enfin tout ce que j'ai de plus cher au monde...

GABRIELLE.

Et comment cela, mon Dieu?

HÉLOÏSE.

C'est un secret dont toi seule auras connaissance; mais, quelque terrible qu'il soit, te voilà une femme, tu as dix-huit ans, on peut tout te dire, et, si j'en crois tes lettres, on peut se fier à ton amitié, et surtout à la bonté de ton cœur.

GABRIELLE.

Mais parlez donc, parlez vite, puisque je puis adoucir vos chagrins; ça devrait être déjà fait.

HÉLOÏSE.

Ma bonne Gabrielle!...

GABRIELLE.

Dame! entre demoiselles... car vous l'êtes comme moi!... demoiselle majeure, et voilà tout.

HÉLOÏSE.

Plût au ciel!...

GABRIELLE.

Qu'est-ce à dire?

HÉLOÏSE.

Tu n'étais pas en France il y a huit ans, tu étais déjà partie avec ton père pour les colonies; mais tu as entendu parler... de tous les événements arrivés alors...

GABRIELLE.

Sans doute! la Restauration... l'occupation étrangère, qui rendit mon père si malheureux et qui vous brouilla presque avec lui, car vous aimiez les étrangers.

HÉLOÏSE.

Moi!...

GABRIELLE.

Certainement, vous avez toujours été faubourg Saint-Germain... il n'y a pas de mal, ma tante; mais poursuivez. Vous dites qu'à cette époque...

HÉLOÏSE.

J'étais près de Nogent, à l'abbaye du Paraclet, lorsque les Russes s'en emparèrent...

GABRIELLE.

Ah! ma pauvre tante!...

HÉLOÏSE.

Du tout, tu ne me comprends pas. Ils étaient commandés par le général Kutusof, que j'avais connu aux bals de l'ambassadeur Kourakin. Il me protégea, me fit respecter, et me donna même, avec une galanterie toute moscovite, ses chevaux et une voiture à ses armes pour retourner à Paris.

GABRIELLE.

Je ne vois pas jusqu'ici grand malheur!

HÉLOÏSE.

Attends donc!... J'arrivai ainsi, sans danger, à travers les postes ennemis, jusqu'à la Ferté-sous-Jouarre occupé alors par un escadron de Cosaques. C'était la veille de la bataille de Montmirail, et je me logeai à l'hôtel de France. L'aubergiste, un brave homme qui pensait très-bien, me prenant, à ma voiture, pour une princesse russe, s'empressa de me donner un bon souper, une belle chambre et un excellent lit, où je ne tardai pas à m'endormir profondément. Je fus réveillée au milieu de la nuit par un grand bruit... des cris...

GABRIELLE.

Effrayants...

HÉLOÏSE.

Non, des cris de joie, le choc des verres et des chansons à boire, en français. Il paraît que des grenadiers de Bonaparte venaient de débusquer les Cosaques et s'étaient emparés de leur souper, qu'ils avaient trouvé tout servi.

GABRIELLE.

Il n'y a pas grand mal...

HÉLOÏSE.

Attends donc!... La salle à manger était au-dessous de ma chambre, et j'entendais leurs discours... Furieux des atrocités commises par les Russes, et animés par le vin de Champagne qu'ils buvaient à discrétion... ils étaient dans le pays... ils s'excitaient à grands cris à la vengeance, lorsque cet imbécile d'aubergiste entra dans l'appartement, en leur disant : « Silence donc, messieurs, il y a là-haut une princesse russe que vous allez réveiller. » A ce mot, partit un éclat de rire général, et au milieu du tumulte, j'entendis l'un des convives s'écrier : « C'est moi seul que cela regarde, représailles, mes amis... représailles ! »

GABRIELLE.

Ah! mon Dieu ! me voilà toute tremblante...

HÉLOÏSE.

Et moi aussi car un officier venait d'entrer dans ma chambre, dont il avait refermé la porte.

GABRIELLE.

Il fallait s'écrier : « Je suis mademoiselle de Montluçon, je suis Française ! »

HÉLOÏSE.

C'est bien ce que je voulais faire; mais la peur m'avait saisie, et, quand j'ai peur, je perds la tête... je me trouve mal !...

GABRIELLE.

C'était bien le moment !

HÉLOÏSE.

Que te dirai-je? quand je revins à moi, le tambour et le clairon retentissaient de tous côtés, le canon se faisait entendre... il était à peine jour, et la bataille commençait déjà... j'étais seule, et à terre, à mes pieds, je trouvai un portefeuille à demi ouvert, contenant quelques lettres et quelques papiers, dont je m'emparai; mais une fièvre violente me tint plusieurs mois entre la vie et la mort... (Un instant de silence après lequel Héloïse continue.) Et, l'année suivante, quand tout fut pacifié, quand je vins m'établir ici, en Touraine, dans ce château de Loches, que j'avais acheté, et où personne ne me connaissait... je dis que ma nièce, ma seule parente, une jeune personne nouvellement mariée...

GABRIELLE.

Moi...

HÉLOÏSE.

Justement! madame de Saverny m'avait confié, avant son départ pour la Guadeloupe, un jeune enfant qu'elle ne pouvait emmener avec elle, et que j'ai fait élever ici sous mes yeux.

GABRIELLE.

Ah! mon Dieu! qu'avez-vous fait là?

HÉLOÏSE.

Un mensonge qui sauvait ma réputation, sans compromettre la tienne; car je croyais que tu ne reviendrais jamais en France... et de si loin... à la Guadeloupe, que pouvait te faire ce qui se passait ici, à Loches? Mais voilà que tu arrives sans me rien dire, et que tu te trouves...

GABRIELLE.

Mariée et mère de famille!...

HÉLOÏSE.

Pour quelques jours seulement, car, puisque te voilà, nous quitterons ce pays, nous irons à Paris, en Italie, en Allemagne, où tu voudras... Mais ici ne les détrompe pas, ou c'est fait de moi... je suis perdue!

GABRIELLE.

Et en quoi donc? Qui pourra vous accuser, quand on connaîtra la vérité?

HÉLOÏSE.

Est-ce qu'on la croira jamais? tu ne sais pas aujourd'hui,

en 1823, comme Loches est petite ville et mauvaise langue, surtout à l'égard des personnes qui ont quelque piété, quelque dévotion... et des opinions comme il faut! Ils seraient si heureux de me trouver en faute, moi qu'ils appellent une *ultra!*... Et puis, cet enfant, je l'ai élevé avec un soin, une tendresse, dont tout le monde a été édifié et attendri... On disait : « Quelle bonne tante! quelle générosité! » Je laissais croire, je me laissais louer, et maintenant il faudrait avouer... Oh! non, plutôt mourir! et si tu n'as pas pitié de moi, si tu repousses ma prière, tu n'as plus de tante...

AIR de *Renaud de Montauban.*

Que mon seul vœu soit écouté:
De vingt amants à toi l'hommage!
A toi la grâce et la beauté,
Car le ciel te laisse en partage.
Amour, plaisir *et cœtera*...
Laisse-moi du moins l'avantage
D'être respectée... A mon âge,
On n'a plus que ce bonheur-là.

GABRIELLE.

Oh! mon Dieu! mon Dieu! Le ciel m'est témoin que je vous aime bien, que je donnerais ma vie pour vous, mais ce que vous me demandez là...

HÉLOÏSE.

Est-ce qu'il y a de plus simple au monde.

GABRIELLE.

Vous trouvez?... accepter ainsi un mari!

HÉLOÏSE.

Est-ce cela qui t'embarrasse? tu n'en as plus, tu es veuve.

GABRIELLE.

C'est toujours une bonne chose.... c'est cela de moins...

HÉLOÏSE.

Le nom de Saverny, que je t'avais donné, est celui d'un

officier que nous avions connu autrefois, mais qui depuis longtemps est mort en Russie.

GABRIELLE.

A la bonne heure ! mais le reste...

HÉLOÏSE.

Dans huit jours, je te rends ta parole, et, d'ici là, dans cette ville où personne ne te connaît, tu seras environnée de soins, d'hommages et de compliments... car, vrai, il est charmant.

GABRIELLE.

Je n'en doute pas, mais vous ne savez point que j'avais, en venant vous trouver, des vues, des idées, qui font que... enfin... ma tante, c'est très-désagréable...

HÉLOÏSE.

Et pourquoi cela ?

GABRIELLE.

Parce que... parce que à bord du bâtiment sur lequel nous avons fait la traversée, il y avait un jeune marin, un enseigne de vaisseau, qui a eu pour moi et pour la gouvernante qui m'accompagnait, tant de soins, tant d'attentions... et sans me connaître ! car moi, en voyage, je ne dis jamais rien ; lui, c'est différent, il dit tout ce qu'il pense, et vingt fois, sans s'en douter, il m'a avoué qu'il m'aimait, qu'il m'adorait. Ces marins ont tant de franchise !

HÉLOÏSE.

Est-il possible !...

GABRIELLE.

Oui, ma tante, et sans savoir si j'étais riche ou non, me croyant orpheline, sans appui, sans protecteur, il m'a offert sa main, sa fortune, ce qui est fort bien à lui. Et, quoique vif, impatient, s'emportant aisément, il est très-aimable, très-gentil... enfin, un parti très-convenable, un mariage que mon père aurait approuvé, j'en suis sûre. Mais moi, j'ai répondu que j'avais une tante, désormais ma seule famille ; que j'allais, en Touraine, me rendre près d'elle, la consulter, lui demander son aveu.

HÉLOÏSE.

Peux-tu en douter? J'approuve tout... je consens à tout. Où est-il dans ce moment?

GABRIELLE.

M. Henri?

HÉLOÏSE.

Ah! on le nomme Henri.

GABRIELLE.

Henri de Saint-Dizier.

HÉLOÏSE.

Où est-il?

GABRIELLE.

Il est à Paris, dans sa famille. Il voulait me suivre ; moi, je ne l'ai pas voulu.

HÉLOÏSE.

Nous irons le trouver dans quelques jours, dès que j'aurai arrangé mon départ et fait mes adieux à ce pays, où, grâce à toi, je laisserai une réputation honorable.

GABRIELLE.

Ma tante...

HÉLOÏSE.

Tu consens, n'est-il pas vrai?

GABRIELLE.

Malgré moi, et puisque vous le voulez, mais ce ne sera pas long, et nous partirons tout de suite, et nous ne reviendrons jamais dans ce pays.

HÉLOÏSE.

Tout ce que tu voudras! ma vie entière sera employée à te remercier.

(Elle fait quelques pas pour sortir.)

GABRIELLE, la retenant.

Un mot seulement. Ce portefeuille trouvé par vous à la Ferté-sous-Jouarre ne vous donnait-il pas quelques renseignements ?

HÉLOÏSE.

Si vraiment... un officier supérieur... je connais son nom et son grade. Mais, d'après les renseignements que j'ai pris, d'après son caractère, sa conduite, ses opinions surtout, aucun espoir qu'il consente jamais... et comment alors l'y contraindre? Songe donc! un procès en réparation! un éclat, un scandale! il ne faut pas même y penser... et tâcher seulement que le plus profond silence... Aussi tu garderas avec tout le monde le secret que j'ai confié à ta foi.

GABRIELLE.

Je vous le jure, et ce serment-là est sacré.

HÉLOÏSE, l'embrassant.

Ma nièce, ma bonne nièce !...

AIR de la valse des *Comédiens*.

Puisse le ciel, à qui je rends hommage,
De ton bon cœur te payer aujourd'hui!
Puissè-je ici, terminant ton veuvage,
Te voir bientôt à ton second mari!

GABRIELLE, secouant la tête.

Oh! mon second !...

HÉLOÏSE.

Cet époux, je l'atteste,
A son destin se fera volontiers;
Et ce sera comme au séjour céleste,
Où les derniers se trouvent les premiers.

Ensemble.

HÉLOÏSE.

Puisse le ciel, à qui je rends hommage, etc.

GABRIELLE.

De l'amitié je lui devais ce gage...

Puisqu'il le faut, prenons notre parti ;
Résignons-nous, hélas ! à mon veuvage,
Et que le ciel nous protége aujourd'hui !

(Héloïse rentre dans sa chambre, dont la porte est à la droite de l'acteur.)

SCÈNE V.

GABRIELLE, seule.

Cette bonne tante!... Oh! oui, je n'hésite plus, et je suis heureuse de contribuer à sauver son honneur, qui, après tout, est le mien, c'est celui de la famille. Et puis, une fois loin de ce château, qui saura jamais le service que je lui ai rendu?... et qui pourrait m'en faire un crime ?

HENRI, en dehors.

Oui, c'est bien, le grand salon... j'attendrai tant qu'on voudra.

GABRIELLE.

Il me semble que cette voix ne m'est pas inconnue !

HENRI, entrant avec Anastase.

C'est elle ! (A Anastase.) Laissez-moi.

GABRIELLE.

O ciel ! c'est Henri !...

(Anastase sort.)

SCÈNE VI.

GABRIELLE, HENRI.

GABRIELLE.

Vous ici !... vous dans ces lieux !

HENRI.

Oui, mademoiselle, trois jours sans vous voir, c'était trop long ; je n'ai pu y tenir. Comment rester à Paris, quand vous êtes ici? Je viens d'y arriver... j'ai demandé cette respectable chanoinesse dont vous m'aviez parlé... mademoiselle de Montluçon, votre tante ; tout le monde m'a indiqué son château.

GABRIELLE.

Et de quel droit, s'il vous plaît, vous présenter chez elle?

HENRI.

C'est dans l'ordre, dans les convenances... il faut bien que je lui demande votre main.

GABRIELLE.

Sans être connu!

HENRI.

Pour me connaître il faut bien qu'elle me voie, et quand elle saura à quel point je vous aime; quand je lui dirai : « Depuis deux mois je n'ai pas quitté votre nièce, et deux mois à bord d'un vaisseau, c'est deux ans, c'est six ans dans le monde, c'est une existence tout entière, c'est plus qu'il n'en fallait mille fois pour apprécier toutes les vertus qui brillent en elle. J'ai de la fortune, de la jeunesse, quelques espérances de gloire ; je lui offre tout cela, donnez-la-moi pour femme, et, si je ne la rends pas heureuse, que jamais je n'entende siffler un boulet de canon, que je reste enseigne toute ma vie ! »

GABRIELLE.

Henri !...

HENRI.

Ce n'est pas à vous que je dis cela, c'est à votre tante, et, si elle m'avait entendu, croyez-vous qu'elle ne me connaîtrait pas déjà, comme si depuis dix ans nous avions navigué ensemble?

GABRIELLE.

Si, vraiment; mais, élevé depuis l'enfance à bord de votre vaisseau, il y a dans le monde des usages dont vous ne vous doutez pas, et que blesse votre arrivée; aussi je ne veux pas que vous voyiez ma tante.

HENRI.

Pourquoi donc cela?

GABRIELLE.

Parce que d'ordinaire on ne fait jamais soi-même une demande en mariage. On a un ami, un parent, qui se charge de ce soin; les familles se voient, s'entendent ensemble.

HENRI.

N'est-ce que cela? j'y ai pensé; j'ai là mon oncle... il est avec moi.

GABRIELLE.

Comment, monsieur!

HENRI.

C'est-à-dire il est à Tours, ou plutôt il est en route, ce n'est pas sa faute s'il ne va pas vite, il a la goutte et ne vient qu'en berline; moi, je suis venu à cheval, à franc étrier.

GABRIELLE.

Est-il possible!

HENRI.

Ce qui est terrible, parce qu'un marin dans la cavalerie...

AIR : Du partage de la richesse. (*Fanchon la vielleuse.*)

J'en conviens, écuyer novice,
J'étais brisé; mais rien qu'en arrivant,
Rien qu'en voyant ce superbe édifice,
   Surtout en vous apercevant,
   Plus de fatigue, tout s'oublie!

GABRIELLE.

Quoi! plus du tout fatigué?

HENRI, d'un air triomphant.

   Non, vraiment.

GABRIELLE.

Alors, monsieur, j'en suis ravie,
Et vous allez repartir sur-le-champ.

HENRI.

Y pensez-vous?

GABRIELLE.

Oui, monsieur, pour vous apprendre à agir sans mon ordre, sans ma permission; c'est bien mal, c'est affreux.

HENRI.

J'ai tort, j'ai tort, je ne sais pas pourquoi, mais, dès que vous le dites, j'ai tort. Aussi, je suis prêt à vous obéir... je ne demande ni grâce, ni délai! mais, mon oncle, un général qui a la goutte, et qui n'est pas amoureux, mon oncle, qui, par amitié pour moi, vient de faire soixante-cinq lieues, en jurant comme un damné, je ne peux pas exiger qu'il recommence sans désemparer, je ne peux pas le tuer, moi surtout qui suis son héritier! Et puis, s'il faut vous l'avouer, j'ai déjà eu assez de peine pour le décider à venir faire la demande; il ne voulait pas entendre parler de mariage et si, en arrivant ici, il reçoit un affront, tout sera fini, tout sera rompu, et je n'y survivrai pas.

GABRIELLE.

Eh bien! monsieur, ce sera votre faute, c'est vous qui l'aurez voulu, qui l'aurez mérité.

HENRI.

Et en quoi donc?

GABRIELLE.

En n'écoutant que votre volonté et non la mienne, en manquant de soumission...

HENRI.

Cela ne m'arrivera plus, je vous le jure... mettez-moi à l'épreuve; et si j'y manque désormais, si je n'obéis pas aveuglément à vos moindres désirs, à vos ordres, à vos caprices, si je me révolte contre vous un seul instant, je consens à perdre tous mes droits, je renonce à votre main, à votre amour...

GABRIELLE.

Vraiment!... Eh bien! j'accepte! je veux voir jusqu'où peuvent aller chez vous la confiance et la soumission. Si vous sortez vainqueur de cette épreuve, je ne pourrai plus jamais douter de votre tendresse, et je me regarderai dans mon ménage comme la plus heureuse des femmes; mais, si je me trompe, si je m'abuse, si votre amour n'est qu'un amour ordinaire, s'il est, comme tous les autres, sujet aux soupçons et aux préventions; si, en un mot, vous en croyez moins votre cœur que vos yeux...

HENRI.

Jamais, jamais!...

GABRIELLE.

Eh bien donc! voici mes conditions et le traité que je vous impose. Dans quelques jours nous retournerons à Paris; mais d'ici là, et pendant tout le temps que vous et votre oncle resterez en ce château, quoi que vous puissiez voir, quoi que vous puissiez entendre... j'exige que vous n'ayez ni défiance... ni jalousie...

HENRI.

Je vous le jure...

GABRIELLE.

Que vous soyez toujours aimable, enjoué, et d'une humeur charmante.

HENRI.

Je le jure!

GABRIELLE.

Quand je dirai : Mon ami... croyez-moi...

HENRI.

Je vous croirai.

GABRIELLE.

Sans que je sois obligée de donner ni motifs ni explications...

HENRI.

C'est trop juste! je n'ai pas besoin de comprendre, je n'ai pas besoin de ma raison, elle est à vous, je vous l'ai donnée, comme tout ce que je possède.

GABRIELLE, avec émotion.

Monsieur Henri!... vous êtes un bon et aimable jeune homme, et je vous aime bien.

HENRI, timidement.

Faut-il déjà commencer à vous croire?

GABRIELLE, souriant.

Certainement... mais silence! voici ma tante.

SCÈNE VII.

Les mêmes; HÉLOISE.

HÉLOÏSE, à Gabrielle.

Je voulais prévenir nos amis; mais j'ignore comment cela se fait, toute la ville de Loches savait déjà ton arrivée; aussi nous aurons ce soir une réception magnifique... (Apercevant Henri.) Que vois-je? et quel est ce jeune homme?

GABRIELLE.

M. Henri de Saint-Dizier, cet officier de marine...

HÉLOÏSE.

Dont tu me parlais ce matin?

GABRIELLE.

Oui, ma tante.

AIR : Pauvre dame Marguerite. (*La Dame Blanche.*)
COUPLETS.
Premier couplet.

Et son oncle, qu'il précède,
Va se rendre dans ces lieux.

(Sur une invitation de Gabrielle, Henri passe entre les deux dames.)

HÉLOÏSE, d'un air aimable.

Puisqu'ici je vous possède,
Je vous garde tous les deux.
Comme dame châtelaine,
Je veux toute une semaine
Près de nous vous retenir,
Pour vous reposer de la route...

HENRI, bas à Gabrielle.

Faut-il accepter?

GABRIELLE.
Sans doute.

HENRI.

Il faut accepter?

GABRIELLE.
Sans doute.

HENRI, à part.

Ah! quel plaisir d'obéir! (*Bis.*)

Deuxième couplet.

HÉLOÏSE.

Quoi! vous rassuriez ma nièce,
Qui sur mer tremblait d'effroi !
Vous la protégiez sans cesse !
Ah! monsieur, embrassez-moi.

HENRI, bas à Gabrielle.

Faut-il accepter?

GABRIELLE, de même.
Sans doute.

HENRI, à part et gaiement.

Je vois parfois qu'il en coûte ;
Mais n'importe, et sans réfléchir...

(Il embrasse Héloïse.)

HÉLOÏSE.

Ma nièce aussi...

HENRI, avec joie.

Quel délice!

(S'approchant timidement de Gabrielle.)

Faut-il toujours que j'obéisse?

(Gabrielle ne répond pas; mais de la tête lui fait signe que *Oui*. Henri l'embrasse.)

Ah! quel plaisir d'obéir! (*Bis.*)

(A part.) Elle est charmante, cette tante-là... (Haut.) Et moi qui craignais de me présenter!

HÉLOÏSE.

Vous aviez bien tort; vous étiez sûr du plaisir que vous feriez à moi et à madame de Saverny.

HENRI, étonné.

Madame de Saverny... qui donc?...

HÉLOÏSE, montrant Gabrielle.

Ma nièce.

HENRI, étonné.

Comment!... mademoiselle...

HÉLOÏSE.

Vous voulez dire madame...

HENRI, vivement.

Du tout! mademoiselle.

HÉLOÏSE, souriant.

Ah! non, vraiment... ne savez-vous pas qu'elle a été mariée, qu'elle est veuve?...

HENRI, stupéfait.

Veuve... je ne peux pas le croire... ce n'est pas possible. (A Gabrielle.) N'est-il pas vrai?

GABRIELLE.

Si, monsieur.

HENRI, avec colère.

Eh quoi! madame!... une pareille **nouvelle ici**, dans ce

moment!... m'abuser à ce point!... et pourquoi, je vous le demande?

GABRIELLE.

Eh! mais, il me semble que vous ne deviez me demander ni motifs ni explications.

HENRI.

Certainement... je l'ai promis... mais je ne m'attendais pas... est-ce que je pouvais prévoir?...

GABRIELLE.

C'est-à-dire qu'à la première épreuve et pour la moindre chose...

HENRI, avec colère.

La moindre chose... morbleu!... (Se reprenant.) Non... non... je me tais... je ne dis rien... vous le voyez... je suis calme... je me modère... je me soumets... mais je me demande seulement... à moi-même, comment, pendant tout le temps de notre voyage, vous ne m'avez pas dit un mot de ce mari!... (A Héloïse.) Moi qui croyais connaître toutes ses pensées!...

HÉLOÏSE, vivement.

Elle n'y pensait jamais!

HENRI.

A la bonne heure!... c'est tout simple... tout naturel... pourquoi alors en faire un mystère?

HÉLOÏSE, à demi-voix et le tirant un peu à l'écart.

Elle a été si malheureuse avec lui, qu'elle n'en parlait jamais; et puis elle a été mariée si peu de temps... si peu... si peu... que ce n'est vraiment pas la peine d'en parler...

HENRI, avec colère.

Eh! madame! (Se reprenant.) Non... non... pardonnez-moi, excusez-moi... je ne sais plus où j'en suis! Moi qui croyais... qui espérais!... ah! je ne pourrai jamais m'habituer à cette idée-là.

GABRIELLE, à part.

Pauvre jeune homme!...

HENRI, passant à la gauche de Gabrielle.

Et j'éprouve là, malgré moi, des transports de jalousie et de rage...

GABRIELLE.

Henri!...

HENRI.

Rien... rien, mademoiselle... je veux dire madame; je ne me plains pas... je ne me fâche pas... je tiens ma promesse... je suis enjoué... je suis de bonne humeur!... mais je suis bien malheureux!

GABRIELLE.

Et pourquoi donc? puisque je vous aime...

HENRI.

Vrai! vous m'aimez?... Ah! ce mot-là fait du bien... cela console... (A part et se jetant dans un fauteuil auprès de la table.) Mais c'est égal, ce n'est pas la même chose.

GABRIELLE, le regardant.

Oh! mon Dieu!... mon Dieu! il me fait peine... et je ne peux vraiment pas...

HÉLOÏSE, la retenant.

Y penses-tu?...

GABRIELLE.

AIR : Le beau Lycas aimait Thémire. (*Les Artistes par occasion.*)

Hélas! à son trouble sensible,
Je partage son embarras!
C'est qu'en effet il est terrible
De passer pour ce qu'on n'est pas...
Par prudence, je me retire; *(Bis.)*
Car, rien qu'en voyant sa douleur,
Surtout en voyant son erreur,
Je suis toujours prête à lui dire :

« Rassurez-vous, n'ayez pas peur... » (*Bis.*)

(Elle sort par la droite en le regardant encore.)

HÉLOÏSE, à part.

Elle me fait trembler de peur.

SCÈNE VIII.

HÉLOISE, HENRI.

HENRI, qui était resté quelque temps la tête appuyée sur sa main, la relève en ce moment, et regarde autour de lui.

Eh bien !... elle n'est plus là !... elle s'éloigne !...

HÉLOÏSE.

Soyez tranquille ! elle va revenir... (A part.) Allons... pendant qu'il y est, il vaut mieux tout lui dire tout de suite... (Haut.) Elle est allée... je crois, embrasser son enfant !...

HENRI, se levant brusquement du fauteuil où il est assis.

Son enfant !... qu'ai je entendu ?

HÉLOÏSE, effrayée.

Ah ! mon Dieu !...

HENRI, avec colère.

Elle a un enfant ?...

HÉLOÏSE, tremblante.

Sans doute ; un enfant charmant né de ce mariage, et que pendant son absence j'ai élevé ici... dans ce château...

HENRI, dans le désespoir.

Quoi ! ce serait possible ?...

HÉLOÏSE.

Oui, monsieur, je ne vois pas ce que vous importe...

HENRI, hors de lui.

Ce qu'il m'importe... madame... ce qu'il m'importe ! (A part.) Ces vieilles demoiselles... ça ne se doute de rien.

16.

HÉLOÏSE, avec satisfaction.

Je vais vous le montrer... il est beau comme le jour, et, dès que vous le verrez...

HENRI.

Moi!... jamais... (A part.) Cette tante-là est insupportable...

HÉLOÏSE.

Comment, monsieur! vous refusez...

HENRI.

Non, sans doute; mais, dans ce moment... voyez-vous, je ne suis pas à la conversation... le trouble... l'émotion...

HÉLOÏSE.

La fatigue de la route...

HENRI.

C'est cela... (Avec colère.) Et ne savoir à qui s'en prendre... ni sur qui se venger!... (D'un air menaçant.) Ah! si par bonheur... son mari n'était pas mort...

HÉLOÏSE.

Elle ne serait pas veuve, et vous ne pourriez pas l'épouser.

HENRI.

C'est juste, madame... très-juste... Vous voyez, comme je vous le disais, que je n'ai pas dans ce moment des idées bien nettes... ni bien arrêtées...

HÉLOÏSE.

Je vous laisse... monsieur, je vous laisse...

HENRI, à part.

C'est bien heureux!...

HÉLOÏSE.

Je vais faire préparer votre appartement et celui de votre oncle... (A part.) Allons... c'est fini... le coup est porté... et cela s'est passé mieux que je ne croyais... (Faisant la révérence.) Monsieur... j'ai bien l'honneur...

(Elle sort par la porte latérale à droite.)

SCÈNE IX.

HENRI, seul.

Au diable la famille... les aïeux... les grands parents... et surtout... surtout les descendants !... Et cette tante avec son air patelin... « Elle a été si peu... si peu mariée... que ce n'est pas la peine d'en... » Eh ! morbleu ! elle ne l'a été que trop... et je rends grâce au ciel de ce qu'elle n'était pas là ; car, dans le premier moment, je ne sais pas ce que je lui aurais dit !... Je ne peux pas me laisser jouer, abuser à ce point-là... je suis dégagé de ma parole, de mes serments... oui, oui, je serais un fou, un insensé... je serais le jouet, la risée de tous... si je pensais encore à l'épouser !... mais je n'y pense plus... je serai homme... je renoncerai à sa main... Y renoncer !... ah ! cet effort est au-dessus de mon courage! Je l'aime... je l'aime tant !... c'est mon bien... c'est ma vie... Et puis, je ne sais pas pourquoi je suis là à me monter la tête... à m'irriter sans raison !... Tous les jours, dans le monde, on épouse une veuve... qui a un enfant ! Et la preuve, c'est que si je refuse sa main... un autre, j'en suis sûr, se présentera pour l'épouser... un autre encore !... oh! non... celui-là, pour le coup, je le tuerais... Et si elle ne m'a pas parlé de ce premier mariage, si elle m'en a fait un mystère... qu'est-ce que cela prouve ? la crainte qu'elle avait de m'affliger... de perdre mon amour... Oh ! non, jamais... car, après tout !...

AIR de Lantara.

C'est toujours la femme que j'aime,
C'est toujours ce regard charmant !
Mêmes attraits... elle est la même...
(S'arrêtant.)
Non, pas tout à fait cependant. (*Bis.*)
(Avec impatience.)
Mais, que m'importe? Adieu, raison, sagesse,

Peines, regrets... Que tout soit effacé!...
L'amour m'enivre; et, dans l'ivresse,
Distingue-t-on le présent du passé? (*Bis.*)

Oui, oui, j'y suis décidé... et si ce n'était ce que va dire mon oncle, qui s'était prononcé contre ce mariage... (Avec impatience.) Après tout, cela ne regarde personne... c'est moi que cela regarde... c'est moi qui épouse... et si quelqu'un se permet de me blâmer, ou de le trouver mauvais... Ciel! qu'est-ce que j'entends là?... je crois qu'on jure... c'est mon oncle!...

SCÈNE X.

HENRI, BOURGACHARD.

BOURGACHARD, entrant par le fond.

Maudits chevaux!... maudits postillons!

HENRI, allant à lui.

Mon cher oncle!

BOURGACHARD.

Maudit pays!...

HENRI.

La plus belle contrée du monde, le jardin de la France...

BOURGACHARD.

Maudit pays!... que je n'avais pas revu depuis le jour où moi, général Bourgachard, je commandais une partie de l'armée de la Loire... qu'est-ce que je dis?... des brigands de la Loire... comme on nous appelait alors...

HENRI.

Y pensez-vous!

BOURGACHARD.

Oui, morbleu!... c'était bien la peine de s'exposer aux

coups de fusil... à la fatigue... à l'exil... de se battre pendant trente ans... pourquoi?

(Il s'assied auprès de la table.)

HENRI.

Pour gagner de la gloire...

BOURGACHARD.

Dis donc un brevet de réforme et des rhumatismes... c'est la seule chose qu'on ne nous conteste pas, à nous autres vieux soldats de la garde, car j'ai vu le moment où, par ordonnance royale, on allait supprimer la bataille d'Austerlitz... il en a été question...

HENRI.

Bonne plaisanterie!

BOURGACHARD.

Ça m'est égal... je ne tiens plus à tout cela... je ne tiens plus à la gloriole... En fait de fumée, je n'aime plus que celle de la pipe... le coin du feu, le cigare et le piquet... Voilà!...

HENRI.

Oui!... voilà comme je vous ai trouvé l'autre jour dans votre château de la Brie, en tête-à-tête avec votre curé.

BOURGACHARD.

Un brave homme... un ancien militaire, qui tous les soirs me parle de nos campagnes... et puis du ciel... et puis de ma goutte, qui quelque jour pourrait bien m'emporter; et il m'a dit là-dessus des choses...

HENRI.

Qui vous ont effrayé...

BOURGACHARD.

Moi! morbleu... je n'ai jamais eu peur... ni de lui, ni de personne; mais vois-tu, mon garçon, quand on a couru bravement toute l'Europe, tuant, pillant, se faisant tuer... que sais-je!... ça va bien... on ne pense à rien... on est jeune.

AIR du vaudeville du Piège.

Point de remords, point de chagrin,
Et l'on se repasse sans peine
Amour, fillettes et bon vin,
Sans compter mainte autre fredaine...
Nous nous disions, nous autres chenapans :
Ces péchés-là, je puis me les permettre;
Pour m'en repentir, j'ai le temps
Où je n'en pourrai plus commettre!

Eh bien! ce temps-là est venu...

HENRI.

Est-il possible!...

BOURGACHARD.

Oui, mon garçon, depuis que je suis à la retraite, et que je ne me bats plus, je pense quelquefois... je n'ai que cela à faire... et si ça ne fait pas de bien, ça ne peut pas faire de mal... aussi je me disais : Si mon neveu ne faisait pas la bêtise de se marier, il resterait avec moi, nous ferions ménage ensemble, nous ne nous quitterions pas; ça me ferait du bien : et avec lui, qui a des principes, nous serions deux... à penser... et à manger ma fortune!...

HENRI.

Eh bien! mon oncle, nous serons trois... ma femme vous fera une société charmante..

BOURGACHARD, se levant.

Laisse-moi donc tranquille... ce sera une gêne, un ennui!... est-ce que j'oserai jurer ou fumer devant elle? est-ce que j'entends rien à la galanterie?... la garde impériale ne s'est jamais piquée de ça... Et, si au dessert j'ai quelque bonne histoire à raconter, il faudra donc m'en priver, parce que j'aurai là devant moi une jeune fille innocente et naïve qui ne se doute de rien?...

HENRI.

Mais si, mon oncle... et c'est justement ce qui vous trompe.

BOURGACHARD.

Qu'est-ce que tu me dis-là ?

HENRI.

Que vous allez être ravi... enchanté... c'est une veuve !

BOURGACHARD.

Une veuve ! et depuis quand ?

HENRI.

Depuis ce matin... non, je veux dire que je l'ai appris ce matin... tout à l'heure, une surprise que je vous ménageais...

BOURGACHARD.

Elle est jolie !... a-t-on jamais vu une absurdité pareille ?...

AIR du vaudeville de *l'Avare et son ami.*

Oui, ventrebleu ! l'idée est neuve !
Aller, au printemps de ses jours,
Pour femme choisir une veuve !

HENRI.

Qu'importe, si j'ai ses amours !

BOURGACHARD.

Veuve qui fera tous les jours,
Des comparaisons en ménage,
De vous et du premier mari...

HENRI.

Et qu'importe, mon oncle, si...
Elles sont à mon avantage ?

(Avec embarras.) Et puis il y en a encore un pour vous... un avantage !... vous que je voyais l'autre jour faire faire l'exercice au petit garçon de votre intendant, car vous aimez, vous adorez les enfants !... Eh bien ! vous n'aurez pas la peine d'attendre, vous en aurez un tout de suite...

BOURGACHARD.

Qu'est-ce que j'entends là ?

HENRI.

Elle a, de son premier mariage, un petit garçon qui est, dit-on, charmant...

BOURGACHARD.

Va-t'en au diable ! Un demi-siècle à présent, une femme de cinquante ans ! je les déteste.

HENRI.

Mais non, mon oncle.

BOURGACHARD.

Enfin, c'est toujours une mère de famille, que cette jeune vierge que tu me peignais si pure et si candide !

HENRI.

Ça n'empêche pas, mon oncle ; c'est une grâce si naïve, un charme auquel on ne peut résister... et puis elle m'aime tant !

BOURGACHARD.

Laisse-moi donc tranquille, tu ne vois pas que l'on te prend pour dupe, que l'on se moque de toi.

HENRI.

Que dites-vous, mon oncle?

BOURGACHARD.

La vérité!... et je te le prouverai, car je suis là, et nous allons voir.

HENRI.

O ciel ! que voulez-vous faire ?... Lui montrer la moindre défiance! gardez-vous en bien; j'aime mieux être trompé, je le désire, je le demande, c'est mon bonheur.

BOURGACHARD.

Alors sois heureux! et fais comme tu voudras, je ne me mêle de rien.

HENRI.

Ah! mon oncle, mon bon oncle, quel service vous me rendez! Silence! car voici ces dames!

SCÈNE XI.

HENRI, BOURGACHARD, HÉLOISE et GABRIELLE, entrant par le fond.

HÉLOÏSE, à Bourgachard d'un air aimable.

C'est à l'instant seulement que j'apprends votre arrivée, monsieur, et je m'empresse, ainsi que ma nièce...

HENRI, bas à Bourgachard.

C'est elle, mon oncle, regardez donc comme elle est bien !

BOURGACHARD, de même.

Parbleu ! il est sûr que comme cela, on ne se douterait pas...

GABRIELLE, à part et regardant Henri.

Il n'a pas l'air trop furieux. Ah ! que c'est bien à lui !...

BOURGACHARD, après avoir salué Héloïse, passant auprès d'elle.

C'est moi, madame, qui suis bien impoli de ne vous avoir pas d'abord présenté mes hommages, mais j'ai rencontré ici mon neveu qui m'a mis en colère ; et cela m'a arrêté...

HÉLOÏSE.

C'est bien mal à monsieur Henri, et je suis sûre qu'il devait avoir tort, puisqu'il a retardé pour nous le plaisir de vous voir.

BOURGACHARD, s'inclinant.

Madame...

HENRI, bas à Bourgachard.

Elle est aimable, n'est-ce pas ?

BOURGACHARD, de même.

Laisse-moi donc tranquille !

HENRI, bas.

Et sa nièce donc ?

BOURGACHARD, de même.

C'est possible, mais elle ne me plaît pas; je n'aime pas cette physionomie-là.

HENRI.

Vous aimez peut-être mieux la tante?

BOURGACHARD.

Oui, monsieur, c'est possible.

HENRI, à part.

Ils sont étonnants dans la vieille garde!

(Pendant ces derniers apartés, Héloïse a donné quelques ordres à un domestique, qui sort.)

HÉLOÏSE, après que le domestique est sorti, s'adressant à Bourgachard.

Je pense que ces messieurs ne seront pas fâchés de déjeuner, et je viens de donner des ordres...

BOURGACHARD.

Madame...

HÉLOÏSE.

Du reste, comme vous voudrez! liberté entière... Ma nièce vient de faire disposer votre appartement... le plus gai du château.

GABRIELLE.

Celui qui donne sur la rivière.

BOURGACHARD, avec humeur.

Sur la Loire, peut-être? (A part.) Je ne peux pas la souffrir...

HÉLOÏSE.

Non, monsieur, sur l'Indre.

BOURGACHARD, d'un air plus gracieux.

A la bonne heure!

HÉLOÏSE.

Plus tard nous parlerons d'affaires de famille; car c'est nous, grands parents, que cela regarde.

BOURGACHARD.

A vos ordres, madame; mais je vous préviens que j'ai plusieurs objections...

HÉLOÏSE.

Tant mieux! notre conférence durera plus longtemps, mais reposez-vous d'abord. On m'a dit que vous étiez souffrant, et l'air ici est excellent... on n'y est jamais malade...

BOURGACHARD.

Vraiment!

HÉLOÏSE.

Nous avons surtout ici un vin de Saumur... un vin des coteaux, qui est excellent pour la goutte...

BOURGACHARD, bas à Henri.

Ah! si elle me prend par les sentiments!... (Haut.) Je ne serai pas fâché alors d'en trouver une bouteille dans ma chambre.

GABRIELLE, passant auprès de lui.

J'en ai fait monter deux.

HENRI, bas à son oncle.

Quelle attention!... remerciez-la donc...

BOURGACHARD, à Gabrielle avec embarras.

Certainement, mademoiselle, ou plutôt madame... car j'ai appris par mon neveu, qui ne s'en doutait pas, ni moi non plus, que vous étiez veuve; que vous aviez été mariée à M. de...

HÉLOÏSE.

Saverny, un jeune officier.

BOURGACHARD, avec étonnement.

Saverny de Montlandon!...

GABRIELLE, à qui sa tante a fait signe.

Oui, monsieur!...

HÉLOÏSE.

Un ami de notre famille.

BOURGACHARD.

Colonel au 42ᵐᵉ.

GABRIELLE, de même, et toujours sur un signe de sa tante.

Oui, monsieur.

HÉLOÏSE, prenant un air de circonstance.

Et qui malheureusement est mort dans la retraite de Russie.

BOURGACHARD, secouant la tête d'un air goguenard.

C'est juste, car pendant huit ans on n'a pas eu de ses nouvelles. Mais rassurez-vous, séchez vos larmes, il n'est pas mort.

HENRI.

Comment! il n'est pas mort!...

GABRIELLE, à Héloïse.

L'entendez-vous, ma tante? il n'est pas mort!...

HÉLOÏSE, à part.

Ah! mon Dieu! (Haut et allant auprès de Bourgachard.) Ce n'est pas possible...

(Gabrielle remonte vers le fond.)

BOURGACHARD.

C'est certain, il n'est pas mort... témoin cette lettre que j'ai reçue de lui, il y a trois jours. Lisez plutôt. (Présentant la lettre à Héloïse en lui montrant l'adresse.) « Au général Bourgachard. »

HÉLOÏSE, poussant un cri.

Bourgachard!... ah!...

(Elle tombe dans les bras de sa nièce, qui s'est approchée pour la retenir, et qui la place sur un fauteuil à droite du théâtre.)

AIR du Serment.

Ensemble.

BOURGACHARD et HENRI.

Grand Dieu! que signifie

Un tel événement ?
Trahison, perfidie,
Je le vois à présent.

GABRIELLE, à part.

Grand Dieu ! que signifie
Un tel événement ?
Notre ruse est trahie ;
Comment faire à présent ?

(Allant auprès de sa tante.)
Ma pauvre tante, ah ! je conçois, hélas !
Et son trouble et son embarras.

BOURGACHARD.

Revoir revenir à la vie
Un mari qu'on n'attendait pas !

GABRIELLE.

Pardon, messieurs, je ne la quitte pas !

Ensemble.

BOURGACHARD et HENRI.

Grand Dieu ! que signifie, etc.

GABRIELLE.

Grand Dieu ! que signifie, etc.

(Henri a sonné pendant ce dernier ensemble ; Anastase paraît ; Gabrielle relève sa tante, qui sort en s'appuyant sur son bras et sur celui d'Anastase.)

SCÈNE XII.

BOURGACHARD, HENRI.

(A la fin de cette scène, Bourgachard s'est assis sur un fauteuil à droite du théâtre ; Henri s'est assis auprès de la table.)

HENRI.

Je reste confondu... anéanti... (Se retournant en entendant son oncle qui rit aux éclats.) Eh quoi !... vous riez !...

BOURGACHARD.

Oui, morbleu !... emporté d'assaut, à la baïonnette ! et la vieille garde est encore bonne à quelque chose, car voici la noce en déroute, et le prétendu en pleine retraite.

HENRI.

Quoi ! M. de Saverny existe encore ?

BOURGACHARD.

Heureusement pour nous, et pour lui, car c'est un brave militaire, un bon officier...

HENRI.

Et c'est lui qui est le mari de Gabrielle ?... (Il se lève.) Tant mieux ! morbleu !... nous verrons...

BOURGACHARD, riant toujours.

Mais non pas... mais du tout, et c'est là le meilleur. Saverny n'a jamais été marié...

(Il se lève aussi.)

HENRI.

Que me dites-vous donc là ?

BOURGACHARD.

Il est comme moi, il déteste le mariage, je l'ai toujours connu garçon, il l'est encore ; et tu en verras la preuve dans cette lettre même qu'il m'écrit au sujet d'un établissement qu'on lui propose...

HENRI, qui a parcouru la lettre.

C'est ma foi vrai ! et je ne comprends pas alors ce que tout cela veut dire...

BOURGACHARD.

Qu'on te prenait ici pour dupe, que cette demoiselle, femme ou veuve, comme tu voudras, n'a jamais eu de mari... mais, en revanche, elle a un héritier.

HENRI.

Mon oncle...

BOURGACHARD.

Et tu allais épouser tout cela !... (A demi-voix.) Oui, morbleu ! ce n'est pas à un vieux troupier comme moi que l'on en fait accroire. Toi, un blanc-bec, un conscrit de la Restauration, c'est différent ! Tu ne devines pas que, pour réparer les brèches faites à l'honneur de la famille, on avait simulé un veuvage... un mariage avec un homme que l'on croyait bien ne devoir jamais revenir ; mais, en apprenant qu'il existait encore, que la ruse allait se découvrir, tu as vu leur trouble, leur terreur soudaine : la tante s'est trouvée mal, c'est ce qu'elle avait de mieux à faire, c'est une femme d'esprit ! et la nièce !...

HENRI.

La nièce m'aurait trompé à ce point ! c'est à confondre ma raison.

BOURGACHARD.

Il en doute encore ! Allons, mon garçon, plions bagage. Je ne regrette ici que le vin de Saumur ; mais nous en retrouverons ce soir à Tours... à l'*hôtel du Faisan.*

HENRI.

Quoi ! partir à l'instant même !... Je veux au moins la voir, lui dire un éternel adieu.

BOURGACHARD.

En ne revenant pas, ce sera exactement la même chose !

HENRI.

Mais au moins, un moment...

BOURGACHARD.

Du tout. En fait de retraite, il faut prendre son parti sur-le-champ ; si nous avions fait comme cela à Moscou...

HENRI.

Et moi je veux me venger ; je veux l'accabler de reproches, vous ne pouvez pas m'ôter ce plaisir-là ; c'est le seul qui me reste, et pendant que vous demanderez les chevaux, pendant que vous ferez atteler, il ne m'en faut pas davantage.

Après cela je pars avec vous, je ne vous quitte plus, et je vous jure de ne jamais me marier.

BOURGACHARD.

A la bonne heure!

AIR : D'honneur, c'est charmant! (Les Malheurs d'un amant heureux.)

Plus de mariage!
Demeurons garçons.

HENRI.

Oui, c'est le plus sage;
Et nous passerons...

BOURGACHARD.

Notre vie entière
Sans bruit, sans débat!

HENRI.

L'hymen, c'est la guerre!

BOURGACHARD.

C'est un vrai combat!

Ensemble.

HENRI et BOURGACHARD, se donnant la main.
Le bonheur, sur la terre,
C'est le célibat.

(Bourgachard sort par le fond.)

SCÈNE XIII.

HENRI, puis GABRIELLE.

HENRI.

Grâce au ciel!... il me laisse!... et me voilà maître de ma colère, et je n'épargnerai pas la perfide! Elle connaîtra ce cœur qu'elle a outragé, et qui maintenant lui est fermé pour jamais! elle connaîtra... C'est elle, modérons-nous, pour jouir de sa confusion et pour mieux l'accabler...

GABRIELLE, sortant de la chambre à droite, à part.

Ah! que viens-je d'apprendre! ma pauvre tante!... quelle rencontre! Et si, par mon adresse, je pouvais... mais comment? (Voyant Henri.) Ciel! c'est Henri!

HENRI.

D'où viennent donc, madame... le trouble et l'inquiétude où je vous vois?

GABRIELLE.

De l'inquiétude! oui, j'en ai beaucoup! je cherche en moi-même et ne puis trouver un moyen...

HENRI.

De me tromper encore...

GABRIELLE, levant la tête.

Vous! non, monsieur!...

HENRI, avec une colère concentrée.

Et vous faites bien... c'est un soin que vous pouvez vous épargner, car je sais tout! M. de Saverny n'est point votre mari!...

GABRIELLE, froidement.

C'est vrai!...

HENRI.

Jamais vous n'avez été mariée!...

GABRIELLE, de même.

C'est vrai!

HENRI.

Et cependant vous me l'avez dit.

GABRIELLE.

C'est vrai!

HENRI.

Vous voilà confondue... vous vous avouez coupable!

GABRIELLE, avec dépit, et les larmes aux yeux.

Non, monsieur! ce n'est pas moi qui le suis, c'est vous!

17.

HENRI.

Moi !...

GABRIELLE.

Qui déjà manquez à vos serments et oubliez ce que vous m'avez juré ici même. « Quoi que je puisse voir, quoi que je puisse entendre, disiez-vous, je n'aurai ni défiance ni jalousie... »

HENRI.

J'en conviens, mais dans une occasion comme celle-ci...

GABRIELLE, de même.

« Mettez-moi à l'épreuve, et si je n'obéis pas aveuglément, si je me révolte un seul instant... »

HENRI.

Il faut donc faire abnégation de mon jugement, de ma raison, il faut donc fermer les yeux à l'évidence, à la vérité?

GABRIELLE.

Et qui vous dit que ce soit la vérité?...

HENRI.

O ciel !... il se pourrait...

GABRIELLE.

S'il ne m'était pas permis de vous la faire connaître... si j'étais contrainte au silence, si j'étais forcée de paraître coupable, et que je ne le fusse pas ?...

HENRI.

Ah ! parlez... parlez... de grâce...

GABRIELLE.

Non, monsieur, non : je ne dirai rien de plus.

HENRI.

Vous voulez donc me réduire au désespoir ?...

GABRIELLE.

Moi, jamais !... et, par pitié pour l'état où je vous vois, je consens à une preuve, la seule, qu'en ce moment du moins, je puisse vous donner... et encore je ne le devrais pas, vous ne le méritez pas.

HENRI.

Achevez, je vous en supplie...

GABRIELLE.

Eh bien ! monsieur, regardez-moi bien, et écoutez-moi. (Avec tendresse.) Henri, je ne suis pas coupable, et je vous aime. Me croyez-vous ?...

HENRI, troublé et hésitant.

Moi !...

GABRIELLE, vivement.

Songez-y bien, ce moment va décider de mon sort et du vôtre. Si ma voix n'est point arrivée à votre cœur... si ce mot ne vous suffit pas, s'il vous faut d'autres preuves, partez, abandonnez-moi, je ne vous en voudrai pas de n'avoir su ni me deviner ni me comprendre ; je vous plaindrai seulement d'avoir perdu, par votre faute et votre manque de confiance, un cœur que vous pouviez vous gagner à jamais... Maintenant, prononcez, car, je vous le répète, pour ma justification et ma défense, je ne puis dans ce moment vous dire que ce mot... (Avec plus de tendresse encore.) Henri, je vous aime.

HENRI, hors de lui.

Ah ! je vous crois, je vous obéis, je ne vous demande rien ; ce n'est plus moi qu'il faut convaincre, c'est mon oncle...

GABRIELLE.

Je vais tâcher... Que je le voie seulement, car c'est à lui surtout qu'il faut que je parle.

HENRI.

Pour le convaincre ?...

GABRIELLE.

Oui, et puis pour d'autres raisons...

HENRI.

Eh bien ! le voilà... le voilà qui déjà revient me chercher, pour m'emmener avec lui, et, au nom du ciel, ne nous laissez pas partir.

GABRIELLE.

Soyez tranquille... il restera, je l'espère... et vous aussi.
(Elle va s'asseoir devant la table à gauche du théâtre.)

SCÈNE XIV.

Les mêmes ; BOURGACHARD.

BOURGACHARD.

Allons, tout est prêt, dépêchons, et montons en voiture !

HENRI.

Pas encore, mon cher oncle...

BOURGACHARD.

Comment ! pas encore... Est-ce que tu ne lui as pas parlé ?

HENRI.

Si, mon oncle... (La lui montrant.) La voilà...

BOURGACHARD, à demi-voix.

Eh bien ! elle a peut-être osé nier ?...

HENRI, de même.

Non pas... elle est convenue de tout...

BOURGACHARD, de même.

Tu vois donc bien...

HENRI, de même.

Et cependant elle prétend qu'elle n'est pas coupable...

BOURGACHARD.

Est-il possible ?

HENRI.

Elle m'en a donné de si bonnes raisons, des raisons que

je ne peux vous dire, et que vous ne pourriez comprendre, mais qui, à moi, me semblent claires comme le jour.

BOURGACHARD.

De sorte que tu veux toujours épouser...

HENRI.

Oui, mon oncle.

BOURGACHARD.

Ventrebleu !...

HENRI.

Au nom du ciel !...

BOURGACHARD.

Je me modère... Mais je veux lui parler.

HENRI, passant à la droite de Bourgachard.

C'est ce qu'elle demande aussi... et vous verrez... si vous n'êtes pas de mon avis... ou plutôt du sien...

BOURGACHARD.

C'est bon... Va-t'en... (Henri sort.) Un blanc-bec pareil, qui, au premier choc, se laisse enfoncer... Mais, la garde impériale... c'est autre chose, et nous allons voir...

SCÈNE XV.

BOURGACHARD, GABRIELLE, qui, pendant toute la scène précédente, est restée assise près de la table, et s'est mise à écrire.

BOURGACHARD, s'approchant d'elle et d'un ton brusque.

Mademoiselle...

GABRIELLE, toujours assise et continuant à écrire.

Pardon, monsieur... je suis à vous !

BOURGACHARD.

C'est différent... (Après un instant de silence.) Eh bien ! pouvez-vous m'entendre ?

GABRIELLE, toujours assise.

Oui, monsieur...

BOURGACHARD, brusquement.

Mademoiselle... mon neveu est amoureux de vous, et vous l'avez séduit, entraîné, fasciné... au point qu'il est persuadé maintenant que...

GABRIELLE, voyant qu'il hésite.

Eh bien?

BOURGACHARD.

Que... que vous n'avez aucun reproche à vous faire...

GABRIELLE, avec douceur.

Il a raison... et je le remercie d'une estime qui lui acquiert à jamais la mienne...

BOURGACHARD.

Tout ce que vous voudrez... Mais après ce que nous savons...

GABRIELLE, à part, se levant.

Allons, il n'y a que ce moyen. (A Bourgachard, avec dignité.) N'admettez-vous pas, monsieur, qu'on puisse être malheureuse et non coupable?... Et si j'avais été victime d'une fatalité indépendante de moi, de mon cœur, de ma volonté... répondez, monsieur, répondez... est-ce moi qu'il faudrait accuser?...

BOURGACHARD.

Qu'est-ce que cela signifie?... Achevez...

GABRIELLE.

Et si je vous disais, monsieur, que ma position est telle, que, dans ce moment même, je ne puis devant vous me justifier de vive voix... je l'ai osé par écrit... (Prenant le papier qui est sur la table.) Tenez, monsieur, jetez les yeux sur ce papier... que je crois pouvoir confier sans crainte à votre loyauté... et à votre honneur!...

BOURGACHARD, prenant le papier d'un air interdit.

Que diable cela peut-il être?... (Parcourant le papier avec une extrême agitation.) O ciel!... la veille de la bataille de Montmirail... à la Ferté-sous-Jouarre, à l'hôtel de France... ce souper d'officiers... Ah! je sens une sueur froide qui me saisit. (Achevant de lire.) Mon Dieu! mon Dieu!... ce qui depuis si longtemps m'empêchait de dormir... Est-ce bien possible?... C'était elle!...

(Gabrielle, pendant cet aparté, a de temps en temps levé les yeux sur Bourgachard, qu'elle regarde en souriant.)

GABRIELLE, à part.

Comme il est troublé!... Ah! j'ai de l'espoir!

BOURGACHARD, s'approchant de Gabrielle en baissant les yeux, et presque lui tournant le dos.

Mademoiselle... je vous estime... je vous respecte... je vous honore... et la preuve c'est que je n'ose vous regarder!...

GABRIELLE, à part, avec joie.

O ma pauvre tante!... Allons, du courage!

BOURGACHARD, de même, et montrant de la main le papier.

Il y a là un coupable... mais ce n'est pas vous... Et quand je pense qu'un soldat de Bonaparte... un officier de la vieille garde, a ainsi déshonoré ses épaulettes!... Ah! je ne me le pardonnerai jamais...

GABRIELLE, feignant l'étonnement.

Monsieur!...

BOURGACHARD, à demi-voix.

Taisez-vous!... taisez-vous!... ne me trahissez pas... vous voyez bien que c'est moi!... Mais tout ce que j'ai, tout ce que je possède... ma fortune, ma main... mon existence entière sera employée à réparer mon crime...

GABRIELLE, avec intention.

Qu'entends-je?... vous, monsieur, qui par votre caractère, vos goûts, vos opinions, détestiez de pareils liens!...

BOURGACHARD.

Vous consentez donc? je puis enfin lever les yeux sur

vous; et quand je vois tant de grâce, de beauté, de jeunesse, je suis trop heureux d'expier ainsi mes fautes.

GABRIELLE, à part.

Ah! mon Dieu! quand il saura que c'est ma tante!...

BOURGACHARD.

Je ne le méritais pas... Je méritais d'être puni... Je vais écrire à votre tante... (Il va à la table.) Oui, mademoiselle... je vais lui avouer tous mes torts... lui dire qu'en pareil cas, et quoi qu'il arrive, un galant homme ne peut pas hésiter... ne peut pas reculer... qu'il n'y a qu'un parti à prendre...

GABRIELLE, s'approchant de lui.

C'est cela même... c'est bien...

BOURGACHARD.

N'est-il pas vrai?... J'avais là, depuis si longtemps, comme un boulet de trente-six sur la conscience, et maintenant... (Écrivant toujours.) Voyez, est-ce bien ainsi?

(Il lui montre la lettre.)

GABRIELLE, lisant.

Oui, général... pas un mot de plus. Terminez en lui demandant une entrevue...

BOURGACHARD.

Tout ce que vous voudrez. (Il lui donne la lettre, Gabrielle la prend. — Après un moment de silence et d'embarras, Bourgachard continue.) Mais il est un autre chapitre... dont je n'ai pas osé vous parler... et d'y penser seulement me rend tout tremblant... (Montrant le papier.) Ce fils... dont vous parliez... c'est le mien?...

GABRIELLE.

Sans doute!...

BOURGACHARD, se levant.

J'ai un fils!... ah! que je voudrais le voir... et l'embrasser!... Y consentez-vous?...

GABRIELLE.

Certainement...

BOURGACHARD, lui baisant les mains.

Ah!... je suis trop heureux... et vous êtes un ange!...

SCÈNE XVI.

Les mêmes; HENRI.

HENRI, apercevant son oncle près de Gabrielle.

Eh bien! eh bien! que vous disais-je?... vous en convenez vous-même... c'est un ange...

BOURGACHARD.

Oui, monsieur... et si ce n'était ma goutte, je serais déjà tombé à ses pieds.

HENRI.

Vous ne trouvez donc plus étonnant qu'on se laisse séduire par elle, qu'on l'aime, qu'on l'épouse?...

BOURGACHARD.

Non, certes; et la preuve... c'est que je lui offre ma main!

HENRI.

Hein! qu'est-ce que vous me dites là?... vous, mon oncle!... (A Gabrielle.) Il perd la tête...

GABRIELLE, avec reproche.

Comment, monsieur!...

HENRI, vivement.

Non, ce n'est pas cela que je veux dire... (A Bourgachard.) Mais vous, qui me blâmiez tout à l'heure... (A demi-voix.) Car vous savez comme moi qu'elle n'est pas veuve...

BOURGACHARD.

Heureusement...

HENRI.

Qu'elle n'est pas mariée.

BOURGACHARD.

C'est ce que je demande...

HENRI.

Et qu'enfin... elle a un...

BOURGACHARD.

Raison de plus... Je suis trop heureux... et c'est justement pour cela...

HENRI, à part.

Il est fou... je voulais bien qu'il fût séduit... mais la dose est trop forte...

GABRIELLE, pendant cet aparté, a fait signe à un domestique, qui paraît.

Anastase... cette lettre à ma tante... et conduisez monsieur dans le petit salon bleu...

BOURGACHARD, à demi-voix.

C'est là qu'il est... je cours l'embrasser. (Au moment d'entrer dans la chambre à droite, il s'arrête et revient auprès de Gabrielle.) Ah!... son nom...

GABRIELLE, à part.

Ah! mon Dieu!... je n'en sais rien... (Haut.) Il vous le dira lui-même...

BOURGACHARD.

C'est bien... c'est bien... Du silence... surtout avec lui... (Montrant Henri.) Je reviens vous prendre, et nous irons ensemble près de votre tante, lui demander son consentement, comme j'ai déjà le vôtre.

(Il entre dans la chambre à droite.)

SCÈNE XVII.

GABRIELLE, HENRI.

(Ils se regardent tous deux un moment en silence.)

HENRI.

AIR : Un jeune Grec assis sur des tombeaux.

Qu'ai-je entendu?... votre consentement!...
Ah! ma surprise à chaque instant augmente!

GABRIELLE.

Et d'où vient donc ce grand étonnement?

HENRI.

Vous consentez à devenir ma tante!

GABRIELLE.

Eh bien! qu'importe?

HENRI.

Ah! c'est ce qu'on verra...

GABRIELLE.

Par la constance moi je brille.

HENRI.

Et cette main, mon oncle l'obtiendra?

GABRIELLE.

Eh! oui, vraiment, pour que cela
Ne sorte pas de la famille.

HENRI.

C'est trop fort, et vous m'expliquerez, vous me direz au moins...

GABRIELLE, gravement.

« Quoi que je puisse voir, quoi que je puisse entendre, je n'aurai ni défiance, ni jalousie... »

HENRI.

Mais, madame...

GABRIELLE.

« Je ne demanderai ni raisons, ni explications. » Voilà la seconde fois que je suis obligée de vous rappeler notre traité, et il est impossible d'avoir moins de mémoire...

HENRI.

C'est qu'il n'y a pas d'exemple d'une situation pareille; car, enfin, je connais mon oncle, il ne plaisante pas, lui, et s'il vous épouse, il vous épousera bien, ce sera pour tout de bon.

GABRIELLE.

Eh bien?...

HENRI.

Eh bien!... madame, vous me mettriez en colère avec votre sang-froid; car, enfin, et ce que je ne conçois pas, ce matin vous étiez bonne, indulgente, vous compatissiez à mes peines, et maintenant vous avez l'air de vous moquer de moi.

GABRIELLE.

Parce que je suis contente, oui, monsieur, je suis contente de vous : et si vous continuez à être discret et soumis, si vous ne faites pas la moue comme en ce moment, j'ai idée que bientôt je pourrai vous récompenser, et que si le ciel seconde mes projets, dès ce soir vous serez marié.

HENRI.

Est-il possible! et mon oncle?...

GABRIELLE.

Votre oncle aussi.

HENRI.

C'est vous faire un jeu de mes tourments.

GABRIELLE.

Non, monsieur! mais laissez-moi...

HENRI.

Et pourquoi?

GABRIELLE.

J'ai à parler à votre oncle.

HENRI.

Encore!

GABRIELLE.

Voilà votre appartement.

HENRI.

Je m'en vais, madame, je m'en vais. (Revenant.) Mais vous me promettez au moins...

GABRIELLE.

Je ne vous promets rien, monsieur, partez...

HENRI.

Je m'en vais, madame, vous le voyez, je m'en vais. (A part.) Mais pas pour longtemps.

(Il sort par la porte latérale à gauche.)

GABRIELLE, le regardant sortir.

Pauvre jeune homme!... (Avec tendresse.) Ah! que j'aurai là un bon mari! mais pour cela, maintenant le plus difficile est à faire; car avec un homme de ce caractère-là, pour l'amener de lui-même à renoncer à moi, et à me préférer ma tante, ce n'est pas aisé. Allons, mettons-y tout ce que j'ai d'adresse... et tâchons d'abord de ne pas le heurter.

SCÈNE XVIII.

BOURGACHARD, GABRIELLE.

GABRIELLE, à Bourgachard, qui entre.

Eh bien?

BOURGACHARD, hors de lui et à demi-voix.

Je l'ai vu!... je l'ai vu!... je l'ai embrassé. Ah! je ne me doutais pas de ce qu'un pareil moment fait éprouver. Heureusement il n'y avait personne... nous étions seuls, car j'ai pleuré, comme une femme, comme un conscrit.

GABRIELLE, avec joie.

Vraiment?

BOURGACHARD.

Il n'a pas eu peur de moi... ni de mes moustaches, au contraire, il a joué avec. C'est mon fils, c'est mon sang... c'est le sang de la vieille garde... et puis il me ressemble déjà...

GABRIELLE.

Vous trouvez!

BOURGACHARD.

C'est effrayant! si j'étais resté ici, ça vous aurait compromise. Et puis vous l'avez nommé Victor... c'est un beau nom, c'est celui que je lui aurais donné en souvenir de mon empereur, et quand j'y aurai ajouté le mien, Victor Bourgachard, cela sonne bien, cela retentit.

GABRIELLE.

Certainement.

BOURGACHARD, s'échauffant toujours.

Et quand on dira : Qu'est-ce que c'est donc que ce petit gaillard-là qui court, qui n'a peur de rien, qui jure déjà comme un homme?... on répondra : C'est le fils du général Bourgachard, du comte Bourgachard, car je suis comte, je n'y tenais pas, mais j'y tiens pour lui. Il aura mon majorat, et mon château de la Brie, et toute ma fortune...

GABRIELLE, vivement.

Cela va sans dire.

BOURGACHARD.

N'est-ce pas?... Vous ne pouvez pas vous imaginer ce que ces idées-là ont produit en moi! J'étais ennuyé, fatigué de tout, même de la vie, et maintenant je renais, je rajeunis! je ferais encore une campagne pour laisser à mon fils quelque grade et quelque gloire de plus... Venez!... venez près de votre tante.

GABRIELLE.

C'est inutile!... d'après votre lettre et l'entrevue que vous lui avez demandée, elle ne peut tarder à se rendre ici, et je veux profiter de son absence pour vous dire à mon tour ce qui se passe en moi... ce que j'éprouve, ce que je pense, en un mot vous parler avec franchise...

BOURGACHARD.

C'est trop juste! au moment de se marier, il faut tout se dire.

GABRIELLE.

Eh bien! général... je dois vous avouer que M. Henri... que votre neveu... m'aime éperdument...

BOURGACHARD.

Je le sais! c'est un malheur...

GABRIELLE.

Mais ce que vous ne savez peut-être pas... c'est que moi aussi, je l'aime, et je le sens là... je ne pourrai jamais ni l'oublier, ni vous aimer, comme je le devrais.

BOURGACHARD.

Vraiment! je vous remercie de votre franchise... mais que voulez-vous? c'est un malheur...

GABRIELLE.

Ce mariage va donc vous priver d'un neveu qui vous était cher, que vous aviez élevé, que vous regardiez aussi comme votre enfant. Il faudra l'exiler, ou, s'il reste près de vous, vivre en une défiance continuelle, le redouter sans cesse, être jaloux enfin des deux personnes que vous aimez le plus...

BOURGACHARD, avec impatience.

C'est vrai!... c'est vrai!... mais quand vous me direz tout cela, il le faut, il faut bien réparer mon crime, et donner un nom à mon fils.

GABRIELLE.

Je ne vous parle pas de la différence de nos âges, de nos goûts. Ces bals, ces soirées, ces réunions qui m'enchantent, serait-ce là ce qui vous conviendrait? non, sans doute.

AIR de valse.

Ce n'est pas cela,
Ce tableau-là
Ne peut guère
Vous plaire;
Aussi, pour vous, et trait pour trait,
Voilà ce qu'il faudrait :

Une femme de quarante ans,
Fraîche encor, douce, aimable et bonne...
Songe-t-on aux jours du printemps
Lorsque brille un beau jour d'automne?

N'est-ce pas cela?
N'est-ce pas là
La compagne et l'amie,
Qui de la vie
Et de l'hymen
Charmerait le chemin?

Ne voyant que votre intérêt,
Sans humeur et sans égoïsme;
Toujours là, les jours de piquet,
Surtout les jours de rhumatisme

N'est-ce pas cela? etc.

Elle entendrait, près du foyer,
Le récit de chaque victoire,
Et donnerait au vieux guerrier
Paix et bonheur après la gloire.

N'est-ce pas cela? etc.

BOURGACHARD, avec humeur.

Eh! certainement, cela vaudrait bien mieux, mais quand on n'a pas le choix... quand il le faut...

GABRIELLE.

Et s'il ne le fallait pas...

BOURGACHARD.

Que dites-vous?...

GABRIELLE.

Si vous n'aviez envers moi aucun tort à réparer?

BOURGACHARD.

Ce n'est pas possible!

GABRIELLE.

C'est pourtant la vérité... et si, dans le trouble où vous a jeté cet aveu, vous aviez eu le temps de réfléchir, vous vous seriez dit que j'ai dix-huit ans, que votre fils en a sept...

BOURGACHARD.

C'est juste... et qui donc alors... qui donc?

GABRIELLE.

Celle à qui vous venez d'écrire... pour implorer le pardon de vos torts...

BOURGACHARD.

Votre tante!...

GABRIELLE.

La mère de votre enfant... celle qui lui a prodigué tous ses soins... celle à qui vous rendrez l'honneur, et qui, à son tour, honorera votre vieillesse... Oui, voilà l'amie, la compagne qui vous convient... elle ne vous quittera pas, celle-là, elle embellira vos derniers jours... elle vous aidera à élever et à aimer votre enfant...

BOURGACHARD, attendri.

Mon enfant!

GABRIELLE.

Nous l'aimerons tous... car votre neveu ne sera plus obligé de s'éloigner... vous n'en serez plus jaloux... nous resterons avec vous, dans votre château; nous y vivrons tous en famille... votre fils épousera ma fille... car j'en aurai une...

BOURGACHARD.

Vous croyez?...

GABRIELLE.

Oui, monsieur... et vous ne voudrez pas faire manquer tous ces mariages-là...

BOURGACHARD, essuyant une larme.

Non... non, vraiment...

GABRIELLE.

Je puis donc dire : Mon oncle?

BOURGACHARD.

Sans doute...

GABRIELLE.

Et je puis vous embrasser?...

BOURGACHARD.

Ça devrait déjà être fait...

GABRIELLE, se jetant dans ses bras.

Ah! de grand cœur!

SCÈNE XIX.

LES MÊMES; HENRI.

HENRI.

Que vois-je? vous dans ses bras!...

GABRIELLE

Oui, monsieur...

HENRI.

Et c'est vous encore qui l'embrassez!...

GABRIELLE.

Certainement!

HENRI.

C'est trop fort... j'ai tout supporté... je me suis résigné, je me suis soumis à tout ce que vous avez ordonné, quelque absurde que ce fût... mais la soumission a des bornes, j'y renonce... je me révolte.

GABRIELLE, le regardant avec compassion.

Est-ce malheureux!... faire naufrage au port!... quand vous n'aviez plus qu'un instant de patience!...

HENRI.

Je n'en ai eu que trop... et je ne souffrirai point que devant mes yeux...

BOURGACHARD.

Qu'est-ce qu'il te prend?...

GABRIELLE.

De quoi se fâche-t-il?

BOURGACHARD.

De ce que j'embrasse ta femme...

HENRI.

Oui...

BOURGACHARD, lui montrant Héloïse, qui entre par la porte latérale à droite, en lisant la lettre de Bourgachard.

Eh bien! prends ta revanche! et embrasse la mienne...

HÉLOÏSE.

Ciel!...

(Elle tombe évanouie dans le fauteuil, Bourgachard court à elle.)

HENRI.

Sa femme!... il serait vrai! Et vous, mademoiselle?

GABRIELLE.

Il en doute encore.

HENRI.

Oh! non.

(Henri tombe aux genoux de Gabrielle, et lui baise la main; Bourgachard, qui s'aperçoit de cela, croit devoir en faire autant, et il se jette aux genoux d'Héloïse.)

BOURGACHARD, se relevant et à son neveu.

Oui, mon ami, j'ai retrouvé ma femme, mon enfant... (Montrant Gabrielle.) Et quant à elle, qui a toujours été digne de toi, il faut t'expliquer...

HENRI.

Non, mon oncle; non, je ne veux rien apprendre, rien savoir...

GABRIELLE.

A la bonne heure, monsieur, ce mot-là nous réconcilie; et malgré votre manque de confiance...

HENRI.

Elle est revenue... j'épouse les yeux fermés.

BOURGACHARD, baisant la main d'Héloïse.

Et moi aussi... Allons voir mon fils!

AIR du Valet de chambre.

Par l'amitié (*Bis.*)
Que notre vie
Soit embellie !
Par l'amitié (*Bis.*)
Que le passé soit oublié !

SALVOISY

ou

L'AMOUREUX DE LA REINE

COMÉDIE-VAUDEVILLE EN DEUX ACTES

EN SOCIÉTÉ AVEC MM. DE ROUGEMONT ET DE COMBEROUSSE.

Théatre du Gymnase. — 18 Avril 1834.

PERSONNAGES.	ACTEURS.
GEORGES DE SALVOISY...... MM.	Saint-Aubin.
LAUZUN................	Rhozevil.
DE VASSAN, capitaine des levrettes ...	Numa.
BOURDILLAT, médecin..........	Klein.
UN HUISSIER.............	Bordier.
LA REINE .... Mmes	Léontine Volnys.
LA PRINCESSE.............	David.
LOUISE, orpheline............	Allan-Despréaux.

Femmes de la reine. — Gardes-du-corps.

A Trianon, en 1787, au premier acte. Aux environs d'Épernay, en 1791, dans un château appartenant à M. de Salvoisy, au deuxième acte.

SALVOISY
ou
L'AMOUREUX DE LA REINE

ACTE PREMIER

L'appartement de la reine. — Sur le devant, à gauche de l'acteur, une riche toilette.

SCÈNE PREMIÈRE.

DE VASSAN, LAUZUN; puis UN HUISSIER.

VASSAN.

Pourrai-je avoir l'honneur de dire deux mots à monsieur le duc?

LAUZUN.

Eh! c'est le capitaine des levrettes de la chambre du roi, ce cher M. de Vassan; parlez, mon ami, parlez.

VASSAN.

Ah! monsieur le duc, vous voyez un homme au désespoir, qui n'a plus une goutte de sang dans les veines; je viens d'apprendre qu'il a été question de supprimer mes fonctions; et cela, chez la reine.

LAUZUN.

Eh! mais, ce ne serait peut-être pas une trop mauvaise idée; nous vous ferons entrer dans la bouche, ou dans la garde-robe.

VASSAN.

C'est fort honorable, sans doute; mais tout le monde y entre; tandis que ne commande pas qui veut aux levrettes de Sa Majesté.

AIR : De sommeiller encor, ma chère. (Arlequin Joseph.)

Oui, les piqueurs les plus habiles
Ne pourraient leur donner des lois ;
Tandis que, pour moi seul dociles,
Elles accourent à ma voix.
Grâce à mes talents qui les dressent,
Ces quadrupèdes complaisans,
Quand on les frappe vous caressent...

LAUZUN, souriant.

On croirait voir des courtisans.

VASSAN.

C'est pour cela que leur suppression nous intéresse tous; car, si on laisse faire notre jeune souveraine, elle aura bientôt tout changé, tout bouleversé.

LAUZUN, à part.

Je l'espère bien.

VASSAN.

C'est une idée fixe, une folie; elle ne respecte rien. Déjà les paniers, qui avaient pour eux les premières familles du royaume... eh bien! elle les a renversés.

LAUZUN, riant.

Que vous importe, puisque vos pensions restent debout?

VASSAN.

Des modes elle passera à l'étiquette : il faut voir déjà le

cas qu'elle en fait; c'est au point qu'une reine pourra bientôt boire, manger, se promener et s'amuser comme une autre femme.

LAUZUN.

Ah! cela ne serait pas tolérable!

VASSAN.

Enfin, croiriez-vous bien qu'il y a quelques jours elle s'est mise à courir les champs, dès cinq heures du matin, sous prétexte de voir lever le soleil!

LAUZUN.

Il a dû être un peu surpris de la rencontre.

VASSAN.

Qui donc?

LAUZUN.

Eh parbleu! le soleil!

VASSAN.

Et sur la terrasse du grand Trianon, au milieu de la nuit, ces concerts, dont tous les bons habitants de Versailles peuvent prendre leur part, où Sa Majesté se montre comme une petite bourgeoise, en simple déshabillé blanc, sans aucune suite...

LAUZUN.

Eh bien! où est le mal?

VASSAN.

Le mal! c'est qu'il lui est arrivé de causer quelquefois avec des gens de rien, des bourgeois qui sont venus, sans respect, s'asseoir auprès d'elle.

LAUZUN.

Tout cela vous étonne? Mais vous ne voulez donc pas comprendre, vous autres vieux courtisans, qu'élevée dans toute la simplicité des mœurs allemandes, la reine ne peut pas se conformer à vos sots et ennuyeux usages?

AIR : *Du partage de la richesse.* (*Fanchon la vielleuse.*)

Et cependant, quoique étrangère,

Par ses attraits et par son goût exquis,
Par son esprit et sa grâce légère,
Elle appartient à notre beau pays;
Sans nul effort son sourire commande
Le dévoûment, l'amour et les respects;
    Et si sa tête est allemande,
Moi, je suis sûr que son cœur est français!

Aussi fait-elle perdre l'esprit à tout le monde; et ce matin encore ai-je été obligé de donner un coup d'épée, en son honneur, à un jeune étourdi, un jeune fou...

VASSAN.

Comment! monsieur le duc, un duel?

LAUZUN.

Mon Dieu oui! je parlais, un peu haut à la vérité, puisque ce jeune homme m'a entendu, de l'amitié dont la reine m'honore, de la bonté toute particulière avec laquelle Sa Majesté veut bien m'accueillir depuis mon retour de Russie. Je citais quelques petites circonstances, du reste assez connues : la plume de héron, et certain ruban; j'allais même jusqu'à le montrer, lorsque ce jeune homme a eu l'audace de s'élancer sur moi, et de me l'arracher. Évidemment c'est un rival; mais pour son nom, il n'a pas voulu le dire.

UN HUISSIER, entrant par le fond à droite de l'acteur.

Quelqu'un qui veut visiter le grand Trianon, et qui se réclame de M. le marquis de Vassan, m'a chargé de lui remettre ce billet.

VASSAN.

Donnez. Vous permettez, monsieur le duc. (Lisant.) « Mon cher oncle... »

LAUZUN.

C'est un parent à vous.

VASSAN.

Ah! parbleu! des parents! on n'en manque pas quand on est à la cour; toutes les semaines il m'en tombe des nues. (Lisant.) « J'arrive du pays et meurs d'envie d'admirer Tria-

« non et d'embrasser un oncle que je n'ai pas vu depuis
« dix ans. » C'est mon neveu, Silvestre de Varnicour, dont
on m'annonçait l'arrivée; un beau blondin.

L'HUISSIER.

Non, monsieur, il est brun.

VASSAN.

Petit, jeune homme ?

L'HUISSIER.

Non, monsieur, il est grand.

VASSAN.

Que m'écrivait donc sa mère? Il ne peut pas cependant, depuis quelques heures qu'il est à Versailles...

LAUZUN.

Bah! on change si vite à la cour!

L'HUISSIER.

Du reste, il a une impatience d'entrer au château...

VASSAN, montrant la lettre.

Je crois bien! ces provinciaux qui n'ont jamais vu de près des grands seigneurs tels que nous...

LAUZUN, jetant les yeux sur le billet que Vassan tient à la main.

Comment! c'est là l'écriture de votre neveu?

VASSAN.

Mais apparemment.

LAUZUN.

C'est aussi celle du gentilhomme avec lequel je me suis battu ce matin.

VASSAN.

Quoi! monsieur le duc, il se pourrait! Ah! que je suis désolé; il ne vous a pas blessé ?

LAUZUN.

Au contraire, c'est moi

VASSAN.

Ah! que c'est heureux! mais c'est donc une mauvaise tête? S'attaquer à vous! concevez-vous une pareille chose? moi qui fais profession du plus entier dévouement!... Ah! mais je vais aller tout à l heure lui laver la tête, soyez tranquille, monsieur le duc, soyez tranquille, vous obtiendrez toute satisfaction.

LAUZUN, souriant.

Eh! ne l'ai-je pas déjà obtenue!

L'HUISSIER, à de Vassan.

Que dois-je répondre?

VASSAN.

Eh! parbleu! qu'il attende! je suis d'une colère... Voilà la reine, et mon devoir est de prendre ses ordres. Qu'il attende!

(L'huissier sort.)

SCÈNE II.

LES MÊMES; LA REINE, LA PRINCESSE, LES FEMMES DE LA REINE; UN HUISSIER.

LA REINE, entrant par la droite.

Déjà ici, messieurs? Est-ce que par hasard vous faisiez la cour à ma toilette?

(Elle s'assied auprès de la toilette; ses femmes se tiennent derrière son fauteuil.)

VASSAN.

Madame, on pourrait s'adresser plus mal; n'est-elle pas chargée de reproduire les grâces de Votre Majesté?

LA REINE, souriant.

Je suis sûre, monsieur de Lauzun, que vous n'auriez pas pensé celui-là.

LAUZUN.

Pire, encore, Madame; mais le respect du moins m'empêcherait de le dire.

LA REINE.

Vous êtes des flatteurs.

(Elle s'assied à sa toilette, entourée de ses femmes. Les unes arrangent sa coiffure, les autres attachent, à une robe blanche, une garniture de fleurs naturelles.)

LA PRINCESSE.

Votre Majesté ne met pas de rouge ce matin ?

LA REINE.

Non, ce soir seulement; on est si pâle aux bougies. (A Lauzun.) Dites-moi donc, monsieur de Lauzun, ce que vous devenez. (Bas.) Hier soir chez la princesse, je mourais d'envie de jouer gros jeu. Vous savez que je ne le puis qu'en cachette et par procuration; car si le roi le savait... et justement vous ne paraissez pas.

LAUZUN, de même.

Désespéré de n'avoir pas pressenti le désir de Votre Majesté. Toutefois, qu'Elle se console; car ailleurs j'ai beaucoup perdu.

LA REINE, de même.

Vous auriez gagné pour moi. (Haut.) Eh bien! messieurs, vous avez vu notre comédie? Mais, n'est-ce pas que nous ne sommes pas si détestables, pour des amateurs; quoi qu'en ait dit certain mauvais plaisant, que c'était « royalement mal jouer! »

LAUZUN, qui est passé entre de Vassan et la princesse.

Oh! quelle injustice! il est impossible d'être plus séduisante que Votre Majesté dans Colette.

LA PRINCESSE.

Aurons-nous demain une seconde représentation ?

LA REINE.

Non, nous aurons demain soir un concert sur la terrasse de Trianon.

VASSAN.

Effet magique, enivrant! Ces instruments à vent placés derrière ces massifs d'arbres, au milieu de la nuit, c'est à vous rendre sylphe!

LAUZUN.

Et puis tout ce que l'on y entend est si délicieux!

LA REINE.

Pas toujours. (A la princesse.) Témoin, notre dernière rencontre où nous avons entendu quelques petites vérités assez piquantes.

VASSAN.

L'on aurait osé, pendant le concert délicieux?

LA REINE.

Eh! mon Dieu, oui! et je vous réponds que les paroles valaient encore mieux que la musique.

LAUZUN.

Et qui se serait permis?...

LA REINE.

Un jeune homme qui était venu s'asseoir sur le banc où je m'étais placée avec la princesse.

VASSAN.

Et vous ne lui avez pas ordonné de se retirer!...

LA REINE.

Pourquoi? Il nous regardait beaucoup, mais ne nous connaissait pas; son action n'avait rien d'inconvenant. D'ailleurs le piquant de la situation m'amusait; on a si peu l'habitude d'attaquer la reine devant moi! et je ris de la surprise de ce jeune homme, si jamais il me reconnaît.

VASSAN.

Il se croira perdu!

LA REINE.

Je ne le pense pas.

LA PRINCESSE.

Ou plutôt de votre ennemi qu'il était, il deviendra votre partisan, votre admirateur.

LAUZUN.

Eh! mais, peut-être est-ce déjà fait; car M. le lieutenant de police me parlait hier d'un original qui, depuis quelque temps, se trouve toujours sur le passage de Votre Majesté et fait tous ses efforts pour pénétrer jusqu'à Elle; efforts jusqu'à présent inutiles.

LA REINE.

A coup sûr, car c'est la première nouvelle. Eh bien?...

LAUZUN.

Eh bien! Madame, les singulières démonstrations de ce personnage, le langage passionné avec lequel il exprime son admiration pour Votre Majesté, l'ont fait remarquer de tout le monde.

LA REINE.

En vérité ?

LAUZUN.

Au point que chacun ne le désigne plus que sous le titre de *l'Amoureux de la reine*.

LA REINE.

L'Amoureux de la reine!

LAUZUN.

Oui, Madame ; et je ne sais pourquoi, car c'est un titre que nous réclamons tous.

LA REINE.

Et vous dites qu'il me poursuit partout ?

LAUZUN.

Partout où il peut pénétrer : à l'Opéra, à la messe, dans les galeries.

LA REINE.

C'est étonnant que je ne l'aie pas remarqué!

LAUZUN.

Hier, toujours à ce que m'a dit M. le lieutenant de police, il est resté trois heures à la grille, par une pluie affreuse!

LA REINE, avec compassion.

Quelle folie! et sait-on qui il est, d'où il vient?

LAUZUN.

Communicatif sur un seul point, il est muet sur tous les autres.

LA PRINCESSE.

Je suis de l'avis de monsieur le duc; je croirais assez que c'est l'homme de la terrasse.

LA REINE.

Quelle idée! et comment imaginer que des sentiments aussi hostiles que les siens aient été changés par un quart-d'heure de conversation?

LAUZUN.

Un quart-d'heure! mais il vous a souvent suffi d'un coup d'œil; et d'après tout ce qu'on m'a raconté de son assiduité et de sa persévérance silencieuse, c'est une cour dans toutes les règles.

LA REINE.

Monsieur de Lauzun...

LAUZUN.

Oui, Madame, il faut dire les choses comme elles sont, et Votre Majesté le rencontrera quelque jour errant dans les bosquets de Versailles dont il ne peut s'éloigner.

LA REINE, se levant.

En vérité, messieurs, il faut bien peu de chose pour donner carrière à votre imagination. Un gentilhomme de province, si toutefois c'est celui que nous croyons, car tout le monde en parle et personne ne l'a vu, pas même moi, ce pauvre jeune homme, qui ne connaissait peut-être rien de plus beau, avant de venir ici, que les tours de son gothique château, ne pourra pas se rassasier tout à son aise des spectacles, des cérémonies et des merveilles de Versailles, sans que son admiration pour la cour ne soit transformée aussitôt en amour pour sa souveraine, et les gens qui m'approchent, qui m'entourent, accueillent et répètent de pareils bruits !

LAUZUN.

Je suis désolé d'avoir blessé Votre Majesté.

LA REINE.

Me blesser ! et en quoi ? Pensez-vous que je fasse attention à de pareilles folies ?

LAUZUN.

C'est justement pour cela que je me suis permis une plaisanterie...

LA REINE.

Dont je ne veux plus entendre parler. C'est bien, qu'il n'en soit plus question. (A la princesse.) Qu'y a-t-il ce matin ? Avez-vous quelque demande, quelque pétition qui me soit adressée ?

LA PRINCESSE.

Non, Madame.

LA REINE.

Tant pis ! j'aurais voulu rendre service à quelqu'un, cela m'aurait rendu ma bonne humeur.

LA PRINCESSE.

N'est-ce que cela ? que Votre Majesté se rassure, je crois que j'ai ce qu'Elle désire...

LA REINE.

Parlez vite !

LA PRINCESSE.

Une pauvre jeune fille, que les concierges du château ont

beau congédier et qui revient tous les matins en disant : *Je veux parler à la reine.* Je l'ai aperçue aujourd'hui dans la cour, assise sur une borne, et pleurant ; je lui ai demandé ce qu'elle voulait : *Je veux parler à la reine* ; je n'ai pu en tirer d'autre réponse, et j'attendais que Votre Majesté fût seule pour lui recommander ma protégée.

LA REINE.

Que je la voie, qu'on me l'amène sur-le-champ. (Un huissier paraît.) Sur-le-champ !

LAUZUN.

Si Votre Majesté me le permet, je cours la chercher...

LA REINE.

Ah ! je conçois ! dès qu'il s'agit d'une jeune fille... Est-elle jolie ?

LA PRINCESSE.

Charmante !

LA REINE.

Monsieur de Lauzun l'avait deviné ; et son empressement...

LAUZUN.

Prouve le désir de plaire à Votre Majesté.

LA REINE.

Désir intéressé, dont il faudra vous savoir gré ; n'importe, j'y consens. (M. de Lauzun sort, la reine se retourne vers l'huissier.) Eh bien ! que voulez-vous encore, et que faites-vous là ?

L'HUISSIER.

Mille pardons, Madame, je voulais parler à M. le marquis de Vassan.

LA REINE.

Est-ce un secret ?

VASSAN.

Non, vraiment ; dis tout haut.

L'HUISSIER.

C'est M. votre neveu qui vous attend, qui s'impatiente, qu'on ne peut pas retenir, et qui menace de parcourir tout le château sans vous, si vous tardez davantage.

VASSAN.

Sans moi... (A part.) Diable! diable! j'y cours. (Haut à la reine.) Un provincial qui n'a jamais vu Trianon, et à qui je veux procurer ce plaisir. Sa Majesté n'a pas d'ordre à me donner?

(Signe négatif de la reine. Il sort vivement par la droite, suivi de l'huissier. Au même moment entrent par le fond M. de Lauzun et Louise.)

SCÈNE III.

Les mêmes ; M. DE LAUZUN et LOUISE.

LAUZUN.

Voici, Madame, la charmante fille que je me suis chargé de vous présenter.

LA REINE.

Approchez, mon enfant; que voulez-vous?

LOUISE.

Je veux parler à la reine.

LA PRINCESSE, à Louise.

Vous êtes devant elle.

LOUISE.

C'est-y possible! ah! je croyais que ce serait bien plus effrayant.

LA REINE.

Je vous semblais donc bien terrible?

LOUISE.

Dame! rien qu'à la peine que j'ai eue pour arriver, je me disais: Qu'est-ce que ça s'ra donc quand j'y serai! eh bien ! pas du tout, ce que vous m'avez dit m'a déjà rassurée et donné bon espoir.

LA REINE.

Je ne vous ai encore rien dit.

LOUISE.

C'est vrai; mais vous m'avez regardée d'un air qui voulait dire : Courage, mon enfant ! et je me suis dit : Celle-là, du moins, n'est pas fière et dédaigneuse ; elle est avenante, elle est charitable ; excusez, Madame, si je me suis trompée.

LA PRINCESSE, à demi-voix.

Prenez donc garde !

LOUISE.

Mais je serais si heureuse si je pouvais obtenir de votre bonté...

LA PRINCESSE.

Vous voulez dire de Votre Majesté.

LA REINE.

Non, non, laissez-la parler. C'est à ma bonté, n'est-ce pas, que vous vous adressez ; cela vaut beaucoup mieux ; répondez, d'où venez-vous ?

LOUISE.

De par delà Clermont-en-Argonne, d'où je suis venue à pied à Versailles, pour parler à la reine...

LA REINE.

Nous le savions déjà ; mais que voulez-vous lui dire à la reine ?

LOUISE.

Ça s'ra un peu long à vous raconter, et je suis bien fatiguée.

(Elle prend le fauteuil qui est devant la toilette et s'assied.)

LA PRINCESSE.

Que faites-vous ? on ne s'assied pas devant la reine.

LOUISE, restant toujours assise.

C'est-y vrai, Madame? c'est que depuis deux jours que je ne me suis pas seulement reposée un instant, je me sens des faiblesses dans les jambes.

LA REINE, lui appuyant la main sur l'épaule.

Restez, restez, de grâce !

LOUISE.

Merci, Madame, je l'aime autant. (Se retournant vers la reine qui est debout appuyée sur le dos du fauteuil.) Eh bien ! je vous disais donc qu'on me nomme Louise, Louise tout court; je n'ai pas d'autre nom, je suis orpheline.

LA REINE.

Et dans le besoin?

LOUISE.

Oh ! non, vraiment. Il y avait au pays une grande dame, si bonne, si généreuse, qu'on aurait cru que vous y étiez ; je ne manquais de rien; madame la marquise m'avait prise auprès d'elle.

LA REINE.

Quelle marquise?

LOUISE.

Eh bien ! la marquise, tout le monde connaît ça ; la dame du château de Clermont-en-Argonne, madame de Salvoisy, qui n'a qu'un fils, un si beau jeune homme, un sourire si aimable, et de grands yeux noirs. Vous ne l'avez jamais vu ?

LA REINE.

Non, vraiment.

LOUISE.

Tout le monde l'adore au château ; c'est tout naturel, il y fait tant de bien ! et il n'y a pas un de ses vassaux qui ne donnât sa vie pour lui.

LAUZUN, souriant.

A commencer par mademoiselle Louise.

19.

LOUISE.

Oh! Dieu! je ne serai pas assez heureuse pour ça! Par exemple, il avait un défaut, à ce que disait sa mère, car moi je ne lui en ai jamais trouvé; c'est que depuis quelque temps il parlait politique, ce qui désolait madame la marquise; il trouvait que tout allait de travers à la cour.

LAUZUN, sévèrement.

Eh bien! par exemple...

LOUISE, naïvement.

Oui, monsieur, il était comme ça; il parlait de gloire, de liberté, d'idées nouvelles; je n'y entendais rien, mais j'étais de son avis; il déclamait avec tant de chaleur contre tous les abus, contre les courtisans, contre le roi, contre la reine. Ah! pour la reine il avait tort, je le vois maintenant.

LA REINE, avec un peu d'émotion.

En vérité!

LOUISE.

C'est tout simple, il ne vous connaissait pas, il ne vous avait pas vue; et c'est dans ces dispositions-là qu'il est venu faire un voyage à Paris, où Madame a appris qu'il parlait en tous lieux aussi librement que dans son château, et puis tout à coup elle n'en a plus reçu de nouvelles; on n'a plus su ce qu'il était devenu; son cousin même, M. de Salvoisy, qui est employé à Versailles, a écrit qu'il était disparu, et qu'il craignait que la police, la Bastille, les lettres de cachet... que sais-je? Depuis ce moment, Madame ne vivait plus, ni moi non plus, et voyant ma bienfaitrice dans les craintes et dans les larmes... (Elle se lève.) Ah! ça va mieux. (Elle continue.) Il m'est venu une idée dont je n'ai parlé à elle ni à personne, parce qu'on m'en aurait empêchée. Je suis partie à pied de Clermont-en-Argonne, sans savoir le chemin; mais je disais à tous ceux que je rencontrais: Je vais à Versailles pour parler à la reine, et ils m'indiquaient ma route.

LA REINE.

Pauvre enfant!

LOUISE.

Dès le second jour, je n'avais plus d'argent; je n'y avais pas pensé, et j'étais tombée de besoin au pied d'un arbre, lorsque passa un vieux militaire, qui me dit : « Jeune fille, que fais-tu là? — Je viens de Clermont, et je vais à Versailles parler à la reine. » Alors il me donna un louis. Vous le lui rendrez, Madame, n'est-il pas vrai? Je le lui ai promis; et voilà comme je suis arrivée à Versailles, comment j'ai parlé à la reine, pour lui demander la grâce et la liberté de mon jeune maître.

AIR nouveau de M. HORMILLE.

Comment sans lui retourner au pays?

LA REINE.

Quoi! mon enfant, vous voulez que la reine
Vienne au secours d'un de ses ennemis?

LOUISE.

Raison de plus.

LA REINE.

Pour augmenter sa haine?

LOUISE.

N'en croyez rien, Madame... ce sera
Un cœur de plus qui vous appartiendra.

LA REINE.

Il faut se rendre aux accents généreux
De cette voix qui presse et qui supplie;
Mais, dites-moi, si je cède à vos vœux,
Puis-je espérer, mon ancienne ennemie,
Que votre cœur un jour m'appartiendra?

LOUISE.

Oh! non, vraiment, car vous l'avez déjà.

LA REINE, souriant.

Voyons, vous dites que votre jeune maître est M. de...

LOUISE.

Salvoisy!

LA REINE, cherchant.

Salvoisy! (Souriant.) Non-seulement je ne l'ai pas fait arrêter, mais je n'ai pas même entendu ce nom-là parmi ceux... Je vais faire parler à M. Lenoir.

LOUISE.

C'est celui qui met au cachot? Ah! que vous êtes bonne!

LAUZUN.

Puisque ce M. de Salvoisy a un cousin à Versailles, on pourrait d'abord savoir par lui... (A Louise.) Lui avez-vous parlé?

LOUISE.

Non, monsieur, je ne sais pas même où il demeure, et puis je ne voulais parler qu'à la reine.

LA REINE, à la princesse.

Princesse, vous vous informerez, vous ferez écrire à ce cousin, je le verrai, je veux le voir dès aujourd'hui. (A Louise.) Soyez tranquille, mon enfant, nous saurons ce qu'est devenue la personne qui vous intéresse si vivement. On n'inspire pas un dévouement comme le vôtre sans le mériter. Tenez, vous voyez bien ce monsieur en habit brun, au fond de cette galerie? c'est M. de Vassan. Priez-le, de ma part, de vous conduire dans le salon de musique; dans deux heures, vous aurez une réponse. (Se retournant vers ses femmes.) Maintenant, Mesdames, chez le Roi. (A Lauzun.) M. de Lauzun!... (Lauzun, qui regardait Louise, s'approche vivement de la reine qui adresse à Louise un geste de protection.) Adieu, mon enfant. (En souriant.) Adieu, ma nouvelle alliée. (A la princesse.) Ah! je vous remercie, princesse, voilà une bonne matinée.

(Elle sort par le fond, entourée de toutes ses femmes, et causant avec Lauzun.)

SCÈNE IV.

LOUISE, seule.

Ah! que je suis contente! et que diront maintenant tous ceux qui se moquaient de moi! « Toi parler à la reine, une petite fille de rien! une paysanne! — Oui, oui, je lui parlerai. » Et je lui ai parlé, et pas trop mal encore, puisqu'on m'accorde ce que je demande, puisque je vais rendre la liberté à notre jeune maître et la vie à sa mère! et c'est sûr; la reine me l'a promis, la reine me l'a dit. Il faut qu'elle soit bonne pour écouter tout le monde, car elle doit avoir bien des embarras avec un aussi grand ménage que le sien!...

SCÈNE V.

VASSAN, LOUISE.

VASSAN, entrant par la droite et regardant autour de lui.

Pas ici non plus! où diable peut-il être fourré? je suis d'une inquiétude... (Apercevant Louise.) Ah! une jeune personne. Ne l'auriez-vous pas vu par hasard?

LOUISE, étonnée.

Qui donc, monsieur?

VASSAN.

Mon neveu.

LOUISE.

Je ne le connais pas.

VASSAN.

C'est juste... Et m'échapper ainsi! A peine ai-je eu le temps de lui demander des nouvelles de la famille, sur laquelle il m'a répondu tout de travers. Au diable les gens de province! on devrait bien les supprimer.

LOUISE.

Eh bien! par exemple! moi qui suis de la province de Champagne!

VASSAN.

Je dis ça pour mon neveu, qu'en oncle complaisant je m'étais chargé de promener dans le château. C'étaient, à chaque pas, des admirations, des extases! j'avais toutes les peines du monde à le faire avancer.

LOUISE.

Dame! ça a l'air si beau!

VASSAN.

Plus il voyait, plus il voulait voir; j'avais beau lui dire : Si tu t'y prends comme ça, nous en aurons bien pour six semaines; je lui avais montré de loin les appartements de la reine, et j'allais ouvrir la salle des gardes, lorsqu'en me retournant, plus personne! mon gentilhomme avait disparu, évanoui, évaporé!

LOUISE.

Ah! que c'est drôle! et où peut-il donc être allé?

VASSAN.

Est-ce que je sais, moi? c'est justement ce qui m'effraie; ignorant des usages et de l'étiquette, il est capable de pénétrer jusque dans le conseil du roi! et jugez un peu ce qui m'en arriverait; car enfin c'est par moi qu'il est ici, c'est sur moi que pèse la responsabilité, et s'il commettait quelque inconvenance...

(En ce moment, Salvoisy entre avec précaution par la droite, et, à la vue de Vassan, disparaît par le fond à gauche.)

VASSAN, continuant.

Quelle tache pour le nom des Vassan!

LOUISE, étonnée.

Comment! l'on vous nomme...

VASSAN.

Jean-Claude, marquis de Vassan, pour vous servir.

LOUISE.

C'est justement à vous que la reine m'a dit de m'adresser pour me faire conduire dans le salon de musique.

VASSAN, se frappant la tête.

Dans le salon de musique? Ah! j'y pense, nous avons passé devant, il y sera peut-être entré.

LOUISE.

AIR : Belle au galant mystère.

Sous ce riche portique
Où s'étendent mes yeux,
Que tout est magnifique!
Qu'on y doit être heureux!

Ensemble.

VASSAN.

L'aventure est unique!
Courons vite, morbleu!
Au salon de musique
Pour trouver mon neveu.

LOUISE.

Sous ce riche portique, etc.

(Ils sortent ensemble par le fond, du côté droit.)

SCÈNE VI.

SALVOISY, seul.

(Il rentre avec précaution en les voyant s'éloigner.)

Il n'est plus là; il s'est éloigné! Me voilà seul, seul dans l'appartement de la reine! Je sais à quoi je m'expose si l'on m'y surprend; que m'importe? pourvu que je la revoie une fois encore, non plus confondu dans la foule, non plus posté pendant des heures entières près du portique ou du perron où elle doit monter en voiture, et où mes yeux, pendant qu'elle s'élance, la voient passer comme une apparition;

mais seule, là! devant moi! Ses regards s'arrêteront sur les miens, je l'entendrai, j'entendrai le son de cette voix qui m'a perdu, qui a changé ma vie, bouleversé toutes mes idées, qui m'a entraîné jusqu'ici... Moi dont le cœur battait d'indignation au seul nom de la cour, qui aurais rougi de détourner la tête pour voir passer une reine, maintenant ma vie entière, comme celle de ces vils courtisans, se passera peut-être à épier un regard. Ah! je les hais de toute la haine que je ne puis plus avoir pour elle! (Écoutant.) Ne vient-on pas? Serait-ce encore ce M. de Vassan? non, je suis débarrassé de lui, et je peux rendre à son neveu le nom que je lui ai emprunté! ce matin, devant moi, à mon hôtel, il se vantait de son oncle le marquis, dont la protection devait l'introduire dans le château; je l'ai devancé, je suis venu chercher à sa place... quoi? un indigne affront, un juste châtiment! la Bastille peut-être! car à ma vue, à la vue d'un homme au milieu de son appartement, elle aura peur! ses paroles n'exprimeront que la colère et l'indignation; elle ne daignera plus, bonne et indulgente, comme sur le banc de la terrasse, écouter mes discours, y répondre comme mon égale; non, elle sera reine, reine irritée... Eh bien! j'aurai vécu un jour. (S'arrêtant.) Et ma mère! ma pauvre vieille mère! d'autres encore qui m'aimaient tant, et que je ne reverrai plus! Ah! sans cette fièvre qui me dévore, sans ce délire... oui, oui, c'est du délire, je suis fou, je ne me reconnais plus, et quand je reviens à moi, je me dis : Retournons près de ma mère, fuyons ces lieux... (Regardant autour de lui et avec exaltation.) Mais ces lieux, ce sont ceux qu'elle habite. (Allant à la fenêtre.) Oui, je ne me trompais pas, c'est sur cette croisée que mes yeux sont attachés chaque jour... Oui, d'après la description exacte que je m'en suis fait donner, ce doit être ici, en sortant de ses petits appartements, qu'elle reçoit à sa toilette les hommages de la foule indifférente des courtisans. Un duc de Lauzun, pour la remercier de quelque faveur nouvelle, pourra tomber à ses genoux, et lui baiser la main, tandis que moi qui ne demande rien, qui ne veux rien, que m'enivrer de sa vue... (Regardant vers la droite du théâtre et poussant un cri.) Ah! son portrait! Ah! oui, le seul, le seul encore qui l'ait reproduite à mes yeux comme je l'ai vue; comme elle est en réalité. (Avec transport.) Ma fortune! ma fortune tout entière pour cette image!.,.

SCÈNE VII.

SALVOISY, LA PRINCESSE, UN HUISSIER.

LA PRINCESSE, à l'huissier qui entre avec elle par le fond, à gauche.

C'est bien, c'est bien.

SALVOISY, se retournant.

Quelqu'un, et ce n'est pas elle! ah! je suis perdu.

LA PRINCESSE, à l'huissier.

Je mettrai ces demandes sous les yeux de Sa Majesté. On laissera entrer M. de Salvoisy sitôt qu'il se présentera.

SALVOISY.

Que dit-elle?

LA PRINCESSE.

C'est l'ordre de la reine.

SALVOISY.

De la reine! (S'avançant vivement vers la princesse.) Salvoisy! c'est moi, madame.

LA PRINCESSE, l'examinant.

Vous, monsieur?

SALVOISY.

Oui, madame, moi-même.

LA PRINCESSE.

Je venais d'envoyer chez vous; la reine veut vous voir.

SALVOISY.

Me voir! Elle sait donc qui je suis? elle a donc voulu le savoir?

LA PRINCESSE.

Mais apparemment. (A part.) Quel singulier homme! (Haut.) Elle veut vous parler d'une chose qui vous intéresse.

SALVOISY.

Me parler! A moi Salvoisy?

LA PRINCESSE, continuant.

N'avez-vous pas des parents à Clermont-en-Argonne?

SALVOISY, de même.

Oui, madame. (A part.) Ah! ma tête se perd!

LA PRINCESSE.

C'est donc bien à vous. Encore quelques instants; Sa Majesté ne tardera pas à paraître.
(Elle sort en lui faisant une révérence et en lui faisant signe d'attendre.)

SCÈNE VIII.

SALVOISY, puis LAUZUN.

SALVOISY.

Ce n'est pas vrai! c'est impossible! Ah! si je pouvais le croire!... Elle sait donc par combien de repentir et d'adoration j'ai expié mes discours de la terrasse, les lâches calomnies auxquelles j'avais pu croire! Une reine ne peut-elle pas tout savoir? Oh! oui, elle sait tout, elle a eu pitié de moi, elle veut me consoler, me dire qu'elle me pardonne. Je vais donc la voir! et de son consentement! et par son ordre! Oh! mon Dieu!...
(Il se laisse tomber dans un fauteuil sur le devant, à droite, et reste plongé dans ses réflexions.)

LAUZUN, entrant par la gauche.

L'occasion est favorable, et avant que la reine ne rentre

chez elle... (Montrant un papier.) Là, sur sa toilette, cette allusion à notre dernier entretien, ces deux lignes, dont elle seule pourra comprendre le sens. Voilà trop longtemps que j'hésite ; la manière dont elle m'accueille, les distinctions dont elle m'accable, tout me dit qu'il faut me déclarer, que c'est le moment. Elle s'y attend, j'en suis sûr, et l'on ne doit pas faire attendre une reine de France. (Il place le billet sur la toilette. Solvoisy se lève à ce bruit. Lauzun se retourne brusquement.) Qui est là ? Que vois-je ? encore cet homme !

SALVOISY.

Encore ce duc !

LAUZUN.

Que voulez-vous ? que demandez-vous ?

SALVOISY.

La reine.

LAUZUN.

Eh ! croyez-vous qu'il suffise d'un désir pour pénétrer jusqu'à elle ? Qui vous a conduit ici ?

SALVOISY.

Que vous importe ?

LAUZUN.

Vous me direz au moins à quel titre ?

SALVOISY.

Pas davantage.

LAUZUN.

Un ordre écrit peut seul vous donner le droit...

SALVOISY.

Montrez-moi le vôtre.

LAUZUN.

Mon nom, mon rang, les charges que j'occupe...

SALVOISY.

Ah ! j'entends ! vous êtes de la cour, vous ; on vous y admet, on vous y accueille, pour que vous alliez ensuite répandre au dehors le venin de vos calomnies.

LAUZUN.

Monsieur!

SALVOISY.

Ne vous ai-je pas entendu? Les malheureux! ils approchent d'une jeune femme sans expérience, prompte à céder à tous les mouvements de son âme, légère dans ses goûts peut-être, mais jeune, mais indulgente. Ils la provoquent, ils l'encouragent, et puis après ils l'injurient.

AIR de *Renaud de Montauban.*

Trompé par eux, le peuple la maudit,
Persuadé d'un crime imaginaire ;
Ils n'ont pas craint, par un infâme bruit,
De soulever contre elle sa colère.
Puis à la cour, les mots qu'ils ont dictés
Sont répétés par leur bouche coupable...
Pour rendre ainsi le peuple responsable
  Des crimes qu'ils ont inventés.

LAUZUN.

D'aussi graves injures seraient déjà punies, si je ne pardonnais à l'exaltation d'un homme que le sort des armes a déjà rendu malheureux contre moi.

SALVOISY.

Oh! qu'à cela ne tienne, je suis prêt encore.

LAUZUN.

Eh! monsieur, attendez donc que vous soyez remis de votre première blessure! Pensez-vous, d'ailleurs, que je n'aie pas autre chose à faire qu'à mettre l'épée à la main contre vous, que je ne connais pas?

SALVOISY.

La reine non plus ne vous connaît pas, et je viens lui dire...

LAUZUN.

Monsieur!...

SCÈNE IX.

Les mêmes; VASSAN.

VASSAN, apercevant Salvoisy, et courant à lui sans voir Lauzun.

Ah! le voilà... (Se retournant et apercevant Lauzun.) Dieu! monsieur le duc!

LAUZUN.

Lui-même, qui, sans votre arrivée, allait donner une nouvelle leçon à votre neveu.

VASSAN.

Mon neveu! encore lui! Ah! çà, c'est donc un diable! il est partout; on vient de me dire qu'il me demandait en bas à la grille, un petit blond; et, à moins qu'il ne soit double...

LAUZUN.

Ou que l'un des deux ne soit un imposteur.

VASSAN.

C'est possible; en tout cas ce ne peut être que celui-ci. Se glisser dans cet appartement sans ma permission! oser tirer l'épée contre Monsieur le duc! je le renie pour mon neveu.

LAUZUN.

Comme il vous plaira; mais, qu'il s'éloigne.

SALVOISY.

M'éloigner!

LAUZUN.

Dans son intérêt et dans le vôtre.

VASSAN, bas à Salvoisy.

Vous l'entendez; sortez, de grâce!

SALVOISY, s'asseyant sur le fauteuil à droite.

Je reste, car je suis ici par l'ordre d'une personne plus puissante que vous tous.

LAUZUN.

Vraiment! eh! qui donc?

SCÈNE X.

Les mêmes; LA PRINCESSE.

LA PRINCESSE, entrant par le côté à gauche.

La reine, messieurs. (Apercevant Salvoisy.) Sa Majesté, que je précède, sera charmée de vous voir.

VASSAN et LAUZUN.

Que dites-vous?

LA PRINCESSE.

Que la reine désire parler à monsieur.

(Elle montre Salvoisy.)

VASSAN, avec orgueil.

A mon neveu! une audience particulière à mon neveu! à mon vrai et véritable neveu, car l'autre est un intrigant et un chevalier d'industrie que je vais faire arrêter... Dieu! la reine.

SCÈNE XI.

Les mêmes; LA REINE.

LA PRINCESSE, allant au-devant de la reine, lui dit à demi-voix.

Voici la personne à qui Votre Majesté désirait parler.

LA REINE.

Je vous remercie. (S'avançant et le regardant, à part.) O ciel! (A demi-voix.) Comment, princesse, vous ne le reconnaissez pas?

LA PRINCESSE, de même.

Non vraiment!

LA REINE, de même.

C'est le jeune homme qui, au concert de la terrasse...

LA PRINCESSE, de même.

Vous croyez? je n'en répondrais pas.

LA REINE, de même.

Et moi j'en suis sûre. Pas un mot devant M. de Lauzun, et avertissez cette jeune fille, mademoiselle Louise, qu'elle vienne.

LA PRINCESSE, sortant.

Oui, Madame.

LA REINE, s'avançant vers Salvoisy.

On vous a fait beaucoup attendre, monsieur, j'en suis désolée.

SALVOISY, à part, avec émotion.

C'est sa voix! et c'est à moi, c'est à moi qu'elle parle!

LA REINE, toujours à Salvoisy.

Approchez-vous, j'aurais quelques renseignements à vous demander sur un de vos parents. (Regardant sa main qui est enveloppée d'un taffetas noir.) O ciel! vous êtes blessé?

SALVOISY.

Oui, Madame.

LA REINE.

Et comment cela?

VASSAN.

Par monsieur le duc, qui lui a fait cet honneur.

LA REINE.

Monsieur de Lauzun? et pour quelle cause?

LAUZUN.

Je ne puis le dire, même à Votre Majesté, et j'espère que monsieur aura la même discrétion.

SALVOISY, avec fierté.

Je ne promets rien, monsieur.

(Geste de colère de Lauzun.)

LA REINE.

Il suffit. Monsieur de Lauzun, monsieur de Vassan...
(Sur un signe de la reine, Lauzun et de Vassan s'inclinent et sortent du même côté.)

VASSAN, à part.

Seul avec la reine! quel honneur pour la famille!

SCÈNE XII.

LA REINE, SALVOISY.

LA REINE, s'asseyant près de la toilette, et après un moment de silence.

Un duel avec M. de Lauzun! voilà qui est grave; car il est puissant, il a un grand crédit; le savez-vous?

SALVOISY.

Oui, Madame.

LA REINE.

Il fallait donc des motifs bien forts?

SALVOISY.

Jugez-en vous-même, Madame : il outrageait devant moi, par une indigne calomnie, la vertu la plus noble et la plus pure.

LA REINE.

Je comprends : une grande dame dont vous étiez le chevalier?

SALVOISY.

Non, Madame; tant d'honneur ne m'appartient pas, et cependant je donnerais ma vie pour elle; car cette personne-là, c'est Votre Majesté.

LA REINE.

Moi! que dites-vous? calomniée par M. de Lauzun! Oh! non, non, vous vous êtes trompé, vous avez mal entendu; ce n'est pas possible. (Étendant la main vers la toilette, et prenant le papier qu'elle y voit.) Son dévouement pour moi, son respect, me sont trop bien connus... (Jetant les yeux sur le papier, à part.) Dieu! qu'ai-je vu? (Froissant le papier avec indignation et se levant.) L'insolent! oser m'adresser de pareils vœux! à moi!

SALVOISY, timidement.

Votre Majesté refuse de me croire?

LA REINE, vivement.

Non, monsieur, non, je crois tout maintenant. Des outrages, des calomnies, voilà ce que je dois attendre de mes amis. Quel sort me réservent donc les autres?

SALVOISY.

Ah! si vos ennemis vous connaissaient tous, ils seraient comme moi. (S'inclinant.) Ils se prosterneraient devant vous, ils vous demanderaient grâce, comme je le fais en ce moment, pour ces paroles indiscrètes, injurieuses, que, sur des bruits mensongers, je n'ai pas craint de vous adresser, sans vous connaître.

LA REINE, souriant.

Oui, le soir, sur la terrasse de Trianon. Ah! vous vous rappelez notre conversation? vous avez meilleure mémoire que moi; je l'ai tout à fait oubliée.

SALVOISY, fléchissant le genou.

Ah! Madame, c'est trop de générosité.

LA REINE.

Relevez-vous, monsieur; quoique je ne pense pas mériter tous les reproches que l'on m'adresse, je ne me crois pas non plus une divinité.

SALVOISY, se relevant.

Daignez me dire, au moins, que vous ne me croyez plus au nombre de vos ennemis.

LA REINE, avec bonté.

J'en suis persuadée.

SALVOISY.

Ah! que je suis heureux! car mes torts pesaient là, sur

mon cœur, comme un crime! Et, pour les racheter, les expier tout à fait, que ne puis-je répandre jusqu'à la dernière goutte de mon sang!

LA REINE, à part.

Pauvre homme! (Regardant sa main.) Il a déjà commencé. (Haut.) Je vous ordonne, monsieur, de ne plus vous exposer ainsi; nos défenseurs sont trop rares pour que nous ne devions pas les ménager, et nous attendons de vous, en ce moment, un service qui vous coûtera moins cher.

SALVOISY.

Que Votre Majesté daigne commander.

LA REINE.

Une de vos parentes, la marquise de Salvoisy, qui demeure à Clermont-en-Argonne, a un fils qui a disparu...

SALVOISY, à part et troublé.

O ciel!

LA REINE.

Savez-vous ce qu'il est devenu, et quel est son sort?

SALVOISY, hésitant.

Oui, Madame.

LA REINE.

Dites-le-moi donc, car je m'y intéresse beaucoup, et j'ai promis de le rendre à sa mère.

SALVOISY.

Votre Majesté ne le pourra pas, car il est impossible qu'il s'éloigne maintenant de Versailles.

LA REINE, vivement.

Il y est donc?

SALVOISY.

Oui, Madame; le jour, errant dans ces jardins, sous ces portiques; la nuit, couché sous le marbre de vos balcons, ou les yeux fixés sur vos fenêtres.

LA REINE.

Que me dites-vous! Serait-ce ce jeune homme dont on me parlait ce matin, qui suit partout mes pas, et qu'on ne désigne ici que sous le nom d'*Amoureux de la reine*?

SALVOISY.

Oui, Madame.

LA REINE.

C'est là votre parent, et vous n'avez pas essayé de le rendre à la raison, de lui représenter qu'il exposait ainsi, à la poursuite d'une vaine chimère, son repos, son bonheur et ses jours peut-être?

SALVOISY.

Il le sait, Madame; mais il aime mieux mourir que de ne plus voir Votre Majesté; c'est sa vie, c'est son être; il n'existe que de votre présence.

LA REINE.

En vérité, c'est de la folie, et je m'étonne que, faisant profession d'un pareil dévouement, il n'ait pas été arrêté un instant par la crainte de me compromettre ou de me déplaire.

SALVOISY.

Vous déplaire, vous compromettre! O ciel! et comment? est-ce votre faute si l'on vous aime? est-ce la sienne s'il n'a pu se défendre d'un pareil amour? et jugez vous-même, Madame, s'il est si coupable. Dans ces jardins de Versailles, dans ce parc magnifique ouvert à tout le monde, une femme se trouve assise près de vous; vous êtes frappé du charme de sa personne; vous lui parlez, elle répond! Le son de sa voix vibre jusqu'au fond de votre âme, vous vous laissez aller sans méfiance à l'entraînement de ses discours; et, quand une passion vous est bien entrée jusqu'au fond du cœur, il se trouve que cette femme est une reine! une reine! Ah! que n'est-elle votre égale! on l'adorerait sans crime, on pourrait l'avouer, le lui dire à elle-même, et, pâle, tremblant, les yeux baissés vers la terre, on ne rougirait pas devant elle de honte et de crainte, comme je le fais en ce moment.

LA REINE.

O ciel! que dites-vous?

SALVOISY.

Que je suis cet insensé, ou plutôt ce coupable.

LA REINE, avec dignité et faisant un pas pour sortir.

Monsieur!...

SALVOISY.

Ah! ne me punissez pas, ne prononcez pas mon arrêt; je ne crains pas la prison, je ne crains pas la mort; mais je crains de ne plus vous voir. Grâce, Madame! grâce et pitié!...

LA REINE, à part.

Mon Dieu! si j'appelle, il est perdu!

SALVOISY, avec chaleur.

Je ne veux rien, je ne demande rien, que vous voir, vous voir encore, les jours où tout le monde est admis à ce bonheur, et si, dans la foule indifférente qui souvent se presse autour de vous, il est un homme qui vous aime, pourquoi sa vue vous irriterait-elle? son silence et ses tourments seraient-ils une offense? (La reine fait encore quelques pas pour sortir.) Oh! non, non, cela n'est pas possible! et peut-être, émue d'un attachement si pur et si vrai, vous direz : Pauvre homme! il m'aime tant! et vous me souffrirez...

LA REINE.

Monsieur!... (A part.) Que lui répondre? le malheureux me fait de la peine; et cependant, souffrir de pareilles choses est impossible. Allons, allons qu'il s'éloigne, du moins... (Haut.) Monsieur, je vous prie... (A part.) Là, ne le voilà-t-il pas immobile devant moi! (Haut.) Monsieur, retirez-vous, la reine ne saura rien de tout ce qui s'est passé. Allez, allez; mais surtout plus d'éclat, plus de querelles, ce serait encore une manière de me calomnier... Eh bien! ne m'entendez-vous pas?

SALVOISY.

Si, Madame, vous venez de me répondre sans colère, avec bonté; je vous reconnais; oui, oui, vous voilà bien telle que je vous ai vue la première fois. Un mot, un mot encore, de cette voix que peut-être je n'entendrai plus... qu'avant de mourir vous ayez eu pitié de moi; et, quel que soit le châtiment qui m'est réservé, (Se jetant à ses pieds.) que je puisse au moins toucher cette main qui me pardonne.

LA REINE, avec dignité et dégageant sa main que Salvoisy vient de saisir.

Malheureux! je vous ordonne de sortir.

(En ce moment, le duc de Lauzun, M. de Vassan et quelques personnes de la cour paraissent au fond.)

SCÈNE XIII.

Les mêmes; LE DUC DE LAUZUN, VASSAN.

LA REINE, aux personnes qui entrent, et montrant Salvoisy.

Messieurs, faites sortir cet homme!

LAUZUN.

Le misérable! aux pieds de Votre Majesté!

VASSAN.

Quelle insolence! il n'est plus mon neveu, et sa ruse est découverte. (Aux gardes-du-corps qui sont près de la porte.) Qu'on le saisisse! qu'on l'entraîne!

(Au moment où les gardes font un mouvement pour arrêter Salvoisy, paraît Louise.)

SCÈNE XIV.

Les mêmes; LA PRINCESSE, LOUISE.

LOUISE, entrant vivement et poussant un cri en apercevant Salvoisy.

Ah! le voilà! Grâce, Madame, grâce pour lui, vous me l'avez promis!

LA REINE.

Oui... Qu'on ne lui fasse aucun mal, qu'il s'éloigne seulement; cet homme n'a point de mauvais desseins; il est privé de sa raison, ce n'est qu'un pauvre insensé.

LOUISE.

Lui!

SALVOISY, poussant un cri déchirant.

Ah! ce n'était que du mépris, pas même de la pitié!

LAUZUN, à la reine.

Quoi! Madame, vous laisseriez impunis de pareils outrages?

LA REINE.

Ne vous en plaignez pas, monsieur, et remerciez le ciel de mon indulgence. (Bas, lui remettant son billet.) Tenez, et désormais ne reparaissez jamais devant moi.

(Elle va s'asseoir près de la toilette.)

LOUISE, qui pendant ce temps s'est approchée de Salvoisy.

Eh! mais, qu'a-t-il donc? comme il me regarde d'un air effrayant! Mon maître! mon maître! est-ce que vous ne me reconnaissez pas?

(Musique qui dure jusqu'à la fin de l'acte.)

SALVOISY, avec égarement.

Sortez! a-t-elle dit; qu'on le chasse! chassé comme un valet!

LOUISE, se jetant aux pieds de la reine.

Madame, il a perdu la raison.

SALVOISY, à Louise qu'il relève.

Que faites-vous donc? à genoux devant elle? Prenez garde, vous allez vous faire chasser; ceux qui l'aiment sont renvoyés de ce palais; elle ne souffre auprès d'elle que ses ennemis; vous voyez bien que je ne peux pas y rester. Venez, venez.

(Il veut entraîner Louise, et traverse avec elle le théâtre de gauche à droite;

mais il chancelle et tombe sans connaissance dans un fauteuil que la reine vient de quitter.)

LA REINE, gagnant le fond à droite.

Princesse, monsieur de Vassan, voyez, ordonnez qu'on lui prodigue tous les soins. Privé de la raison!... (Le regardant.) Ah! le malheureux, que lui reste-t-il?

LOUISE, auprès de Salvoisy.

Moi, Madame; moi qui ne le quitterai jamais.

(Elle se jette dans les bras de Salvoisy. La reine s'éloigne en jetant sur lui un dernier regard.)

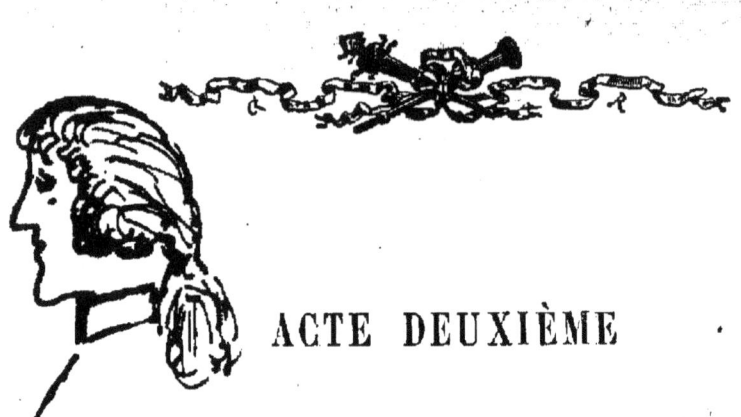

ACTE DEUXIÈME

Un salon du château de Salvoisy, sur la route d'Épernay. Porte au fond et portes latérales. Sur le devant, à gauche de l'acteur, une table, et de plus une guitare.

SCÈNE PREMIÈRE.

BOURDILLAT, seul, assis près de la table, lisant le journal.

Comme ça marche! comme ça marche! Chaque jour un nouvel événement! et les notables, et l'Assemblée nationale, et le jeu de paume, et les titres qui s'en vont, et les assignats qui arrivent. L'abolition de la noblesse ; il n'y aura plus de nobles : l'abolition des noirs ; il n'y aura plus de noirs : tout cela va d'un train... Et aujourd'hui, (Il prend un autre journal.) qu'est-ce qu'il y a de nouveau dans le journal de M. Salvoisy ? (Il lit.) CHRONIQUE DE PARIS, 19 juin 1791. « Décret « qui enjoint aux princes de revenir en France, sous peine « de confiscation de leurs biens, etc. » Dame! qu'ils y prennent garde! s'ils s'en vont tous comme ça, cela fait de la place aux autres! et nous finirons par être les premiers. Moi, par exemple! moi Bourdillat, simple chirurgien, pour ne pas dire *frater*, à Épernay, me voilà déjà administrateur du district. Tous mes collègues s'amusent à faire du désintéressement, moi je ne demande qu'à monter ; il ne faut pour cela que saisir au passage une bonne occasion, et il en passe tous les jours... Ah! c'est mademoiselle Louise!

(Il se lève.)

SCÈNE II.

LOUISE, BOURDILLAT.

LOUISE.

Vous voilà, monsieur Bourdillat.

BOURDILLAT.

Oui, mamzelle, fidèle à mon devoir, tous les matins je viens au château de M. Salvoisy déjeuner et lire les journaux, et voir notre jeune et intéressant malade. Comment va-t-il ce matin?

LOUISE.

Je ne trouve pas de changement.

BOURDILLAT.

C'est étonnant! ça n'est pas faute de visites! trois cent soixante-cinq par an. Je reviendrai demain, car c'est mon meilleur malade.

LOUISE.

Je crois bien, toujours si bon, si aimable, ne se plaignant jamais!

BOURDILLAT.

Il n'en a pas le temps. Vous êtes toujours là, à veiller sur lui, à prévenir tous ses désirs, et cela depuis cinq ans, sans vous décourager, ni vous ralentir un moment : savez-vous que c'est très-beau!

LOUISE.

Et en quoi donc? Est-ce qu'il me serait possible de le quitter, de l'abandonner? Depuis que sa mère est morte, il n'a plus que moi pour l'aimer!

BOURDILLAT.

Et vous l'aimez tant!

LOUISE.

Dame! madame la marquise me l'avait ordonné et je ne

lui ai jamais désobéi. « Louise, qu'elle me dit, je lègue mon fils à tes soins, à ton zèle ! tous ses parents ont fui sur une terre étrangère, et moi aussi, je vais le quitter pour jamais...

AIR : Elle a trahi ses serments et sa foi.

D'une mourante entends le dernier vœu :
Sois de mon fils la compagne assidue ;
Que l'amitié puisse lui tenir lieu
De la raison qu'hélas, il a perdue !
Veille ici-bas sur lui, ma fille, et moi,
Du haut des cieux je veillerai sur toi ! »

BOURDILLAT.

Ah ! elle vous a dit cela ?

LOUISE.

Oui, monsieur, et si elle me regarde quelquefois, comme elle me l'a promis, elle doit être contente.

BOURDILLAT.

Vous avez raison ; elle doit être contente de nous. Vous, d'abord, vous faites tout ce qu'il veut, et moi, je ne le contrarie jamais, je ne lui ordonne jamais rien, je le laisse bien tranquille, c'est le moyen de le guérir tout à fait.

LOUISE.

Vous croyez ?

BOURDILLAT.

Foi de docteur, je n'en connais pas d'autre, et je vous réponds qu'il y a du mieux. Le mois dernier, ce jour où il refusait de me recevoir, il avait toute sa raison.

LOUISE.

Oh ! oui, je sais bien ces jours-là.

BOURDILLAT.

Toute la semaine dernière, il a parlé presque aussi raisonnablement que moi, et hier et avant-hier, en apercevant M. le duc, je ne sais lequel, qui se rendait à la frontière, il l'a très-bien reconnu ; et en général, tout ce qu'il a vu à Versailles, tout ce qui vient de ce pays-là produit sur lui une émotion, une commotion qui pourrait amener sa guérison.

LOUISE.

Vous croyez? ça serait bien heureux. Au fait, il y a des moments où il raisonne; il reconnaît ceux qui lui parlent, il leur répond avec justesse. Mais moi, je suis bien malheureuse, c'est comme un sort qu'on m'aurait jeté; j'ai beau être toute la journée à côté de lui, il ne me reconnaît jamais, il me prend toujours pour la reine; il me parle de son amour, et cela a l'air de le rendre si heureux que je le laisse dire, quoique ce soit là le plus pénible, voyez-vous.

BOURDILLAT.

Et en quoi?

LOUISE.

Je ne sais, mais il me semble que de recevoir des amitiés qui ne sont pas pour vous, il y a là-dedans quelque chose de... enfin, ça n'est pas à moi, ça ne m'appartient pas, et quand on est honnête fille, on ne veut rien dérober à personne.

BOURDILLAT.

Vous êtes folle!

LOUISE.

C'est possible, l'habitude de vivre avec lui.

BOURDILLAT.

Si cela arrivait, nous vous soignerions aussi; car moi, j'ai une affection pour tout ce qui tient à ce château... pour le château lui-même. Tout à l'heure, le commandant militaire, M. Biron, qui vient inspecter en passant le département de la Marne, nous demandait un logement pour lui et son état-major. Eh bien! moi, je lui ai désigné ce château comme le lieu le plus digne de le recevoir.

LOUISE.

On les logera dans l'aile droite du château; mais ce n'est pas trop amusant, parce que des militaires...

BOURDILLAT.

N'ayez pas peur : quoique fort jeune encore, le commandant Biron est un de ces anciens seigneurs si éminemment aimables... Je vous présenterai à lui, et grâce à ma protection... Tenez, tenez, le voici déjà qui vient s'établir et prendre possession de son quartier général.

SCÈNE III.

Les mêmes; BIRON.

BIRON, au fond, à des cavaliers.

Surtout, messieurs, beaucoup d'égards et de politesse pour les habitants de ce château ; des militaires français doivent l'exemple de l'ordre et de la discipline. (Voyant Bourdillat.) Eh! c'est maître Bourdillat, ce magistrat irréprochable et ce docteur qui ne l'est peut-être pas autant...

BOURDILLAT.

Vous êtes trop bon, commandant : du reste, c'est moi-même, qui prends la liberté de recommander à votre protection cette jeune fille. (Bas à Louise.) Avancez donc.

LOUISE, levant les yeux.

O ciel! M. de Lauzun!

BIRON, la regardant.

Eh! mais, autant que je me rappelle, cette jolie fille...

BOURDILLAT.

Vous la connaissez?

BIRON, allant à elle.

Toutes les jolies filles sont de ma connaissance.

LOUISE.

Il y a cinq ans, à Trianon, vous m'avez présentée à la reine.

BIRON, avec embarras.

La reine! il y a cinq ans... oui, oui, je me rappelle parfaitement... depuis, les temps ont changé.

BOURDILLAT.

Et nous avons fait comme eux.

BIRON.

Moi, du moins, car vous, ma belle enfant, toujours aussi jolie, si toutefois cela n'a pas augmenté. Et votre jeune maître, ce cerveau brûlé, simple gentilhomme à qui il fallait de royales amours?

LOUISE.

Vous êtes ici chez lui.

BIRON.

Pardon! pardon! mille fois... et sa tête?

LOUISE.

Elle n'est jamais bien revenue.

BOURDILLAT.

C'est moi qui le traite.

BIRON, lui frappant sur l'épaule.

Ça ne m'étonne pas, vous en êtes bien capable!

BOURDILLAT, s'inclinant.

Trop de bontés. Ces ex-grands seigneurs sont d'une politesse... On reconnaît tout de suite les manières de l'ancienne cour.

BIRON.

La cour! je n'en suis plus, monsieur, je suis de la nation.

BOURDILLAT, avec satisfaction.

Oh! nous savons bien que monsieur le duc de Lauzun...

BIRON.

Il n'y a plus de duc de Lauzun. Un des premiers j'ai abdiqué toutes ces distinctions et privilèges, dont une seule nuit a suffi pour renverser l'échafaudage. Je suis le commandant Biron; ce titre vaut bien l'autre. Je ne devais le premier qu'au hasard; c'est à la confiance de mes concitoyens que je dois celui-ci, et quoique jeune, je tâcherai d'y faire honneur.

BOURDILLAT.

Vous n'aurez pas de peine.

BIRON.

Que chacun fasse son devoir et tienne ses engagements comme moi, avec une foi ferme et sincère, et les temps s'amélioreront.

BOURDILLAT.

Ils sont déjà améliorés! autrefois je n'étais rien, aujourd'hui je suis quelque chose; et encore la plupart de mes collègues prétendent que je n'entends rien à ce qui se passe, que je suis un brouillon, un imbécile... expression de l'ancien régime.

BIRON.

Style de tous les temps.

BOURDILLAT.

Que j'aie un jour l'occasion de déployer mes talents, ils verront si j'en ai... A propos de ça, monsieur le commandant, on disait ce matin au district que la cour et toute la noblesse veulent abandonner le royaume?

BIRON, sans l'écouter.

Oui, oui.... (Rompant la conversation, et s'adressant à Louise.) Eh bien! ma chère enfant...

LOUISE.

Si monsieur le commandant veut prendre possession de ses appartements, il y trouvera tout ce qui peut lui être utile; et plus tard, si vous désirez quelque chose...

BIRON.

L'avantage de vous offrir mes services, le plaisir d'être admis à vous présenter mes hommages.

BOURDILLAT.

Galanterie de l'ancienne cour..

BIRON, s'éloignant de Louise.

C'est vrai, ce n'est plus de mode; mais quand on y a été élevé...

LOUISE.

Taisez-vous, taisez-vous, je crois entendre mon maître.

BIRON.

Pauvre jeune homme! (A Bourdillat.) Ah! sa vue me ferait mal. Venez, venez, Bourdillat, conduisez-moi à l'appartement que mademoiselle Louise veut bien me destiner.

(Lauzun et Bourdillat sortent par le fond. Louise sort après eux.)

SCÈNE IV.

SALVOISY, puis LOUISE.

(Il entre par la porte latérale, à droite; il marche lentement, s'arrête, et a l'air de regarder d'un air étonné; il salue à droite, à gauche, comme s'il y avait beaucoup de monde, donnant une poignée de main à droite, à gauche.)

SALVOISY.

AIR de la Folle. (Musique de GRISARD.)

Que de monde aujourd'hui! quels courtisans nombreux!
Pour contempler la reine ils viennent en ces lieux...
Ils l'admirent tout haut... moi je l'aime tout bas;
Mon âme est tout entière attachée à ses pas!
Mais je la cherche en vain et je ne la vois pas!
Pour moi plus de bonheur quand je ne la vois pas!

(Apercevant Louise qui rentre par la porte du fond.)

La voilà, c'est la reine, elle sort de son appartement.

(Il la salue et se tient dans une attitude respectueuse.)

LOUISE, à part.

Je n'ose l'approcher. (Haut.) Monsieur...

SALVOISY.

Votre Majesté daigne donc accorder un instant d'entretien à son serviteur?

LOUISE, à part.

Toujours elle! et jamais moi.

SALVOISY.

Quelle différence! depuis ce jour où vous avez dit : « Sortez, qu'on le chasse! » Ah! je me le rappelle, vous l'avez dit; et alors je ne sais ce qui s'est passé en moi, l'humiliation, la rage, la haine! Oh! oui, je vous haïssais plus que jamais...

LOUISE, avec joie.

Serait-il vrai?

SALVOISY.

Puis tout-à-coup, un changement... ah! un changement bien grand : dédaigneuse et hautaine, vous êtes devenue si bonne, si aimable, vos yeux me regardaient avec une expression si douce... tenez, comme en ce moment.

LOUISE.

Vous croyez?

SALVOISY.

Oh! que je vous trouve ainsi et plus touchante et plus belle! et ces riches habits de soie, ces perles dans vos cheveux, vous les avez ôtés; vous avez bien fait, vous n'en avez pas besoin; je vous aime bien mieux comme cela.

LOUISE, avec joie.

Vraiment!

SALVOISY.

Sans comparaison! Ah! si vous pouviez rester toujours comme vous êtes, ne plus être reine!

LOUISE.

Je ne demande pas mieux.

SALVOISY.

Vous n'y tenez donc pas?

LOUISE.

Du tout, du tout; Versailles, la cour et les majestés, si vous pouviez comme moi oublier tout cela!

SALVOISY, avec force.

Vous oublier... Oh! non, je ne le peux pas! vous êtes tout pour moi!

LOUISE, cherchant à le calmer.

On m'avait parlé d'une amie de votre enfance.

SALVOISY.

Attendez... Ah! oui, la reine.

LOUISE.

Eh! non. Une jeune fille qui vous était si attachée.

SALVOISY.

Attendez... oui, Louise...

LOUISE, à part.

Il sait encore mon nom.

SALVOISY, tristement.

Pauvre enfant! elle est morte.

LOUISE.

Eh bien! par exemple, qui vous a dit cela?

SALVOISY.

Ah! elle est morte; elle ne vient plus, plus du tout; et si elle vivait... (Il la prend par la main, et la conduit dans un coin du théâtre, à droite. A demi-voix.) Vous ne savez pas : ce fut mon premier amour. Oui, je l'aimais avant d'aller à la cour.

LOUISE.

Là! ce que c'est que de venir à la cour! Voyez comme tout s'y perd!

SALVOISY.

Mais ma mère n'aurait jamais voulu. (Il va s'asseoir auprès de la table.) Ah! elle était bien jolie. (Louise s'approche. La regardant.) Moins que vous cependant, bien moins que Votre Majesté.

LOUISE, à part.

C'est fini, il est dit qu'il n'y a que moi qu'il ne reconnaîtra jamais.

SALVOISY, prenant la guitare qui est sur la table, et jouant pendant la ritournelle.

AIR du *Castillan d Paris*. (ÉDOUARD BRUGUIÈRES.)

Premier couplet.

Sans vous, hélas! ma vie était si triste!
Votre aspect seul la charme et l'embellit;
Par votre aspect je respire et j'existe...

LOUISE, à part, avec joie.

Ah! pour le coup, c'est de moi qu'il s'agit!

SALVOISY.

Oui, sans l'éclat du diadème,
Tout céderait à votre loi...

LOUISE, à part.

Ah! qu'c'est cruel!... mêm' quand il m'aime,
Cet amour-là...

(Pleurant.)

Ah! ah! n'est pas pour moi!

SALVOISY, se levant et allant à Louise.

Deuxième couplet.

En vous voyant, se glisse dans mes veines
Un feu brûlant et rapide et soudain...
Et cette main que je presse en les miennes...

LOUISE, à part, avec joie.

Oh! cette fois, c'est bien moi! c'est ma main!

SALVOISY, avec passion.

Reine chérie!... ah! tant de grâce
Fait oublier qu'on n'est pas roi!

(Il l'embrasse.)

LOUISE, à part, et pleurant.

Et même, hélas! quand il m'embrasse,
Ces baisers-là, ah! ah! ne sont pas pour moi!

(Elle le repousse.)

SALVOISY.

Ah! vous êtes fâchée?

LOUISE.

Il n'y a peut-être pas de quoi !

SALVOISY.

Je vous ai offensée ?

LOUISE, à part.

Ce n'est pas tant la chose, mais les idées qu'on y attache ! (Salvoisy la salue respectueusement.) Allons, des respects maintenant !

(Il fait un second salut respectueux, la regarde, puis il sort brusquement par la porte latérale à droite.)

LOUISE, le regardant.

AIR : Pour le trouver, je cours en Allemagne. (Yelva.)

Toujours la reine ! hélas ! quelle est ma peine,
Et que not' sort est étrange aujourd'hui !
Il est trop loin de moi quand je suis reine,
Et paysann', je suis trop loin de lui !
Il guérirait du délir' qui l'égare,
Que tous mes vœux seraient encor déçus !
   La folie, hélas ! nous sépare,
Et la raison nous sépare encor plus !

SCÈNE V.

LOUISE, BOURDILLAT.

BOURDILLAT.

C'est encore moi, mademoiselle Louise. Voici ce que c'est. Un monsieur, une dame et un enfant demandent l'hospitalité ; une indisposition du petit bonhomme les oblige de s'arrêter ; il leur fallait un asile et un médecin pour une demi-heure. Je me suis trouvé là, votre château aussi ; je les ai assurés de mes bons soins, de votre bon accueil, et je vous les amène.

LOUISE.

Vous avez bien fait.

BOURDILLAT.

J'ai déjà examiné l'enfant; ce ne sera rien du tout. (Il se met à la table et écrit.) Une légère prescription.

LOUISE.

Je cours à la pharmacie du château.

BOURDILLAT.

C'est cela; ils pourront après se remettre en route.

(Louise sort par la porte latérale à gauche.)

SCÈNE VI.

LA REINE, BOURDILLAT.

LA REINE, dans le fond, à Vassan, qui l'accompagne et qui est resté en dehors.

Surtout ne le quittez pas. (Entrant vivement et s'adressant à Bourdillat.) Eh bien! monsieur, mon fils?

BOURDILLAT.

Soyez sans inquiétude, madame, on prépare ce qui est nécessaire pour lui; dans quelques instants, il sera tout à fait bien.

LA REINE.

Ah! monsieur, que de reconnaissance! Ainsi, dans une demi-heure nous pourrons nous remettre en chemin?

BOURDILLAT.

Oui, madame.

LA REINE, à part.

Quel voyage! il me semble que nous n'aurons jamais atteint la frontière.

BOURDILLAT.

Vous venez de Paris à ce que je présume?

LA REINE.

De Paris?... Non, monsieur.

BOURDILLAT.

Tant pis, vous auriez pu me donner des détails...

LA REINE.

Sur quoi donc, monsieur?

BOURDILLAT.

Il circule depuis hier une foule de bruits plus alarmants les uns que les autres.

LA REINE.

Vous m'effrayez.

BOURDILLAT.

On prétend que le roi a l'intention d'abandonner la partie. On va même jusqu'à indiquer, mais cela se dit à l'oreille, jusqu'à indiquer le jour de son départ.

LA REINE, à part.

Grand Dieu! on aurait su à l'avance...

BOURDILLAT.

En tout cas, je ne lui conseillerais pas de prendre par cette route-ci.

LA REINE, à part.

Quel supplice!

BOURDILLAT.

Le pays est prononcé, excessivement prononcé.

LA REINE, inquiète et voulant cacher son inquiétude.

Mon Dieu! monsieur, cette potion que l'on prépare pour mon fils...

BOURDILLAT.

Je l'attends, madame, je l'attends.

LA REINE, avec impatience.

Ayez, je vous prie, la bonté de voir si vos ordres ont été ponctuellement exécutés.

BOURDILLAT.

Des ordres... je n'en ai point à donner à la personne qui

a bien voulu se charger... mais ne vous impatientez pas, madame, je l'entends.

SCÈNE VII.

Les mêmes ; LOUISE.

LOUISE, remettant une petite bouteille à Bourdillat.

Tenez, regardez; est-ce bien cela que vous m'avez demandé? (Pendant que Bourdillat examine, elle aperçoit la reine; à part.) Grand Dieu!
(Elle fait un mouvement pour aller à la reine, qui lui fait signe de garder le silence.)

BOURDILLAT, à Louise, après avoir examiné la potion.

Le meilleur pharmacien n'aurait pas mieux préparé cette potion; et, quoiqu'on ait besoin de moi au district, je cours près de l'enfant; l'État peut bien attendre, tandis qu'un malade...

LA REINE.

Que je vous remercie!

BOURDILLAT.

Je suis comme ça; je suis médecin avant d'être fonctionnaire, d'autant plus que les fonctions publiques sont gratuites, tandis que les autres...

LA REINE.

Croyez que je saurai reconnaître...

BOURDILLAT.

Ce n'est pas pour cela que je le dis. (A Louise, lui montrant la reine.) C'est la dame que vous voulez bien accueillir, et que je vous recommande.

(Il sort par la gauche.)

SCÈNE VIII.

LA REINE, LOUISE.

LOUISE, regardant sortir Bourdillat et venant se jeter aux pieds de la reine.

Ah! Madame, il est donc vrai, et Votre Majesté...

LA REINE.

Imprudente! que faites-vous?

LOUISE.

Me voilà, comme autrefois, à vos pieds, dans ce palais où j'implorais vos bontés, où vous daigniez me protéger.

LA REINE.

Nous avons changé de rôle, mon enfant, car c'est moi, aujourd'hui, qui ai besoin de protection.

LOUISE.

La reine de France!...

LA REINE.

Je ne le suis plus; errante et fugitive, je suis forcée de chercher un asile sur la terre étrangère.

LOUISE.

Grand Dieu!

LA REINE, avec douleur.

Il le faut. (Avec résignation.) Mais, épouse et mère, je sais quels devoirs ces titres m'imposent et je les remplirai.

LOUISE.

Ah! parlez, disposez de moi!

LA REINE.

Partie de Paris secrètement hier au soir avec le roi, j'ai été obligée de le quitter sur la route pour faire soigner mon enfant malade. Si je ne m'arrête qu'un instant, je puis, j'espère, encore le rejoindre avant la ville prochaine.

SCÈNE IX.

VASSAN, LA REINE, LOUISE.

VASSAN, accourant.

Ah! madame! ah! reine.

(Il s'arrête en voyant Louise.)

LA REINE.

Oh! vous pouvez parler, monsieur de Vassan, c'est une amie. Eh bien! mon fils?

VASSAN.

Va beaucoup mieux, infiniment mieux. Nous pourrons repartir dans un quart d'heure, ce qui est essentiel; car il est perdu, et vous aussi, madame, si nous tardons à nous remettre en route.

LA REINE.

Expliquez-vous.

VASSAN.

Le médecin qui nous a introduits dans ce château, qui nous y a installés avec tant de grâce, est une des autorités du ays.

LA REINE.

Il serait vrai!

LOUISE.

Hélas! oui, madame.

VASSAN.

Il a sans doute des ordres, des instructions secrètes; c'est peut-être un piège qu'il nous a tendu en nous conduisant ici, chez un de vos anciens ennemis.

LOUISE.

Ah! madame, ne le croyez pas.

LA REINE.

Et chez qui suis-je donc?

VASSAN.

Chez M. de Salvoisy, ce jeune homme qui, jadis, osa pénétrer dans les appartements de Trianon, et dont l'audace fut punie par la perte de sa raison.

LA REINE, avec un peu de douleur.

Ah! oui, je me rappelle. (A Louise.) Est-ce que le malheureux?...

LOUISE.

Ah! mon Dieu! Madame, toujours; il ne pense qu'à la reine.

LA REINE.

Pauvre jeune homme!

VASSAN.

Jugez alors du danger que court Votre Majesté. Aussi, quand tout à l'heure je l'ai rencontré face à face, et que je l'ai vu fixer sur moi ses yeux avec une expression tout à fait extraordinaire, je ne me suis pas amusé à lui demander de ses nouvelles, j'ai doublé le pas pour lui échapper.

LA REINE.

L'infortuné! malgré lui, peut-être, s'il me voit, il me nommera, me trahira.

LOUISE.

Il vous aime tant!

VASSAN.

Et une amitié comme celle-là vous dénoncerait pour vous sauver.

LA REINE.

Il faut donc se hâter. Monsieur de Vassan, voyez à presser notre départ.

VASSAN.

Oui, madame.

(Il sort par le fond.)

LA REINE.

Et vous, ma chère enfant, tâchez d'ici-là que M. de Salvoisy ne m'aperçoive pas.

LOUISE.

Il doit être rentré dans son appartement, je vais l'y enfermer. Vous, madame, restez dans ce salon. On n'y viendra pas, vous n'y courez aucun danger, et dans quelques instants j'espère vous apporter de bonnes nouvelles.

(Elle sort par la porte latérale à droite, après avoir baisé la main de la reine, et on l'entend en dehors fermer la porte à droite.)

SCÈNE X.

LA REINE, seule.

(Elle s'assied à droite du théâtre.)

Oh! quel voyage! quel voyage! A chaque instant de nouvelles craintes, de nouveaux périls; un cocher qui, à peine sur son siège, s'égare dans les rues de Paris et perd une heure avant d'arriver à la barrière! une heure, dans une fuite comme la nôtre! et la fatalité, quand nous avons besoin de l'obscurité la plus profonde, qui nous force à choisir la nuit la plus courte de l'année! Ce n'est rien encore; tout devait tendre à ne point éveiller la curiosité, les soupçons. Eh bien! deux voitures, des chevaux sans nombre, des gardes, des coureurs; tout l'attirail d'un souverain qui visite son empire. Ah! je n'accuse pas mes amis; mais que souvent leur zèle est maladroit! et mon fils qui tombe malade! et le hasard qui me fait entrer dans ce château, où m'attend un danger, le moins prévu de tous. (Elle écoute.) Du bruit!... qui peut venir? (Elle se lève.) Ah! courons vers mon fils... Ciel! M. de Salvoisy!

SCÈNE XI.

SALVOISY, LA REINE.

(Salvoisy entre par la porte du fond qu'il referme précipitamment à double tour, et retire la clef qu'il met dans sa poche.)

SALVOISY.

Vassan! Vassan! le marquis de Vassan! Oh! je l'ai reconnu, je les reconnais tous; c'est devant lui, c'est devant eux qu'elle m'a dit : « Sortez, sortez; c'est un fou! c'est un fou! »

LA REINE, à part.

Et aucun moyen de lui échapper!
(Elle cherche à se sauver; mais à chaque instant elle s'arrête dans la peur d'être vue.)

SALVOISY, riant.

Ah! je suis fou!

LA REINE, voyant toutes les portes fermées.

Impossible de sortir!

SALVOISY, l'apercevant.

Une femme! une femme ici! (Il s'approche.) Qui est-elle? (Il va à elle brusquement; la reine cherche à l'éviter, mais il l'arrête.) Que voulez-vous, madame?

(La reine le regarde avec dignité.)

SALVOISY.

Ah!

(Il jette un cri affreux et reste la bouche béante.)

LA REINE.

Monsieur de Salvoisy...

SALVOISY, après un instant de silence.

Cette voix! la reine... (Il la regarde avec admiration, puis fait un mouvement pour s'avancer vers elle. La reine, d'un geste imposant, lui fait signe de s'arrêter. Il reste immobile.) Et cependant ces traits si fiers, si imposants... ce ne sont plus ces regards de bonté et de tendresse qui me consolaient : ce n'est pas la reine que j'aimais; c'en est une autre dont la vue m'impose et me rend tremblant.

LA REINE, s'approchant.

Oh! je n'ai plus peur... pauvre insensé!

SALVOISY.

Insensé! non; il y avait un poids affreux (Montrant son cœur.) là! (Portant la main à son front.) Là, surtout... c'était la nuit, et voici le jour.

LA REINE.

Monsieur de Salvoisy!...

SALVOISY.

Oui, c'est moi; c'est mon nom. Vous êtes la reine, rien que la reine, voilà tout; mais il y a quelque chose qui me manque, et que je ne puis comprendre; quelque chose que je ne puis dire, et que je cherche... (Apercevant Louise qui entre par la porte latérale à droite.) Ah! la voilà!

SCÈNE XII.

LES MÊMES; LOUISE.

LOUISE.

Madame, madame, il n'était pas dans la chambre; il s'était échappé.

LA REINE.

C'est lui! tais-toi.

SALVOISY.

Non, non, parlez encore, voilà la voix que j'attendais; c'est elle; elles étaient deux.

LA REINE, à Louise.

Mais il m'a reconnue; il dit qu'il n'est pas fou

LOUISE.

Mon pauvre maître !

LA REINE.

Il prétend que ma vue lui a rendu toute sa raison.

LOUISE.

Elle la lui ferait perdre au contraire; et je vais l'emmener.

SALVOISY, qui, pendant ce temps, a cherché son nom.

Louise !

LOUISE, se jetant dans ses bras.

Il me reconnaît ! pas pour longtemps, peut-être ! mais c'est égal, je n'ai jamais été plus heureuse ! et si ce n'étaient les dangers de Votre Majesté...

SALVOISY, vivement.

Des dangers ? La reine est en danger?

LOUISE, effrayée.

Ah ! mon Dieu ! ça le reprend déjà... (Apercevant quelqu'un qui entre.) Bourdillat !

LA REINE.

C'est fait de nous.

SALVOISY.

Bourdillat !

LOUISE, restant près de lui.

Un ennemi de la reine ! du silence !

SCÈNE XIII.

LES MÊMES; BOURDILLAT, puis VASSAN.

BOURDILLAT.

Madame, j'ai l'avantage de vous annoncer que le petit jeune homme, monsieur votre fils, est tout à fait rétabli. Cette fois, la maladie a eu peur du médecin; ordinairement c'est le malade !

LA REINE.

Nous pouvons donc partir?

VASSAN.

Oui, madame, je venais vous l'annoncer.

BOURDILLAT.

Et moi, je ne vous conseille pas de vous mettre en route dans ce moment, car je viens d'apprendre au district que les circonstances sont graves.

TOUS.

O ciel!

BOURDILLAT.

J'ajouterai même, de mon chef, excessivement graves.

LA REINE.

Quoi! monsieur, vous avez des nouvelles de Paris?

BOURDILLAT.

Des nouvelles extraordinaires; toute la famille royale est décidément partie.

SALVOISY, brusquement et s'avançant auprès de Bourdillat.

Partie! et la reine?

BOURDILLAT.

La reine! nous y voilà; à ce mot seul la tête déménage.

SALVOISY, lui secouant rudement la main.

Eh! non, morbleu! non; je vous répète que je vous entends, que je vous reconnais; je vous reconnais tous; j'ai ma raison.

BOURDILLAT.

C'est ce qu'ils disent toujours.

SALVOISY.

Ils ne voudront pas me croire à présent!

LOUISE.

Eh! si, vraiment! on vous croit, on en est persuadé... (A Bourdillat.) Pourquoi, aussi, allez-vous le contrarier?

BOURDILLAT.

Cela ne m'arrivera plus.

SALVOISY.

Eh bien! donc, répondez; pourquoi la reine a-t-elle quitté Versailles, et sa cour, et le trône?

BOURDILLAT.

Parce qu'il n'y a plus de Versailles, plus de trône; tout est bouleversé, renversé...

SALVOISY.

Bourdillat est fou.

BOURDILLAT.

Moi! Par exemple, cela lui va bien!

SALVOISY.

Et je vous demande...

LA REINE, regardant Salvoisy, et avec intention.

Non! monsieur Bourdillat a raison; la reine cherche en ce moment à gagner la frontière, et elle serait perdue si on la reconnaissait.

(Moment de silence et signes d'intelligence entre la reine, Vassan, Salvoisy et Louise.)

BOURDILLAT, qui pendant ce temps a pris une prise de tabac.

Ce qui ne manquera pas d'arriver si elle passe par ici.

LOUISE.

Comment cela?

BOURDILLAT.

Je me charge de l'arrêter, ce qui ne sera pas difficile; car voilà son signalement qui vient d'arriver, et je m'en vais vous lire...

(Il décachette la lettre.)

LA REINE et VASSAN, à part.

O ciel!

LOUISE, à part.

Tout est perdu!

SALVOISY, arrachant le papier des mains de Bourdillat.

Une lettre de la reine!

BOURDILLAT.

Eh bien! qu'est-ce qu'il fait, ce maudit fou?

SALVOISY, allant au bout du théâtre à gauche.

Elle restera là, sur mon cœur.

BOURDILLAT, allant à lui.

Mais, monsieur le vicomte... (A Louise.) Mademoiselle Louise, aidez-moi donc à la lui reprendre.

SALVOISY.

Non, non, je ne souffrirai pas qu'on la lise... que personne ne la voie... et pour en être plus sûr...

(Il la déchire en morceaux.)

LA REINE, à demi-voix.

Ah! je respire!

VASSAN, de même.

Et moi aussi...

BOURDILLAT.

Mais c'est le signalement que vous avez mis en morceaux. Impossible maintenant d'arrêter la reine.

SALVOISY, avec chaleur.

L'arrêter!·(Courant à Bourdillat.) Savez-vous que je m'y oppose, que je la défends, que je lui suis dévoué, et qu'à tout prix je la sauverai?

BOURDILLAT.

Eh bien! oui, oui, mon ami! oui, vous la sauverez. (Bas à Vassan.) Il faut dire comme lui pour empêcher un accès. (A Salvoisy.) Nous la sauverons, nous la sauverons tous, n'est-il pas vrai? (Entre ses dents, à la reine et à Vassan.) En attendant, l'ordre est donné sur toute la route; et si elle n'a pas un passeport signé par les autorités...

LA REINE, avec effroi.

Un passeport!

LOUISE, à part, remarquant le trouble de la reine.

Elle n'en a pas!

SALVOISY, à Bourdillat, après un silence.

Un passeport; qu'est-ce que c'est que cela?

BOURDILLAT.

Je vais vous en montrer. (En tirant un de sa poche.) Tenez, tenez, mon bon ami; ce sont des papiers imprimés, sans lesquels on ne peut, grâce au ciel, ni voyager dans le pays, ni passer la frontière. Tout le monde en a.

SALVOISY.

Pourquoi, alors, n'en ai-je pas?

BOURDILLAT.

Puisque vous restez ici...

SALVOISY.

Et si je veux sortir, si je veux voyager...

BOURDILLAT.

Une autre idée, à présent!

SALVOISY.

Et je veux voyager, à l'instant même, ou seul, ou avec vous; non, avec Louise, je l'aime mieux.

BOURDILLAT.

Et moi aussi.

SALVOISY, le prenant par la main et le faisant asseoir sur le fauteuil devant la table.

Là, là, mettez-vous là, et faites-moi un passeport (Montrant Louise qui est près de la table.) pour elle et pour moi.

BOURDILLAT.

Mais, mon cher ci-devant monsieur le vicomte...

SALVOISY, avec fureur.

Je vous l'ordonne, morbleu! ou sinon...

LOUISE.

Ah! mon Dieu! c'est plus fort que jamais; le voilà furieux à présent.

BOURDILLAT.

Ne vous fâchez pas, je vais vous l'écrire. (A Louise.) Et si, grâce à ce passeport, il veut passer dans sa chambre, un bon tour de clef, et qu'il ne sorte pas de la journée... (Pendant ce temps, Salvoisy va ouvrir la porte du fond. Bourdillat écrit et répète en écrivant.) « Laissez librement circuler, etc., etc., M. de « Salvoisy, etc., etc., et mademoiselle Louise Durand, na- « tive de cette commune, etc., etc. » (A Salvoisy.) Quant au signalement, vous n'y tenez pas?...

SALVOISY.

J'y tiens.

BOURDILLAT.

A la bonne heure! ce ne sera pas long. Louise Durand. (Regardant Louise, qui est devant lui.) Yeux bleus...

SALVOISY.

Non, noirs.

BOURDILLAT.

Bleus.

SALVOISY.

Noirs.

BOURDILLAT.

Comment, noirs; la voilà, regardez plutôt!

SALVOISY.

Je veux qu'elle ait les yeux noirs.

BOURDILLAT.

Je veux, je veux... Mon cher ami, vous ne pouvez pas faire que ce qui est bleu soit noir.

SALVOISY.

Quand je vous dis que je le veux. (Regardant la reine.) C'est comme cela que je la vois.

LOUISE.

Ah! mon Dieu! ne le contrariez pas, la couleur n'y fait rien.

BOURDILLAT.

Au fait, ça m'est bien égal. (Écrivant.) Yeux noirs; (Regardant Louise.) sourcils châtains.

SALVOISY.

Noirs.

BOURDILLAT.

C'est juste, noirs : quant à vous... (Regardant Salvoisy.) Visage long, cheveux bruns.

SALVOISY.

Du tout, je n'en veux pas. (Regardant Vassan.) Nez court, visage rond, cheveux blancs.

BOURDILLAT, impatienté.

Cheveux blancs, c'est trop fort !

SALVOISY.

Est-ce que je ne suis pas le maître d'être comme je veux ? je suis le seigneur du pays.

BOURDILLAT, se levant.

C'est-à-dire vous l'étiez. (Salvoisy furieux le saisit à la gorge.) Non, non, vous l'êtes encore... tout ce qu'il vous plaira... (A part.) Si celui-là n'est pas fou... il a aujourd'hui dix degrés de plus. (Il finit d'écrire le passeport.) Voilà qui est bien en ordre. (Le remettant à Salvoisy.) Vous pouvez partir. (A Louise.) Hâtez-vous de l'enfermer; moi, je cours au district prévenir mes collègues du signalement qu'il a déchiré (En sortant.) et réparer, s'il se peut, la sottise que je lui ai laissé faire.

(Il sort par le fond; Louise sort avec lui.)

SCÈNE XIV.

VASSAN, LA REINE, SALVOISY.

(Salvoisy va jusqu'à la porte pour s'assurer que Bourdillat est parti, puis il revient auprès de la reine, et lui présente respectueusement le passeport.)

AIR de Colalto.

Que cet écrit rachète mon pardon,
Fuyez.

LA REINE.
Je reste confondue,
Est-il possible?... eh quoi! votre raison...

SALVOISY.
Qui me l'avait ôtée ici me l'a rendue.
Mais les tourments qu'on m'a fait éprouver
Ont à mon cœur fourni ce stratagème;
Et j'ai voulu qu'hélas! mon malheur même
Servît encor à vous sauver.

LA REINE, hésitant à prendre le passeport.
Mais je ne sais si je dois... car, enfin, c'est vous exposer.

LOUISE, qui est rentrée à la fin du couplet.
Oui, madame, partez vite... (Elle prend le passeport que tenait encore Salvoisy. Au même instant paraît Biron.) Dieu! M. de Lauzun.

LA REINE.
Je suis perdue.

SCÈNE XV.

Les mêmes; BIRON.

BIRON, à Louise.
Eh bien! où allez-vous donc ainsi, ma belle enfant? et quel est ce papier que vous tenez?

LOUISE.

Un passeport que M. Bourdillat a délivré à moi et à M. de Salvoisy, qui veut visiter son château de Clermont-en-Argonne.

BIRON.

Mais ce passeport n'est pas valable, s'il n'est pas visé par l'autorité militaire du pays, par moi.

LA REINE et VASSAN.

O ciel!

LOUISE.

Eh bien! si vous vouliez, monsieur, tout de suite, tout de suite, car je suis bien pressée.

BIRON, s'approchant de la table et lisant le passeport.

Me préserve le ciel de jamais faire attendre une jolie femme. (Lisant.) « Yeux noirs... cheveux blancs. » (Il la regarde et regarde en même temps Salvoisy.) Eh! mais... ce signalement n'est ni le vôtre, ni celui de votre maître.

LOUISE.

Qu'importe?

BIRON.

Ce qu'il importe? mais c'est très-nécessaire, dans ce moment surtout où quelque événement sans doute se prépare; car j'ai rencontré un collègue de Bourdillat qui courait au poste voisin requérir la force armée.

LOUISE.

Et pourquoi donc?

BIRON.

Pour une arrestation à faire, disait-il, ici, à ce château.

LA REINE.

Fuyons.

(Elle fait quelques pas vers la porte du fond.)

BIRON, qui est remonté aussi, la voit et la reconnaît.

Que vois-je? la reine!

LA REINE.

Oui, monsieur le duc, la reine, que vous avez calomniée, trahie, et qui n'a plus qu'à être livrée par vous à ses ennemis.

BIRON, après un instant de silence, signant le passeport et le remettant à Louise.

Tenez, Louise, Biron n'a rien vu.

(Louise prend le passeport. Vassan sort par la porte à gauche.)

AIR du vaudeville des *Frères de lait.*

(A la reine.)
Partez, madame, et que la Providence
A votre fuite accorde son secours;
Pour le salut de la reine de France,
Lauzun encor sacrifierait ses jours!

SALVOISY.

D'un honnête homme, ah! voilà le discours :
Sous des couleurs anciennes ou nouvelles,
L'opinion nous a tous désunis;
Mais à l'honneur restons toujours fidèles :
L'honneur est de tous les partis.

(Musique jusqu'à la fin. Finale du troisième acte de *Gustave III.*)

VASSAN, rentrant par la gauche.

Partons, madame, la voiture est en bas.

(Il donne la main à la reine. Louise les accompagne; au moment de sortir la reine s'arrête un instant; Salvoisy se met à genoux devant elle et lui baise la main. La reine sort en témoignant sa reconnaissance à Louise et à Salvoisy. Biron passe à droite du théâtre.)

LOUISE.

On monte par cet escalier. (Montrant la droite, elle va regarder.) C'est Bourdillat et son collègue.

SALVOISY, à la reine et à Vassan.

Hâtez-vous! (A part.) Je saurai bien l'arrêter le temps nécessaire pour protéger sa fuite, quand pour cela je devrais encore redevenir fou. (Courant à Bourdillat, qui paraît sur la première porte à droite, et le saisissant au collet.) Halte-là, on n'entre pas!

BOURDILLAT, effrayé, à ceux qui le suivent.

Encore ce fou ! N'avancez pas, vous autres.

(Salvoisy tient de la main gauche au collet Bourdillat qui n'ose avancer, et de la droite il fait signe à Louise de ne pas avoir peur.)

TABLE

	Pages.
JEAN DE VERT.	1
UN TRAIT DE PAUL 1er, OU LE CZAR ET LA VIVANDIÈRE	69
LA DUGAZON, OU LE CHOIX D'UNE MAITRESSE.	129
LE LORGNON.	191
LA CHANOINESSE	255
SALVOISY, OU L'AMOUREUX DE LA REINE.	317

Paris. Soc. d'Imp. PAUL DUPONT, 41, rue J.-J.-Rousseau (Cl.) 502.3.83.

www.ingramcontent.com/pod-product-compliance
Lightning Source LLC
Chambersburg PA
CBHW050436170426
43201CB00008B/693